张富利 著

福建农林大学法学系列专著

中国农村土地
制度变革的法理检视与策略调适

ZHONGGUO NONGCUN TUDI
ZHIDU BIANGE DE FALI JIANSHI YU CELUE TIAOSHI

中国政法大学出版社

2020·北京

声　　明　　1. 版权所有，侵权必究。

　　　　　　2. 如有缺页、倒装问题，由出版社负责退换。

图书在版编目（ＣＩＰ）数据

中国农村土地制度变革的法理检视与策略调适/张富利著.—北京:中国政法大学出版社,2020.6
ISBN 978-7-5620-9611-5

Ⅰ.①中… Ⅱ.①张… Ⅲ.①农村－土地制度－研究－中国 Ⅳ.①F321.1

中国版本图书馆CIP数据核字(2020)第154574号

出 版 者	中国政法大学出版社
地　　址	北京市海淀区西土城路25号
邮寄地址	北京100088 信箱8034分箱　邮编100088
网　　址	http://www.cuplpress.com （网络实名：中国政法大学出版社）
电　　话	010-58908586(编辑部) 58908334(邮购部)
编辑邮箱	zhengfadch@126.com
承　　印	固安华明印业有限公司
开　　本	880mm×1230mm　1/32
印　　张	8.5
字　　数	210千字
版　　次	2020年6月第1版
印　　次	2020年6月第1次印刷
定　　价	56.00元

前言

党的十九大报告提出了乡村振兴的战略，土地制度是乡村振兴最为有效的制度供给。作为中国政治经济制度的一项基础性安排，土地制度改革是中国全局改革关键而敏感的领域。中国土地制度的改革逻辑是奠基于经济学理论基础之上的，因此，回溯经济学理论对中国四十年土地制度改革的逻辑阐析极为重要。在经济学理论上，产权、行为和经济绩效理论以及制度创新理论是解释中国土地制度渐进式改革的重要工具。产权制度与国家的经济增长关系密切，经济分析的滞后必然会给经济政策的制定和实施带来阻碍。因此，通过产权的界定、实施以及分析不同产权安排的原因，我们可以充分认识到土地所有权是所有者对土地的所有可能权利，但在不同权利的体制下必须分别处理。而制度创新理论对中国现行土地制度的合约结构与产权残缺具有重要的理论价值。因此，农地制度的进一步改革应该从改善现行制度对农户的约束入手。

农村集体产权制度改革既要坚持集体所有制这一根本制度，保护农民的切身利益，又要激发市场活力，使市场在资源配置中起决定性作用，满足农民发展利益的现实需要。但是，这一过程既蕴含着国家政权建设的政治逻辑，又显现出市场化发展的经济逻辑，且两种逻辑的张力不断增大，潜在的逻辑冲突成了当前农村社会的隐性矛盾。理解农村集体产权制度改革过程中的农民利益保护和利益发展问题，调适农村集体产权制度建设的政治逻辑与农民利益市场化发展的经济逻辑之间的冲突，是继续深化农村集体产权制度改革的关键。对此，须回溯中国土地制度的渊源，蠡测其演变流程及演进轨迹。

有学者将土地制度改革问题置于宪法的层面讨论，尤其是《宪法》第10条确立的城市国有土地和农村集体土地二元划分的基本格局。在全面依法治国的背景下，决策层更加重视树立和维护宪法权威。在这种情况下，围绕"八二宪法"（或称为"1982年《宪法》"）土地条款的讨论和解释就显得尤为重要。不少学者通过规范宪法学或政治教义学进路解释宪法。但土地制度上的分歧很难通过宪法层面的规范解释来消除，不同主张的存在反映出的深层问题是对土地增值收益分配有着不同的认识和期待，对中国将走怎样的城市化道路存在分歧。在这种情况下，对现行土地制度要以"慎言违宪"的态度来对待，这样有助于保持中国政治制度的稳定，保障国家合理平衡多重主体之间复杂利益关系的战略性调节能力。

然而，在中国农村土地制度的经验研究中，作者发现，以"祖业权"为代表的非正式制度对土地集体所有制结构的改革构成了隐含的挑战。这种基于历史维度存在的祖业观念在部分地区和民间有着极为强大的生命力和价值认同。在国家体制持续转轨的过程中，以"祖业权"为代表的地权冲突成了城市化进程中的凸显问题。中西方迥然相异的社会性质导致了土地产权观念的大相径庭，基于西方产权理论之上的产权残缺理论框架在解释"祖业权"时面临着诸多困境。中国民间以"祖业权"为代表的传统土地产权制度，本质上是国家之法与乡村之法的冲突、博弈、妥协与共存。渊源于"祖业观"而建构的"家业产权规则"反映的正是宗族子孙对土地等祖业财产独占欲共享的"祖业观",其构成了传统社会运行、发展的基础。"祖业权"更多地体现出宗族承继、文化传承的意涵,以身份认同为主要价值基础的这一束权利无法与一个开放的现代社会相匹配,这表明中国的土地产权问题在大转型时期正呈现出深刻而复杂的现实局面。中国的土地制度历经了多次宏观政策的变化,而农民自身对地权的认知却出现了混乱,土地产权在城镇化进程中的实践规则也愈见复杂化。

支撑土地制度的最主要的理论基础为公有制、土地性质的特殊性、用途管制制度以及地方政府拥有土地增值。但是,中国农村集体产权制度建设蕴含着保护农民利益的政治逻辑,中国农村集体产权制度改革则蕴含着发展农民利益的市场逻辑。农民利益保护要靠有效的产权安排,农民利益发展则有赖于市场的推动。但是,产权要素与市场要素的结合并不能完全规避农村发展动能转换过程中的潜在风险。关于农村土地流转,当下的政策文本和学术话语协力建构了五大价值,即土地流转是农民的理性选择、有利于提高农业经营效益、保障粮食安全、促进劳动力转移和农村劳动力的就地就业。然而,在现实中,微观经验呈现出另一种现实,即土地流转并非总是基于所有农民自由而理性的选择,流转后的农业规模化经营不再种植粮食,效益并未提高,一些声称具有普遍性特征的土地流转益处在现实中的一些地方并不明显。

对此,应以渐进式改革为导向,对农村地权变革进行策略调试。长期以来,中国的农村土地在制度安排上一直存在着效率优先的价值取向。以"两权分离"为代表的既往农地法律制度建构,着重"分"而忽略"统",在发展中与宪法预设的轨道出现了偏差。在此背景下，旨在回应现实需求、推进农地流转的"三权分置"改革应时而出。"三权分置"的制度设计最重要的核心功能是将原来并不具有经济属性的农地承包权价值化，将具有强烈身份色彩的农地承包权转化为个体所占有集体所有权份额的权利。农地"三权分置"的试点实践中，出现了实践上的悖论。可见，在未来的制度设计中，应警惕"日本陷阱"，在宪法和法律框架内落实土地集体所有权，在法律、法规以及实施办法上进一步做出细化，健全农村土地产权制度，以化解"三权分置"在现实实践中所遭遇的诸多难题。

此外，未来土地制度改革的突破口是运用制度创新理论，优化土地利用结构，提高民间土地的利用效率，减少公共用地比重，优化城市用地结构，真正促进城乡土地资源的可持续发展，完善农村转移人口市民化与农村宅基地处置制度，逐渐改善城乡"两头占地"的格局。在资本下乡的大环境下，土地作为城乡最重要的资源之一，其配置和资本化均不断加速，对于大转型时期的城乡中国，唯有深化土地制度改革，方能真正进入城市中国阶段。

目 录

前　言 …………………………………………………… （1）

导　论 …………………………………………………… （1）

第一章　中国土地制度变革的基本逻辑 …………… （5）
　　第一节　农村土地制度的变迁轨迹 ……………… （6）
　　第二节　中国农村土地制度的路径选择 ………… （20）
　　第三节　乡村振兴的土地制度供给 ……………… （32）

第二章　农村土地制度变革的历史演进轨迹 ……… （36）
　　第一节　新民主主义革命时期的土地制度 ……… （37）
　　第二节　社会主义建设初期的土地制度 ………… （43）
　　第三节　改革开放以来的农村土地制度 ………… （51）
　　第四节　深化农村改革时期的土地制度变革 …… （63）

第三章　中国农村土地制度变革的理论检视 ……… （77）
　　第一节　农村土地制度变革的法理诠释 ………… （77）
　　第二节　宪法学视野下中国农村土地制度的变迁 … （93）
　　第三节　土地产权的制度经济学诠释 …………… （105）
　　第四节　制度创新理论视角下中国农地制度的变迁 …… （119）

第四章 历史维度下土地产权中的非正式制度
——"祖业权" （144）
第一节 "祖业权"与现代产权的张力 （145）
第二节 "祖业权"的主体认知
——"祖业观" （149）
第三节 农村土地"私有产权规则"的演进逻辑 （157）
第四节 农村土地产权的双重维度认知 （163）

第五章 土地制度变革的法治进路 （175）
第一节 土地制度改革的主要走向 （175）
第二节 土地制度改革的主要内容 （176）
第三节 土地改革的"他山之石"
——西方土地用途分区管制和登记制度 （178）

第六章 中国农村土地变革的制度创新 （195）
第一节 "三权分置"的改革背景 （195）
第二节 "三权分置"的法理解读 （201）
第三节 "三权分置"的实践困境 （210）
第四节 土地承包经营权困境的突围 （215）
第五节 宅基地"三权分置"的法律构造与实现路径 （223）

余 论 新乡村建设、逆城市化与乡土复兴 （248）

后 记 （263）

导 论

中国农村土地制度的变革问题极为复杂，尤其是在大转型和城镇化的进程中，土地制度的内在张力显得愈发突出。土地制度变革始终存在着旧有的"集体土地所有制"与"农村土地私有制"的重大争论，双方都曾在各自的逻辑上论证了自己的"所有制"的合理性，都认为自己的方案才是农村土地振兴的根本和出路。在将乡村振兴作为世纪变革总方向的当下，处理好农民与土地之间的关系依然是深化农村改革的主要着力点。

1982年《宪法》（以下简称"八二宪法"）对土地所有权的表述是"集体土地所有制"，作为层阶最高的法，任何事关土地制度的改革都必须在这一宪法规范下展开。即使现实中的土地改革实践与该条规范不完全相符合，亦必须通过宪法解释学或哲学化的理论创新使宪法确立的意识形态继续下去。最为典型的便是"三权分置"改革的政策设计。土地制度"三权分置"改革的目的是最大限度地提升土地的利用程度，但现有的事关土地制度的法律法规均禁止社会资本进入农村土地制度产权，非本集体经济组织的人不得购买农村宅基地。这就形成了"带着镣铐跳舞"的局面——国家赋予土地使用权流转空间，却又同时将之牢牢禁锢于产权确定的"笼子"之中。究其目的，是突破城乡二元结构的利益格局，从公平的角度考虑让农民分享城镇化进程中的成果，这也是当下推进农村可持续发展的重要方案。20世纪80年代的家庭联产承包责任制、乡镇企业发展以及20世纪90年代的农民进城务工大潮，实际上都是国家对农民的赋权。在这个进程中，城乡二元体制形成的"剪刀差"尚未被彻底消除，户籍制度改革也未能破冰。国家更多的是在经济差距拉大时做好"兜底"的社会保障，例如近年稳步推进的全覆盖式的"精准扶贫"便是为了"保底线"目标的实现。

当下正在如火如荼进行的农村土地制度改革能否再次为农民赋权、让农民分享城镇化进程中的红利是需要深入探讨的重大问题。从出发点来看，土地制度流转尤其是宅基地"三权分置"，初衷是使农民在宅基地上的自建房能够被用于出租，这对于大城市郊区、城乡接合部的农民的确十分重要，但对于大量生活在基层农村的民众来说，由于其住房足够用，不需要再建，而建了也租不出去，所以，这项制度实际上发挥空间非常有限。从政策依据上看，这也符合中央"适度放活"的政策导向。为落实"租售并举"的政策，增加租赁住房的供应，同时拓宽农民的收益渠道，在未来的规划中，在城镇化水平较高的沿海经济发达省市和较大城市周边的农村地区，国家将进行试点工作，推进有限度的宅基地使用权流转和退出。根据国土资源部、住房和城乡建设部的部署，京、沪、杭等13个城市正在开展利用集体建设用地建设租赁住房试点。在这些试点城市，村、镇集体经济组织可以自行进行土地开发，也可以通过联营、入股等方式建设租赁住房并用于出租、经营。

问题在于，在八二宪法颁布后，中国土地制度一直都是实践先行于法律。包括"三权分置"在内的土地政策，充其量也只是为那些已经存在多时的实践做合法性背书。因此，"三权分置"政策有没有突破八二宪法的框架？有效性如何？是为了巩固八二宪法的制度秩序，还是在维护八二宪法秩序的框架下添加了新的变量？而且，在具体操作上，推进的主体决定了受益的主体。在政策推行的过程之中，执行主体的问题必须要考虑，因为这直接关系到农民的根本权益。

近代以来，中国农村土地制度一直极其复杂，可谓"剪不断，理还乱"。新中国成立后，奠基于"集体组织"的集体所有制成了重大的所有制创新。然而，集体组织在历经了人民公社化、生产队后，走向了以家庭联产承包责任制为导向的改革。在20世纪90年代的城镇化、农民进城务工大潮的背景下，集体组织的变化可谓天翻地覆。诸多中西部地区出现了空心化，而先富起来的那一批农民却又往往举家进城，一些地区出现了大部分农民进城、老人留守的情况，许多农民甚至并不在原来的乡村生活，"集体组织"实际上被虚置了。目前，我国依然将农村集体作为改革政策和法律制度的前提。在法理上，所有的农民都还有一项重要的权利——成员权，这项基于集体经济组织而衍生出的权利，在法理上被解读为兼具身份权和财产权性质的特殊权利。

改革开放以来，改革土地制度，实施农村家庭联产承包责任制，农村的基本生产单位从生产队变为农户，极大地释放了农村的生产力，农民获得了前所未有的自由。农村自治制度的建立初衷是给农民赋权，真正将农民解放出来，然而中国农民带有极强的依附性，几千年以来均是如此。资本下乡和强人阶层的崛起，对中国农村产生了深刻的影响。在本次改革中，我国需要对部分地区强人垄断土地权利的危险保持高度警惕。在限制社会资本的前提下，以"三权分置"改革为代表的土地制度变革如果存在疏漏有可能会强化农村强人权利。尽管现有法律赋予了农民各项权利，但在现实中，一方面，作为个体的农民的力量还相对弱小，缺乏足够的保护自己权利的能力；另一方面，农民天然的依附性弱点也尚未被彻底改变。权利的真正实现，最关键的因素是需要阶层力量的平衡这一社会和法治制度环境。农民权利的真正实现依赖于两种情况：其一，给予农民宅基地以真正权利，而非仅仅是使用权和资格权；其二，允许城市中产阶级进入农村，造就一个有知识、有能力的阶层，以对农村强人构成实质意义上的制衡。城市中产阶层的权利观念较为先进，也具有保护自己权利的能力，促使这一批中产阶级走一条精英回归的反哺之路，是破解当下土地产权实践难题的有效路径。

唯有有效的土地制度变革方能推进具有实质意义的变革，实现农村的可持续发展目标。如果不能改变由农村强人所主导的"集体土地所有制"，那么政策与法律的推进将不具有实质意义。使农民得以分享城镇化、工业化的成果，就必须允许城乡人口的双向流动。一方面，要允许农村人口流入城市。在当下的大转型中，农民奔向城市、融入生活的趋势不可避免，因此我国必须顺应这个潮流。另一方面，也要鼓励精英返乡，鼓励城市居民流入农村，避免农村的"单向流出性衰败"。

而这一切的前提都是农村土地制度的变革。农村的发展存在着极大局限，从世界范围来看，任何国家的农村都不足以实现现代化。农村的发展离不开国家和政府的支持，但仅有国家的单向度投入是很难持续的。从世界范围看，农村的现代化最终取决于城市能否吸纳、消化大部分农民，以及城市居民是否能够倒流回农村，实现城乡之间的双向流动。而这两者的实现，都需要以农村土地制度的变革作为前提条件。故此，当下中国的乡村振兴，唯有以土地制度变革作为突破口，方能真正推进乡村社会的有效治理，推进全社会的经济结构转型。

第一章
中国土地制度变革的基本逻辑

　　中国独特的土地制度是数十年来经济高速变革的发动机。20世纪80年代初的农村土地制度改革拉开了中国改革开放的大幕，促进了中国的农村转型和体制转轨；而20世纪90年代末的城市土地制度变革则推动了乡土中国向城乡中国的历史转型。但是，中国在利用土地创造"中国奇迹"的同时，也形成了独特的以地谋发展模式，造成了国民经济运行、财富增长与分配对土地的过度依赖，阻碍了经济转型和结构改革。随着中国经济从高速增长转向中高速增长，以地谋发展模式的弊端凸显，因此，深化土地制度改革对全局意义重大。中国改革开放走过了四十年的非凡历程，土地制度改革也经历了任人评说的风风雨雨。

　　四十年来，中国的土地制度改革始终是关系到国计民生的热门话题，同时又是争议极大、始终难以达成共识的议题。党的十八届三中全会通过的《中共中央关于全面深化改革若干重大问题的决定》出台后，总体反响较好，但依然存在着一些不同的声音。对此，中央确定了农村土地制度改革的总原则，由中央定方案，地方试点，然后统一部署，法律先行。在社会共识尚未完全达成的情况下，国家通过试点形成农村土地政策和制度，通过法律修改来解决改革合法性的重大理论问题，是较为合适的改革路径。

第一节 农村土地制度的变迁轨迹

乡村振兴战略是党在十九大报告中提出的,是为决胜全面建成小康社会必须坚定实施的七大战略之一,是党和国家对新时代中国特色社会主义进入新时期、社会主要矛盾转化、城乡关系变化趋势和城乡发展规律的新判断、新表述。"农业、农村、农民问题是关系国计民生的根本性问题,必须始终把解决好'三农'问题作为党和政府工作的重中之重。"[1]农村土地问题是"三农"问题的焦点。如何在正确理解、认识和把握农村土地问题的基础上,按照"产业兴旺、生态宜居、乡风文明、治理有效、生活富裕"的总要求,推动城镇和乡村融合发展,缩小城乡发展差距,实现农业农村现代化,不仅是有效破解"三农问题"的前提,也是顺利实施乡村振兴战略的关键一步。

我国当前的农村土地制度是新中国成立后确立,并经过一系列改革进化而来的。要准确把握农村土地制度改革与乡村振兴战略间的关系,就必须溯本清源,在正确认识农村土地制度沿革的基础上,再探讨如何为乡村振兴战略提供土地制度支撑。新中国农村土地制度变化大致可以分为以下几个阶段:

第一阶段:新中国建立初期,农村土地制度改革的目标是:贯彻落实《土地改革法》的基本精神和成果,建立"耕者有其田"的农民土地所有制。土地制度改革使全国3亿多无地或少地的农民分到了约7亿亩土地,打击了富农和地主等封建剥削阶级的利益,彻底消灭了封建土地所有制,使农民真正成了土

---

[1] "习近平强调:贯彻新发展理念,建设现代化经济体系",载中国政府网:http://www.gov.cn/zhuanti/2017-10/18/content_ 5232647.htm,访问时间:2018年1月31日。

地的主人。农村土地制度改革在制度上确立了农民享有土地的所有权和使用权,并通过向农民颁发土地房产所有权证书确定了该部分权利,土地制度改革的突破性使得农村劳动人民的生产积极性空前高涨,农业生产力得到极大解放,农业产值得到显著提升,为农业服务工业奠定了基础。但农民土地所有制的确立同时也阻滞了农业规模化和集约化经营的步伐。

第二阶段:1953年至1957年的合作化阶段。通过农业合作化,将前阶段的农民土地所有制改造为集体土地所有制。先是于农业合作化初期建立农业生产互助组,在原本的"农民所有,个人经营"的基础上实行劳动互助,实质上确立了"农民所有,集体经营"的土地制度。农民以土地入股,耕畜、农具等作价入社,按照集中经营、统一分配的方式联合生产,在合作化后期,部分有条件的初级合作社发展为高级合作社,取消土地、农具入社分红,并将社员私有的土地及其附着的农业水利设施无偿转变为合作社集体所有。高级合作社的发展,虽一方面导致合作社社员生产积极性遭受打击,但另一方面也推动了农业生产的规模化,农业基础设施得到了大规模改善。

第三阶段:人民公社化时期建立起人民公社集体所有制。为实现"赶英超美"目标,中共八届二中全会提出"鼓足干劲,力争上游,多快好省地建设社会主义"的总路线,加快了农村地区生产资料无偿收归公有的进程,连同农村土地也收归生产队所有,一律不准买卖,包括自留地、自留山、宅基地在内的所有土地均不得出租、买卖,保证至少30年不变。1956年农村地区的高级社有54万个,1957年全国高级社有74万个,1958年又合并成2.6万个人民公社。[1]人民公社制度的建立使国家

---

[1] 王曙光:《中国农村》,北京大学出版社2017年版,第84页。

实现了更大规模的公有制，使所有生产资料全部实行计划管理，收益分配同样实行全面控制，公社实际上只拥有占有权，土地财产的其他权能事实上归属于国家。

第四阶段：家庭联产承包责任制阶段。20 世纪 80 年代前后，中国在以凤阳县小岗村为代表的地方实践中不断创新，逐步确立家庭联产承包责任制，从而形成了中国农村的基本经济制度。家庭联产承包责任制以家庭为生产单位，通过农户向集体组织承包生产资料和生产任务的方式，获得土地的使用权。实际上，它是对原有的所有权和使用权相统一的突破和重构，即在不改变集体所有权的前提下，改变原有的集体经营体制，建立起土地集中所有、家庭承包经营的土地制度。农民在保证交足国家和集体的份额后，自负盈亏，即"交足国家的，留足集体的，剩下都是自己的"。改革开放使农民在生产生活实践中获得了更大的自主权，农民的热情和积极性得到了充分调动，有力地促进了农业农村的发展。但囿于分田单干、包干到户的局限性，生产资料、生产设备和农村公共品供给的调配出现了一些问题，农业生产的规模经营下降，小农经济的弊端逐渐显现。

第五阶段：党的十八大至今，中国农村土地改革进入新时期。改革开放确立的农村土地制度效应在新时代的大环境中日益枯竭，长期稳定的土地制度和土地关系在土地流转的范围和程序上出现问题，严重阻碍了农村改革。为在新形势下深化农村土地制度改革，服务乡村振兴战略，中央颁行了一系列改革举措，改革成果相较丰硕。为实现农村土地承包关系稳定，国家决定在第二轮土地承包到期后再延长 30 年；为适应农村生产发展规律，开启"三权分置"改革；为盘活农村土地资产，推动集体经营性建设用地入市、宅基地制度试点改革；为增强改革协同性和制度保证，推进了《土地管理法》的修订；为进一步保障农民权益，审议通过了《农村土地承包法》。新时期的中国农村土地制度改革适时回应了当下农业和农村经济结构的问题，为改善农民的收入和生活水平提供了保证。2018年，农村居民人均可支配收入为14 617元，扣除物价因素，比1949年实际增长了40倍。[1]

纵观新中国成立以来农村土地所有权与使用权的变革历程，我们可以得出一条重要的结论：农村土地的所有权更适宜由集体所有，而使用权的"收"与"放"孰优孰劣，只能因时而异，特殊情况特殊考察，没有绝对的好坏之分。

一、乡村振兴战略下农村土地制度的困境剖析

新时期的农村土地制度改革较好地解决了部分农业农村发展问题，使农业集体化和规模化得到了进一步发展，农村土地得到了更高效的利用，农村土地效益得到了更好的发挥，"三农"问题已然得到进一步解决，但现实中仍然存在部分问题，这也是我国从2015年开始建立土地改革试点，却反复延长改革试点期限的重要原因之一。

第一，农村集体土地征收问题。在农村土地征收范围上，依据1986年《土地管理法》之规定，任何单位和个人均必须使用国有土地，所以导致政府征收成了使用者获得土地的唯一通径。并且，我国《宪法》《物权法》和1986年《土地管理法》规定，国家为了公共利益的需要，依照法律规定的权限和程序可以征收集体所有的土地和单位、个人的房屋及其他不动产，

---

[1] "70年来我国农村居民人均可支配收入实际增长40倍"，载新华网：http://www.xinhuanet.com/politics/2019-08/07/c_1124848574.htm，访问时间：2019年8月7日。

并给予相应的补偿款项。问题是,《宪法》和相关法律仅对征收征用集体土地的出发点作出了简要规定,即规定征收征用集体土地必须"为了公共利益需要",但并未针对何为"公共利益"作出具体界定,由此导致了一个最直接的问题产生——土地征地范围过宽。只要政府决定征收征用农村集体土地,都能以"为了公共利益需要"为由实施征收行为。特别是随着当前城镇化的继续推进,城镇周边的土地(尤其是城乡接合部和城市郊区的土地)增值迅猛,土地潜在收益巨大,只要政府决定征收征用土地,均可从"为了公共利益需要"的出发点合法化土地征收行为。

在农村土地征收补偿机制方面,《物权法》规定征收集体土地应支付土地补偿费、安置补偿费、地上附着物和青苗补偿费等费用,并且安排被征地农民的社会保障费用;《土地管理法》规定按照被征收土地的原用途给予补偿,征收耕地的补偿费用包括土地补偿费、安置补偿费、地上附着物和青苗补偿费等。从现行法律规定可以看出,征地补偿标准是由土地原用途决定的,即以土地过去一定年限的平均年产值作为基数,乘以一定倍数之后来确定,而与被征收征用土地的行政、区位、用途等因素无关,这就容易导致相关利益主体在土地补偿分配上会遭遇不公平现象。一是土地之间因原土地性质和用途不同导致被征收征用时的补偿金额不同,造成同地区不同价的问题出现;二是仅仅补偿被征收征用土地可预估的原有土地价值,并没有将被征收征用土地的市场价值考虑在内,政府在征收征用后对土地进行流转所获得的土地出让金不用于对土地征收征用的补偿,导致农民所获补偿过低;三是地方政府在土地用途转换时的一次性增值收益过高,"招拍挂"可以使政府取得高昂的土地出让收入,地方政府频繁通过卖地创收,解决财力不足、债务偿还等问题，但同时也丧失了对土地的未来增值收益；四是房地厂商和购房者支付的一次性土地出让费用过高，获得土地需要支付高昂的成本，但也给予了房地产商和购房者更高的未来土地增值收益，最终的结果就是房价持续走高。

在农村集体土地征收程序方面，《土地管理法》规定，征收征用农村集体土地必须经过土地征收方案公告、补偿安置方案公告、集体土地所有权人和使用权人办理补偿登记等主要程序。上述规定已经适度规范了土地征收征用的程序，纠正了过去征收征用土地公告不及时、不到位的情况，更为尊重农村集体经济组织和农民的意见。但现行法律规定仍存在需要进一步完善的空间，如集体经济组织和农民在征地补偿安置方案制定的过程中缺乏参与，集体经济组织和农民只有在征地补偿安置方案公告后主动提出听证需求，政府才会听取集体经济组织和农民的意见。而仅依靠公告后听取意见的方式酌情调整政府与农民间的利益分配，将削弱政府的公信力与权威，征地补偿方案论证不充分极易引发社会矛盾。

第二，农村集体建设用地入市问题。《土地承包法》运用法律语言将政策中的"三权分置"在法律层面予以确认，并指导农村土地承包经营权流转工作的开展。但同属于农村土地的农村集体经营性建设用地流转却仍处于试点阶段，相关法律规则暂未予以明确规定，并且历经过两次延长。尽快确立完备的农村集体经营性建设用地流转法律体系，不仅能加快推动农村集体经营性建设用地入市流转工作，更好地发挥农村土地流转价值，增加农民收入和集体收益，而且对加快城乡融合发展具有重要的理论意义和实践意义。但是，试点工作中暴露出的问题必须经过合理、妥善的解决，在得到实践的充分证明后，才能以法律的形式确立并在全国推广。

在入市主体上,农村集体经营性建设用地入市主体多样,究其根本,即法律对"集体"概念界定模糊。《物权法》规定集体土地所有权的主体为"集体成员";而2017年开始实施的《民法总则》立法臻于完善,同样没有对集体土地所有权主体进行明确规定。针对农民集体以何种组织形式发挥所有权人的权能,所有法条都采用模糊的语言进行概括,没有实质内容。如今的入市试点改革大致存在三种实践主体:一是吉林长春模式中的以村委会作为入市主体;二是上海市松江区模式中的以农村集体经济组织作为入市主体;三是四川省郫都区模式中的以土地股份合作社为代表的新型农村集体经济组织作为入市主体。集体建设用地主体的模糊不定,一方面使得集体建设用地使用权人的权利难以得到充分实现,中小企业为降低企业的投资成本和风险,会选择以出租的方式获取土地,进而导致集体经营性建设用地流转方式以出租为主;另一方面致使土地资源得不到有效配置。

在入市范围上,当前集体经营性建设用地入市试点地区只允许存量集体经营性建设用地入市,而增量集体经营性建设用地并未获得试用。存量集体经营性建设用地是指按照土地利用总体规划和城乡规划已经被确定为经营性用途的土地。增量集体经营性建设用地是指将原农用地或公益性集体建设用地转变为经营性建设用地的土地。[1]尽管农村地区拥有大量的存量集体经营性建设用地,但多已用作农民建房使用的宅基地、乡村兴办企业和乡村公共设施、兴办公益事业的用地,闲置的存量集体经营性建设用地并不多,并且法律已明确规定这类用地不得入市流转。中国存量集体经营性建设用地总量仅约3000万

---

[1] 包志会:"农村集体经营性建设用地入市的现实障碍和破解路径",载《广西质量监督导报》2019年第9期。

亩，近半数村庄并无存量集体经营性建设用地。[1]所以，仅许可存量集体经营性建设用地入市流转已经无法满足当前改革的需求，需要继续从集体建设用地类型和土地用途两方面进行考量，探索更多的集体经营性建设用地入市流转土地类型。从实践来看，如果限制增量集体经营性建设用地入市，还将导致未来宅基地退出后形成的集体经营性建设用地出现闲置的现象。

在收益分配上，根据《农村集体经营性建设用地土地增值收益调节金征收使用管理暂行办法》之规定，集体经济组织与集体成员之间应在集体内部按照"多数决"的规则进行利益分配表决，国家放宽对调节金的分配限制和指导，旨在建立城乡统一的建设用地使用权市场。但问题在于，政策导向建立城乡统一的建设用地使用权市场，可实践中还未形成完善的城乡建设用地"同等入市、同权同价"的规则体系，中国建设用地市场的城乡二元结构仍旧影响着城乡统一建设用地使用权市场的构建，主要体现在以下两个方面：一方面，根据《物权法》和《土地管理法》的相关规定，集体建设用地抵押权的行使与城市建设用地抵押权的行使规定相反，集体建设用地抵押权行使受到限制，导致集体建设用地的权利变现受到阻碍；另一方面，根据《土地管理法》关于土地征收补偿的相关规定，农民集体和农民参与土地增值收益分配的权利被完全剥夺，其只享有有限的可预估土地收益，基于土地市场流转带来的未来收益不用于对农民集体和农民的补偿。

综上，"同等入市、同权同价"是对构建城乡统一建设用地市场的理想规划，但法律对相关政策的解读不明确和规则体系建构的不系统，已然成为限制城乡统一建设用地市场建立的重

---

[1] 陆剑、陈振涛："集体经营性建设用地入市改革试点的困境与出路"，载《南京农业大学学报（社会科学版）》2019年第2期。

要因素。下一步，我国需要继续从试点中总结经验，在法律和政策之间做好衔接工作，继续谋求构建城乡统一的建设用地市场。

第三，宅基地使用管理问题。农村宅基地使用管理制度是农村土地制度改革的一项重要内容，贯彻落实好农村宅基地制度改革内容，有利于保证农民的合理住房需求，巩固农民最低住房保障，也能增强农村宅基地的流动性，盘活农村闲置宅基地，更好地发挥土地价值。为响应乡村振兴战略，推动城乡融合发展，2018年中央1号文件提出了宅基地产权"三权分置"的改革设想，将原有的"两权分置"（所有权与使用权）转变为"三权分置"（所有权、资格权和使用权）。尽管宅基地"三权分置"制度符合农村发展趋势，顺应了农村变革需求，但进行中的农村宅基地管理使用制度改革仍遇到了诸多阻碍，主要有以下三个问题：

其一，宅基地利用效益低下。一方面，我国当前处于推进城镇化的重要时期，农地耕种带来的收入已不再是农民最主要的收入来源，大量农村人口为赚取更多的可支配收入选择向城镇转移，导致农村宅基地出现大面积闲置，"空壳村"越来越多，农村宅基地既无法发挥其保障居住的功能，也无法通过流转转化为现实收益，这是乡村振兴战略带来的必然趋势。另一方面，新型城镇化战略造成人地矛盾日益突出，土地供不应求，农村土地价值快速增长，由于农村宅基地的使用具有无偿性和长期性，因此农民在具备村集体成员权的前提之下，为追求更为直接的经济利益，即向所在村集体申请集体建设用地用于宅基地建设，在获得村集体同意后，再由地方政府部门进行审批，政府部门同意即可获批。在具备资格的基础上，申请农村宅基地获批相对容易。户均使用宅基地接近0.6亩，人均超过100平方米，村庄土地集约化程度较低，土地资源浪费严重。[1]

其二，现有法律体系的不健全导致宅基地使用权流转困难。随着农民进城落户居住，农村地区住宅大面积闲置，但现有的法律规定禁止农村宅基地和住宅通过流转实现财产价值。《关于加强土地转让管理严禁炒卖土地的通知》规定："农民的住宅不得向城市居民出售，也不得批准城市居民占用农民集体土地建住宅。"该规定明确限制了农村宅基地的资本属性，即便农村集体经济组织成员享有占有和使用农村宅基地的权能，但法律严禁集体经济组织成员对其进行流转和抵押。此外，集体经济组织成员虽然对附着在宅基地上的建筑物和构筑物享有所有权，但同样不得将其出售。一旦出售或者出租宅基地上的建筑物和构筑物，集体经济组织成员便将无法再次申请宅基地。为追求土地收益最大化，集体经济组织内部产生了"隐性流转"，即集体经济组织成员间通过买卖和出租的方式流转住宅，但这种流转方式并未得到《土地管理法》的认可。"地随房走，房随地走，房地一体"的原则在农村宅基地和住宅流转问题上得不到印证。

其三，缺乏统一的宅基地退出补偿机制。宅基地改革的关键在于将"农民权益保障"与"资源节约集约利用"结合起来，引导"一户多宅"的农民依据法律规定做好宅基地退出工作。《土地管理法》第66条明确规定："农村集体经济组织报经原批准用地的人民政府批准，可以收回土地使用权……依照前款第（一）项规定收回农民集体所有的土地的，对土地使用权人应当给予适当补偿。"这为农村宅基地的退出提供了一个合法、合理的法律依据，但没有对宅基地退出程序和补偿对象作

---

[1] 刘振伟："乡村振兴中的农村土地制度改革"，载《农业经济问题》2018年第9期。

出明确规定,导致各改革试点地区在实践中呈现出差异化补偿。首先,在宅基地退出补偿标准中,是仅仅针对宅基地退出进行补偿,还是将宅基地上的房也纳入退出补偿范围?其次,如果将宅基地上的房纳入补偿范围,则宅基地上的房是指农民的住房,还是指宅基地上的一切建筑物?最后,选择以房屋置换的方式进行宅基地退出补偿时,是以房屋面积为单一补偿标准,还是将集体经济组织成员中在农家庭人口数、宅基地区位因素等作为综合考量依据,实行差异化补偿?这些问题在各地的实践中尚未形成定论。

二、乡村振兴战略下农村土地制度的改革方向

乡村振兴战略是重塑我国城乡发展关系,缩小城乡发展差距的重大战略部署,是新时代"三农"工作的总抓手。实施乡村振兴战略必须立足于我国农村地区的实际情况,深刻总结33个试点地区的经验和教训,审慎、稳步深化农村土地制度改革,逐步解决农村土地征收、农村经营性建设用地入市和农村宅基地合理利用与退出中遇到的问题,做好政策与法律的衔接工作,增强农村土地改革之间的系统性、整体性和协同性,最终实现十九大描绘的"产业兴旺、生态宜居、乡风文明、治理有效、生活富裕"的美好愿景。

第一,完善农村集体土地征收制度。严格遵照法律对于"公共利益"的认定,明确农村集体土地征收范围。2019年《土地管理法》已对"公共利益"作出列举式规定,与2011年国务院制定的《国有土地上房屋征收与补偿条例》对于"公共利益"的界定基本一致。但由于法律难以通过列举的方式穷尽符合"公共利益"的情形,因此在难以辨明是否符合公共利益需求时,可以建立征收征用集体土地的民主评议机制,即由政

府、集体经济组织代表、农民代表等多方主体组成评议机构进行评议,确保征地后的用途符合公共利益需求。民主评议机构难以达成一致意见的事项,交由同级人大常委会审议决定。在征收征用获批后,还必须加强法律监督,确保被征收征用的农村集体土地在后续的土地开发再利用过程中符合公共利益需要。

完善征地补偿法律制度,必须坚持保障农民当前利益与长远利益相结合的原则,在征收补偿项目中增加农村村民住宅补偿和社会保障费,解决好征地引发的一系列问题,以保证农民的长远生计。改变以土地征收的原用途来确定补偿的规定,实行区片综合地价,取代原来的土地年产值倍数法,实现"同地同价"。明确集体经济组织中被征地的农民享有被征收土地的增值收益,调整好国家、集体和个人之间的土地增值收益分配问题。

完善土地征收程序,将过去的"批后公告"转变为"批前公告",把政府与被征地主体间签订的补偿安置协议作为申请审批书的一项重要内容,确保补偿安置协议得到双方主体协商的一致同意,保证被征地主体在土地征收中的话语权与参与权,避免在后续征地过程中产生关于补偿问题的争议。在产生土地征收争议时,将土地征收行为的合法性纳入行政审查的范围,避免政府既是土地征收争议的裁判者,又是土地征收的执行者。

第二,激发农村集体建设用地入市活力:

其一,农村集体经营性建设用地流转必须坚持"盘活存量,控制增量"的原则,在政策层面减弱对存量集体经营性建设用地与增量集体经营性建设用地之分,取消对增量集体经营性建设用地入市的限制,凡是符合土地利用规划的土地,在履行土地用途变更手续的基础上,均可以实现入市流转。特别是要推动节约整理下来的废弃建设用地、公益性建设用地和宅基地等用途的土地的重新规划，加强省级层面的宏观调控和引导，加快此类用地用途转换后的入市流转。放宽集体经营性建设用地入市流转的土地类型有利于提高土地的利用率，盘活大量闲置的增量集体经营性建设用地与存量集体经营性建设用地，扩大集体经营性建设用地的入市规模，使农民享受到更多的改革红利。

其二，必须放宽对集体经营性建设用地使用权流转的限制，加快建立城乡统一的建设用地市场。2019年《土地管理法》已删去旧《土地管理法》中关于限制农村集体建设用地入市之规定，旨在于法律层面上破除农村集体建设用地不能直接进入市场流转的二元体制，确立集体建设用地与国有土地在同一市场上进行"同权同价"流转，适用"同规则"和"同监管"。新《土地管理法》的修订为城乡一体化发展扫除了法律制度上的障碍，让集体经营性建设用地通过在市场中流转发挥价值，使得土地增值收益更多地转入乡村振兴建设，惠及更多的集体经济组织成员。

第三，推进宅基地合理利用与有序退出：

其一，完善农村宅基地自愿有偿退出模式。一方面，要保证农民退出宅基地的自愿性。《深化农村改革综合性实施方案》已明确提出，宅基地制度改革中的宅基地退出要实行自愿原则。要区分清楚土地征收征用与农民自愿退出宅基地，因此在农村宅基地退出机制的构建中，必须改变改革试点中政府主导的局面，尊重和保障农民的意愿和选择，切忌在农民退出宅基地的过程中过多地渗入行政强制因素，导致农民非自愿退地。对此，可以借鉴天津试点的模式，引入集体经济组织，通过集体经济组织的有效参与，保证"农民利益不受损"，调动农民退宅的积极性。另一方面，要完善农民宅基地退出的补偿机制，积极探索"面积固定、法定无偿、超占有偿、节约有奖、退出补偿"的宅基地使用管理制度，鼓励农民退出闲置、低效的宅基地，推进宅基地的优化利用。

其二，健全农村宅基地退出补偿机制。一是贯彻落实"地随房走，房随地走，房地一体"的原则，在宅基地退出补偿时，综合宅基地和地上拆迁房屋价值，将宅基地上的建筑物和其他附属设施纳入补偿范围，最大限度地弥补农民因退宅而丧失的价值。二是确立农村宅基地自愿退出的补偿标准，在保证相同地区相同性质土地补偿基准一致的基础上，制定级差化的补偿标准，综合考量土地的未来增值收益，实现未来收益与自愿退地农民共享。三是丰富退地补偿方式，坚持房屋置换的基本方式，探索更多的退地补偿方式。试点地区的农村宅基地退出补偿资金都仅仅依靠地方政府财政拨款支持，资金有限且来源单一，难以保证农民退地后的生活。因此，政府可以丰富退地补偿资金的融资渠道，运用市场机制，引入更多的社会资金。如此，一方面可以缓解大面积退地给政府带来的财政资金压力，另一方面也能使退地农户的权益得到及时保障。此外，还可以继续探索是否引入第三方评估机制，加强对退地补偿方式和补偿数额合理性的评估，解决退地过程中因补偿方式和补偿数额不同引发的矛盾。

其三，做好退出宅基地的再利用规划。一是做好退出宅基地再利用的用途规划，按照城镇化和美丽乡村建设的要求，对部分退出的宅基地进行整治，用于改善农村地区的生态环境，以实现乡村振兴的总要求；二是在保证集体经济组织成员退地后住房得到保障的前提之下，通过"有偿选位"的方式让农户重新获得土地，如此既能盘活闲置土地，也能与政府需要支付的补偿金进行互抵；三是在退出宅基地面积仍有剩余的情况下，适度将农村宅基地转变为集体经营性建设用地，推动集体经营性建设用地入市流转，将土地出让金适当转为补偿金，以缓解退地补偿金来源紧张的问题，或者将剩余土地转入城乡统筹用地，发挥土地价值，更好地服务城乡融合发展大局。

第二节 中国农村土地制度的路径选择

一、中国农村土地制度变革的制约

中国农村土地制度改革始终面临着外部的约束：一是制度制约，二是目标制约。这两个外部制约对整个农村土地制度的选择与变迁造成了直接影响。

1. 农村土地制度的制度约束

作为国家的基本性制度，中国土地制度在八二宪法中具有非常明确的制度安排。八二宪法规定了农村土地集体所有制和城市土地国有制是国家土地制度的两种形式。农村土地改革的方向如何，究竟如何推进，农村土地制度变革会对公有制到底产生怎样的影响，是学界和实务界都高度关注的重大问题。

根据八二宪法的精神，中国共产党的领导是我国政治制度的根本特征。作为执政党，中国共产党是以改造所有制为执政基础的，坚持公有制决定了执政的合法性。根据宪法序言，农民的土地是党领导农民通过土地改革等一系列运动得来的，土地运动是取得政权的法宝，土地公有制也是执政合法性的基础。中国特色社会主义道路中的"特色"具体落实到政治安排上，便是中国共产党领导下的公有制，而土地公有制是中国"特色"中最独特的制度安排。同时，宪法文本规定了公有制主导、多种经济形式并存的经济制度，而土地制度则是基本经济制度里面最基本的制度。八二宪法规定的这些制度制约,决定了农村土地制度改革的选择范围。

2. 农村土地制度改革的目标约束

国家在1949年后的建设目标是实现工业国,实现经济现代化。这个工业国的目标在新中国成立后成了整个国家发展的最重要的导向。新中国成立后的土地改革、人民公社会、大跃进等诸多运动,都与这个整体的目标有着千丝万缕的联系。1978年进入改革开放时期后,虽然存在着争议,也面临着极大的困难和挫折,但经济现代化作为党追求的基本目标,始终未曾改变,并通过修宪的方式在全社会达成了基本共识。党的十八届三中全会提出了国家治理体系和治理能力的现代化,实际上便是制度现代化。

实现农业国向工业国的转变是一项巨大的工程,在改革开放之后,通过城乡巨大的"剪刀差",让农业为工业服务,农村为城市服务的方式极大地推进了工业化、城市化。故而,中国土地制度的选择与改革,实际上一直存在着两大制约要素:农村土地集体所有制的宪法秩序安排和土地利益的分配服从农业国向工业国转化的目标。这两个要素决定了中国土地制度改革的走向和基本逻辑。

由于宪法明确了土地所有制的形式,农村土地的集体所有制便是不可有任何变更的固定制度,排斥了采取其他产权形式的可能性。在这个宪法秩序安排的前提下,所有农村土地制度的空间仅限于探索农村土地集体所有制的实现形式。

二十年来,土地制度改革的主要方案就是从"两权分离"到"三权分置"。农村土地制度由所有制形式和土地权利两个层面构成,在所有制形式不可能突破的前提下,所有的改革和探索都只能在土地权利上进行,不断扩大使用权的实质权能,通过产权的激励功能发挥农户积极性的优势，从而提高土地产权的效率。

因此，农村土地制度改革的"三块地"——农民的承包地、农村宅基地和农转非的非农用地——是改革的最核心目标。农村的这"三块地"在国家推进的土地制度改革中被锁定在宪法秩序中的集体所有制下，从"两权分离"到"三权分置"，从这个权利分离的逻辑出发来推动整个农村土地制度的改革进程，但其同时也导致了权利功能逐级弱化。对农地中的承包地，现行的逻辑是维持集体所有权，强化农民的使用权，也就是强化产权，权利分离后将产权做强，然后把所有制变成一个法律上的、名义上的所有权，做强后者。但宅基地的分置却恰恰相反。宅基地虽然也是将集体所有权和使用权分离，但宅基地制度演化的结果是强化了前者，模糊了后者。在宅基地的"三权分置"改革中，集体所有权越做越强，对农民使用权的保障在制度构架层面较为缺乏。农地转用在历史上就存在着实践效果不佳的情况。农地转用启动了城市国有和农村集体所有的架构，结果使得"两权分离"实际上变成了两种所有制的分治。

二、社会转型背景下农村土地制度变革的根本动力

新中国成立之后的土地改革总体上是一脉相承的。在通过土地改革运动废除了土地私有制后，在一段时间内实行了农民土地所有制，即用农民所有制废除地主私有制，继续保留私有制。其后的合作社运动，用合作制取代了农民土地所有制。在初级社的时候，土地还是私有的，只是用合作制取代了农民所有制；在人民公社化运动，我国走向了高级社阶段，以集体所有制全面取代了合作制，形成了"三级所有、队为基础"的体制。"三级所有"就是所有权的一级在生产队，但事实上其他几

第一章　中国土地制度变革的基本逻辑

个所有权主体也在继续发挥作用，不过是以生产队为基础。对于集体所有制下土地制度安排缺陷的研究已有定论，由于行政权替代产权功能，对生产者的激励低下，努力与报酬不对应，所以生产绩效不高，因而改革从底层事先发动，地方与中央改革者的支持与互动推动了包产到户改革在全国的普遍化，然后以法律形式实现了制度化。家庭联产承包责任制实行后，这个改革总方向实际上并未改变，在八二宪法颁布之后，土地制度改革必须在宪法秩序内进行改革。由于宪法的秩序框架作出了严格的框定，因此我国只能在不涉及所有制的前提下强化土地的使用权。在过去的四十年中，土地改革的具体实践是：

首先，将土地承包期作为农村土地制度改革的焦点。从经济学理论出发，产权关系到农民收益的稳定预期，只有将承包期不断延长，农民投入的积极性才会提高，与土地的关系也就越密切。这也是农村土地承包 30 年不变政策的出发点。1984 年，国家明确了土地承包期限为 15 年，20 世纪 90 年代第二轮承包期延长到了 30 年，同时，又提出了"增人不增地、减人不减地"的土地管理政策，将贵州湄潭的土地试点推广到了全国。2008 年，中央将国家的土地政策定位为"长久不变"。在土地制度的价值取向中，秩序价值排在了第一位。长久不变的制度安排就是为了稳定农民的预期收益，形成了较为稳定的土地秩序安排。但在实践中，"增人不增地、减人不减地"的争议一直很大。这是 1987 年中央政府在贵州省湄潭县试点的基础上形成的制度安排，当时面临改革进行不下去的问题，杜润生先生提出建立改革试验区，农村土地制度方面有三个改革，其中就有"增人不增地、减人不减地"，实际上是对整个集体所有制的根本改革。

集体所有制的要义是本集体经济组织成员享有成员权，集体的财产、收益人人有份。既然是人人有份，那么本集体经济组织新增加的人口自然也应该分一份，新嫁入的女子和出生的幼儿自然也应当拥有他们的份额，而去世的人或迁走的人，就应该将他们的那一份拿出来。从集体所有制的理论出发，这套以成员权为基础的制度安排的结果是增人就得调地，减人也得调地。这导致的结果：一是影响农民的行为预期，二是土地的细碎化，显然有悖土地改革的初衷。贵州湄潭试点意味着未来农民跟土地的关系被固定了，增人不再调地，减人也不再调地。从那个时候开始，地在谁手上就不再做出任何变更。到了2008年，中央又提出了"长久不变"政策。"长久不变"作为一种制度安排，是将"增人不增地、减人不减地"变成一个基础性的制度安排。"长久不变"在中央文件中的完整表述是："现有土地承包关系要保持稳定并长久不变。"这意味着享有村成员权的农民与农村土地完全对应上了。"长久不变"的制度安排实际上意味着从有期限的农村土地制度变成没有期限的农村土地制度，就是现在的地在谁手上，以后就由谁长期耕种。但是，这并不意味着这个地就属于谁，否则就等于第一个底线被突破了。只能说，这个地的承包经营权的归属长期不变。

其次，克服产权残缺，完善土地产权的权能。土地产权的权能在于使用权、收益权和转让权。农村土地制度改革为此曾做了很多努力，在改革初期取消了统购统销，将土地的收益权让渡给农民，完善了土地的收益权。21世纪初，国家全面取消了农业税，至此，土地的收益完全归于农民。同时，不断强化农民的主体地位，通过巩固家庭联产承包责任制等制度将产权交给家庭。从20世纪80年代的改革开始，中央的政策导向是一直将农民作为产权的主体，进入20世纪90年代后很多声音认为农民作为土地产权的主体，规模太小，且不懂市场规律，无法形成大规模经营。但中央始终坚持农民的产权主体地位。为了保住农民的主体地位，政策甚至将家庭承包经营制度确定为基本经营制度，将"家庭承包经营为基础、统分结合的双层经营体制"写入了宪法。从1984年开始，在宪法和法律的范围内，允许农民土地流转，从此，农村土地的流转规则也不断完善，最终确立了"依法、自愿、有偿"的原则。

最后，通过出台一系列法律明确规定土地承包经营权，将之赋予法律效力。《农村土地承包法》和《物权法》规定，将承包经营权作为一个产权进行规制和调整，从而使原来土地制度中的"发包—承包"关系上升为农民对承包地的物权。这就从法律制度上赋予了农民承包地物权效力，法律保护的效力层级得到了提高，健全了农民权益保护的法律体系。

三、"三权分置"改革的原因

之前实行的"两权分离"产生了诸多问题。从制度逻辑上看，土地所有权和使用权分离是改革精心设计的出发点，但这项政策在落实中遇到的问题层出不穷，应该说，"两权分离"改革的结果并未达到预期。

首先，改革的初衷是强化农民的土地使用权，最大限度地发挥产权地效用，将农民与土地的关系固定下来，促进土地的增产增收。但在制度框架中，村集体依然是作为一级主体而存在的，地方集体组织干预土地产权是普遍的情况，宪法和法律赋予了村集体所有权。由于在宪法和法律上，集体实际上是一个拟制的概念，集体的产权不像私有产权那样清晰。集体产权的弹性和边界模糊，成了当下土地产权问题和农村治理中非常大的一个麻烦。一些存在"强人政治"的地区，往往直接将村集体的农用地变成建设用地，典型的便是天下第一富村——华西村，以及北京、上海等大城市周边的农村。这些村集体上"生长"出的诸多东西缺乏清晰的产权内涵，为后续的农村治理、城镇化都埋下了重大隐患。一切涉及基层的问题往往都难以逃出两个问题——村集体所有下的土地产权和村民个人的集体成员权。

其次，集体与农民之间的发包、承包关系与农民土地财产权赋权长期存在着矛盾。当下农民的土地以户为单位，由村集体经济组织按照集体成员应有的份额发包，但集体所有权不变。这实际上是典型的债权关系，村民与村集体成了债权的当事人。而《物权法》却直接赋予了农民土地财产权，将之上升为物权来保护。在债权被上升到财产权的情况下，集体所有权下的承包、发包关系在现实中究竟如何去实现？尤其是在集体成员权的观念不断被强化的情况下，产权的排他性究竟如何实现成了绕不开的难题。在土地制度的集体所有制不变的前提下，改革的结果实际上是变成了集体成员权所有制。农民的朴素观念是传统的，在他们看来，集体所有制就是"人人有份"，但"人人有份"的集体产业观，与前面提及的两套制度即"增人不增地，减人不减地"和"长久不变"的政策存在非常大的冲突。探究冲突的根源，依然在于集体成员权观念的根深蒂固。在当下的农民观念中，集体所有制下的成员权，就是最普通意义上的份子权，但是承认成员权最后的结果就是牺牲产权的排他性，因为承认"人人有份"，再要排他就很难了。例如，南海市一直在探索集体股份制改革，最后就变得非常困难。最初，农地变成集体建设用地时，集体认为，你的地就不种了，把它做成股份，以后大家按股分红，土地集中起来经营。这实际上是把成员权继续延伸到非农用地上，农民当然同意。但是，往下走就面临很大的问题，即股权福利化，只要是集体成员，就不断地要有钱分，这样集体上面长出来的资产就没办法长大。因为分红相隔时间过长的话，农民不放心。后来尝试固化股权，即现在集体组织的成员按成员权分红，增加的人就按资购股。但增加的人不干，这个方式最后被推翻了，现在变成以家庭为单位来固化股权，就是不在集体内部不断地分割而是在家庭内部分化。

再次，承包权与经营权合一保护导致的结果是两者都没被保护。《农村土地承包法》和《物权法》保护的是农民土地承包经营权。在承包者跟经营者合一的时候，承包经营权作为一种权利保护是没有问题的。在改革初期，农民基本上是自耕农。但是，后来承包者有可能不是经营者。比如，在城镇化时期，几亿人离开农村，离开后还是有承包权，但是已经不种那块土地了，也就是说，承包权跟经营权是分离的。合一保护的结果就是当拥有承包权者不再耕种这块土地时，就把经营权转了出去，但农民又担心把经营权转出去以后回不来。因此，在第二轮承包时就出现了这个问题。另外，集体经济组织有时为了做强经营权，可能会削弱农民承包权。所以，承包权与经营权事实上的分离，在制度运行上面临很大的问题。

最后，承包经营权的赋权也存在很大的问题，承包经营权现在有占有权、使用权、收益权和流转权，但没有抵押权、担保权和继承权。抵押权、担保权在赋权时争议非常大，大家担心万一承包经营权抵押出现风险，会导致承包经营权的丧失。所以，党的十八届三中全会把承包权与经营权分离，给经营权设抵押权，承包权不设抵押权。但是，这个问题事实上并没有被解决。另外一个问题就是没有继承权，现在农村第一轮包地的农民有的老两口已经都去世了，这些地是按承包发包关系交回集体，还是按财产权自动转给下一代？即便给下一代，是继续走家内均分制，还是像日本、欧洲那样走长子继承制？这些都没有相应的制度安排。

四、集体产权制度双重维度下的策略调适

从"经营性制度"到"财产性制度",是中国农村土地制度变革的制度逻辑。关于改革开放以来农地制度的内涵一直存在激烈争论,关键的分歧在于农地制度究竟是"经营性制度"还是"财产性制度"。这一问题不能一概而论,因为农地制度的属性是一个历史范畴,在四十年的改革历程中不断进行着内容的丰富和转换。改革开放以来,农地制度属性发生了重大变化。农地制度改革是以"责任制"的名义开启的。1986年的中央1号文件提出了一个新概念——"双层经营体制"。这个概念在此后沿用了很久,一直到2007年,还将"家庭承包经营为基础、统分结合的双层经营体制"作为一项条款写入了当年颁行的《物权法》。有学者认为,承包经营关系是发包人和承包人之间的合约关系,本质上是一种集体内部分工分配的权利义务关系。[1]如果从这一角度出发,中央似乎是把农地制度当作经营性制度来看待的,只是在具体表述上出现了微妙变化。颇具意味的是,几乎是在经营体制、经营制度概念成熟的同时,"土地承包经营权"这一权利概念才同步生成。1986年的《民法通则》、1986年的《土地管理法》(以及1998年的修订)、2002年的《农村土地承包法》、2007年的《物权法》都在不断强化土地承包经营权的财产权属性。而且,1998年以来,中央历次"三中全会"都对赋予农民更加充分的土地承包经营权做出了要求。也就是说,对制度内涵的表述出现了两套平行话语。从名义制度上讲,将农地制度视作经营性制度和财产性制度都能找到权

---

[1] 陈甦:"土地承包经营权物权化与农地使用权制度的确立",载《中国法学》1996年第3期。

威依据。但从制度实际运行情况来看，可以将土地承包经营权推定为物权或者财产权。

第一，土地承包经营权是法定权利而非合同权利。家庭承包经营权的期限、范围和权利义务等内容都是由《物权法》《农村土地承包法》等法律所规定的，土地承包合同只是完成法定程序的一个必备要件，合同本身没有规定权利内容的效力。

第二，土地承包经营权受侵犯时享有物权的救济措施。按照相关法律的规定，当农民的土地承包经营权受到损害时，可以获得的法律救济不仅包括损害赔偿，而且还包括衡平法上的救济措施，比如返还原物和恢复原状。[1]后者是典型的物权救济。总的来说，将改革之初的制度安排看作是一种经营性制度应该是没有争议的，任谁也不会把完成合同订购任务的"责任"当成是财产。但是，现今土地承包经营权已经是一种不折不扣的财产权，相应地，农地制度也应该被看作是财产性制度。

第三，农村集体产权制度改革既要保护好农民利益，又要实现农民利益发展，而不走市场化改革之路则可能形成没有发展的增长，但完全市场化又无法做到有效保护农民利益。因此，解决农民利益保护和利益发展问题必须要采取一种调适策略。这一调适策略要既能控制市场风险，又能依靠市场推动发展，亦即过渡市场。

过渡市场与农民利益具有内在关联。过渡市场是一种不完全市场形态，蕴含着基本的市场逻辑，却又受制于特定的制度空间。相较于完全市场化而言，过渡市场具有明显的有限性、阶段性和调适性特征。一是有限性。企业是现代市场经济运行的主体，这是由市场经济运行规律所决定的，也是现代市场经

---

[1] 韩俊主编：《中国农村土地问题调查》，上海远东出版社2009年版，第51页。

济发展的基本特征。而过渡市场的主体一般不是现代企业，主要是农民和各种农民合作经济组织，这些主体的能力相较于现代企业而言明显不足，运用各种市场化手段和技巧的能力比较有限，抵御市场风险的能力较弱，参与市场的渠道也较狭窄。所以，与以现代企业为主体的现代市场相比，过渡市场中主体的能力及其参与市场的渠道都呈现出了一种有限状态。二是阶段性。市场的培育和发展都具有渐进性特征。新中国自成立以来经历了计划经济到社会主义市场经济再到中国特色社会主义市场经济的发展过程，资源配置方式也经历了阶段性发展：从行政配置到市场在资源配置中发挥基础性作用，再到市场在资源配置中发挥决定性作用。与城市的发展环境和基础条件不同，农村尚处于现代化发展的初始阶段，农村的市场化程度应与农村发展阶段相适应。过渡市场是根据现阶段农村发展的基本事实而应采取的行动策略。三是调适性。根据变化了的条件调整行动策略，进行自我优化，从而实现更好的发展，是新事物发展的基本逻辑。农村市场化发展不是静态的，而应随着变化了的环境和条件不断进行内部调整，使各要素之间不断进行互动和调适，从而达到最佳状态。在现阶段，农村集体产权制度改革就是为了改革不适应农村进一步市场化发展的体制机制，回应农民的利益发展诉求，实现制度与市场的有效调适。过渡市场蕴含着保护农民利益的底色，同时又逐步将农民利益发展交由市场推动，兼顾了农村稳定与农村发展这两个关键命题。应该看到，农村集体产权制度改革不是一蹴而就的静态改革，更不是毕其功于一役的运动式改革，其应随着农村市场化的深入推进而不断深化。而农村集体产权制度改革的不断深化也将为农村市场化发展创造更好的条件。这也意味着，过渡市场的培育和发展不可能一蹴而就，而是随着农村内外部环境的不断改善而日益完善。

坚持人民当家作主是中国特色社会主义民主政治的基本遵循，维护国家的利益实质上是维护人民的利益，这是对国家作用的基本要求。而人民利益的再获取究竟是依靠国家还是依靠社会和市场，一直是争论的焦点。社会主义国家刚建立时，执政者普遍认为人民利益的获取同样需要依靠国家来实现。所以，在一段时间内，计划经济模式成了中国的选择。但是，实践证明，人民日益增长的物质文化需求单纯依靠国家政权来计划和提供根本无法得到有效满足。所以，解决落后的生产力与人民日益增长的物质文化需要之间的矛盾成了中国改革开放的主要目标。在这一过程中，改革开放的先驱者邓小平同志深刻地认识到，要想解放和发展生产力，没有社会和市场的参与是不行的。在这一背景下，社会主义市场经济制度应运而生。但是，国家、社会与市场之间应形成怎样的互动关系仍是争论的焦点，且持续至今。在农村集体产权制度改革进程中，国家、社会与市场间关系的建构不一定要具象化、模式化，因为三者之间的关系是不断变动的，并在变动过程中实现自我调适。从中国农村集体产权制度的改革历程来看，伴随这一改革进程，农村生产关系得以持续调整和完善，这推动中国农村经济社会发生了历史性巨变。而农村生产关系的调整和完善是国家、社会与市场共同作用的结果。随着经济社会的发展，国家的治理体系和治理能力不断完善和提高，社会的开放程度逐渐提高，市场体系会更加成熟。国家、社会与市场之间任何一方的变化，都受另外两方的影响；任何一方的畸形发展都会阻滞另外两方的发展。农村集体产权制度改革也体现了国家治理体系在基层的调整和治理能力在基层的优化，这一调整和优化会拓展农村社会的空间，激发农村市场发展活力；而农村市场的发展有利于实现农民对利益发展的诉求，进而为社会发展创造更好的条件，并增进农民的制度认同。三者之间相互影响、相互衔接，处在一个螺旋式上升的动态调整过程。通过相互之间的动态调整，最终形成三者之间的动态稳定结构和均衡格局。实现农民利益保护是国家意志的体现，推动农民利益发展是现代市场环境下农村发展的内在要求，农村集体产权制度改革的国家目标能否与农民的自我发展目标实现深度内在契合，是农村集体产权制度改革能否成功的关键。当前，农民越来越呈现出原子化状态，农民的非理性行为仍广泛存在，为农村集体产权制度改革增加了难度和不确定性，所以，农村发展新旧动能转换过程中的风险控制机制建设至关重要。过渡市场具有保护农民利益和发展农民利益的双重作用，它作为推动农村发展的调适策略具有一定的现实价值。但是，过渡市场本质上是一种不完全市场，制度安排和规则设置更倾向于对农民的救济，而资本是趋利的，靠制度和规则减缓市场冲击和降低市场风险虽然是为了保护农民，但也有可能造成市场内卷化。因此，如何因地制宜地开展农村集体产权制度改革值得进一步探讨。

第三节 乡村振兴的土地制度供给

总体而言，当前实现乡村振兴与城乡融合发展还面临诸多制度性难题。主要在于现行农地制度与农业发展方式不适应，宅基地制度改革滞后，阻碍了村庄转型。

以土地制度改革为突破口，实现城乡两个空间的平等发展。城乡要素配置不畅和城乡发展不平等的最大障碍是城乡二元土地制度。农地转非农用地必须实行政府征收，非农经济活动必须使用国有土地，土地用途和年度指标管制，以及政府独家垄断土地市场,是乡村发展受阻、乡村产业窄化、城乡财富差距拉大的根源。只有改革土地配置制度,实现集体建设用地和国有建设用地权利平等,才会有乡村产业和发展空间的复兴。在此基础上,才有城乡资本和人力的持续对流与配置,乡村发展才会有可持续的制度支撑。在此基础上,配合城乡基本公共服务均等化和城乡居民权利平等,促进城乡一体化发展。加大乡村振兴的土地制度供给,消除不利于乡村发展的制度制约,全面活化乡村空间,使乡村和城市相得益彰,共融、共生、共荣。

1. 改革生产要素配置制度,促进城乡互动

随着经济发展阶段转换、消费需求升级、乡村经济活动变化,我国的城市化已经从单向城市化转向城乡互动改革长期存在的城乡二元体制,促进生产要素在城乡之间的对流与配置,将为乡村振兴创造巨大机会。一是改革土地配置方式,实现乡村平等发展权。我国土地大规模扩张的城市化阶段已过,具备了按照公共利益、市场价补偿、程序公开透明原则改革征地制度的条件,减少强制低价征地对农民土地权益的损害恰逢其时。城市用地可以通过土地利用结构改革、减少工业用地和基础设施用地、加大存量用地制度创新来保障。城中村是城乡融合的重点区域,应加大城中村地区的土地制度创新,利用土地价值增值捕获实现城市更新中的资本平衡、公共土地的获得以及土地所有权利益,允许城中村农民利用集体土地直接提供租赁房,解决进城农民在城市的体面落脚和居住问题。在符合规划和用途管制的前提下允许集体经济组织和农民利用集体建设用地从事非农建设,享有出租、转让、抵押集体建设用地的权利。二是改革规划制度,保障乡村发展空间。按照城乡融合的空间形态,在用地类型、标准、规划编制等方面保证多功能、新产业、新业态、新形态在乡村落地。根据乡村分化与集聚、人口流动

趋势，以生态韧性为重点编制乡村振兴规划。三是实现农民城市权利，促进农民市民化。保障"农二代"城市居住权，鼓励大城市农民集体利用集体土地建立房屋租赁市场，城市保障性住房向外来务工人员及其家庭开放，降低农民工在城市的落户门槛。落实"农三代"城市教育权，实现公办学校向随迁子女开放，放宽随迁子女在流入地参加高考的限制，将"教育券"拓展到义务教育阶段的公办学校。四是允许外来人口在满足一定条件后享有村庄的住房、土地、公共事务参与等权利，鼓励城市社会资本下乡，提升乡村人力、资本质量。

2. 完善农地权利体系，促进农业转型

农业现代化是乡村振兴的基础。我国农业正处于历史转型期，农民对农地的经济依赖性下降，消费需求变化促使农业从数量农业向质量农业转变，农业发展方式已经向提高劳动生产率转变，农业的内容、功能、要素组合、业态等呈现势不可当的变化，农地制度和经营制度变迁决定农业转型的成败。一是明晰集体所有权。对于未到户集体资源进行全面确权，明确归属和利益分享机制，增强集体经济发展能力；推进清产核资、资产量化、确股到户的集体产权改革，确保集体资产保值增值。探索实行承包地股份合作，在确保农户土地基本权利的前提下，实行农地资源重组与配置。创新集体资源资产的集体经营、委托经营、合作经营等多种方式，保障集体成员按份共有集体资源、资产经营收益。二是承包经营权的分割与农户权利保障。顺应农民离土出村和"农二代""农三代"的土地及农业观念的变化，在自愿的前提下，实行农地承包权与经营权的分离，保障集体成员对承包地的按份占有权、收益权、地租权、转让权。实行获得城市户籍农民承包地有偿退出权和一定期限内的可赎回权。三是经营权的设权赋权。明确从农户承包经营权分割出的经营权的合法权利地位，双方议定的合约受法律保护，经营者享有所经营土地的耕作权、收益权、转让权、土壤改良补偿权、土地收益抵押权。四是创新农业经营体系。在自愿、依法、有偿原则下推进土地流转。探索国家土地信托制度，推动闲置、低效利用土地的收购、整理和发包。培育现代农业经营主体、服务主体、合作组织和市场主体，以农业经营规模适度规模化、服务规模化、区域种植规模化、市场化实现农业规模化。

3. 推进宅基地制度改革，促进村庄转型

随着人口城市化、农民代际变化和城乡互动的到来，村庄的分化势在必行，宅基地制度改革是促进乡村活化、阻止乡村衰败的重要抓手。一是改革宅基地的无偿分配制度。对于农户超占宅基地情况，部分实行收回或有偿使用。可以考虑以时点划断的办法，对时点以后的集体成员在保障宅基地资格权前提下实行宅基地的有偿获得。二是赋予农民宅基地财产权。在保障农户宅基地占有权和居住权的前提下，以宅基地财产权交换福利分配权，农民宅基地可以有偿退出、出让、转让、交易，从事乡村相关产业。三是对外村人和外来资本有序开放。在规划和用途管制的前提下，实行村庄宅基地、农房和闲置空闲地对村外人和外来资本开放，实行乡村资源与外来资本的有效组合，显化乡村价值，提高资源配置效率。四是改革宅基地管理体制。将乡村纳入国土空间规划，控制和锁定村庄宅基地总量，通过宅基地跨区域使用和资格权保障促进村庄适度集聚，行政部门对宅基地实行总量控制和规划管制，村内宅基地使用、处置权交由村集体组织行使。允许外来人口在满足一定条件后享有村庄的住房、土地、公共事务参与权等，鼓励城市社会资本下乡，提升乡村的人力、资本质量。

第二章
农村土地制度变革的历史演进轨迹

　　新形势下，深化农村改革的主线仍然是处理好农民和土地的关系。农村集体产权制度改革既要坚持集体所有制这一根本制度，保护农民的切身利益，又要激发市场活力，使市场在资源配置中起决定性作用，满足农民发展利益的现实需要。但是，这一过程既蕴含着国家政权建设的政治逻辑，又显现出市场化发展的经济逻辑，且两种逻辑的张力不断增大，潜在的逻辑冲突成了当前农村社会的隐性矛盾。理解农村集体产权制度改革过程中的农民利益保护和利益发展问题，调适农村集体产权制度建设的政治逻辑与农民利益市场化发展的经济逻辑之间的冲突，是继续深化农村集体产权制度改革的关键。对此，须回溯中国土地制度的渊源，蠡测其演变流程及演进轨迹。

　　我国现行农地制度的历史可以追溯到20世纪20年代。1921年中国共产党成立之初，土地政策的运用与中国共产党的发展壮大密切相关。正是因为对土地制度进行了适时、适度调整，中国共产党才得以从弱到强、从农村包围城市，成为世界上最大的执政党。可以说，中国共产党正确地运用了土地制度这一武器，才最终在民心向背这一决定性因素上取得了压倒性优势，并从经济政策转化为军事优势进而成为政治优势，夺取了新民主主义革命的胜利。国家的土地政策按其内在特征可以被分为三个时期。

第二章　农村土地制度变革的历史演进轨迹

第一节　新民主主义革命时期的土地制度

这一时期的土地制度主要围绕动员农民参加革命这一核心任务展开，目的性和针对性都非常明确。前后大致可以分为三个阶段：

（1）土地革命战争时期的土地制度和政策。以1928年的《井冈山土地法》为起点，1929年又制定了《兴国土地法》。这一时期的土地法后来被毛泽东总结为"依靠贫农，限制中农，保护中小工商业者，消灭土地阶级的土地政策"。[1]从渊源上看，第一次国内革命战争时期（1924年1月至1927年7月），土地政策基本上是主张减租减息，在实践中一直是党领导农民开展减租减息斗争，并取得了重大成果。这一时期未能实行没收地主土地的革命的根本原因在于：开展农民运动实行彻底的土地革命同建立与国民党合作统一战线的战略存在着不可克服的矛盾，在维护与国民党合作统一战线的前提下领导农民开展土地革命是一件不可能的事。[2]

这一时期，中国共产党于1928年12月制定颁布了《井冈山土地法》，首次将土地政策落实到法律层面。其主要内容包括：没收一切土地归苏维埃政府所有，分配给农民个体耕种、共同耕种或由苏维埃政府组织农场耕种；一切分配的土地，禁止买卖；土地的分配以乡为单位进行，特殊情形也可以村庄或者几个乡或者区为单位进行，以人口为标准，男女老幼平均分

---

[1]　潘义勇："中共土地制度变迁与农民生活水平的变化"，载《广东省社会主义学院学报》2008年第2期。

[2]　冯鉴川："论第一次国内革命战争时期的土地革命"，载《华南师范大学学报（社会科学版）》1991年第4期。

配，特殊情况也可采用以劳动力为标准分配；山林分配时，茶山、柴山比照分田办法，以乡为单位平均分配，竹木山归苏维埃政府所有，但农民经苏维埃政府许可后可依规定享用竹木。《井冈山土地法》存在着三个不足：一是没收一切土地而不是只没收地主土地；二是土地所有权属于政府而不是农民；三是禁止土地买卖。1929年4月，中国共产党进入赣南后，在兴国县又公布了新的土地法，即《兴国土地法》，把"没收一切土地"改为"没收公共土地及地主阶级土地"。1929年6月，红四军司令部、政治部布告规定"田地归耕种的农民所有，不再交租于田东"。1930年，中国共产党通过中华革命军事委员会发布的《土地法》取消了禁止土地买卖的规定。从此《井冈山土地法》中的三个不足均得到了纠正。党的这些农村土地法规在当时不仅打击了地主、富农的反革命气焰，调动了农民革命的积极性，推动了中国革命的进程，而且还充分调动了广大农民生产的积极性，极大地推进了根据地的生产发展，在经济上满足了革命的需要。

关于土地所有权，1931年苏区中央局第9号通告明确表述为"农民参加土地革命的目的主要的还是要取得土地的所有权"，必须使广大农民在土地革命中取得"他们唯一热望的土地所有权"。[1]当时，毛泽东在写给江西省苏维埃政府的信中也明确指出，"过去分好了的田（实行抽多补少、抽肥补瘦了的）即算分定，得田的人即由他管所分得的田，这田由他私有，别人不得侵犯"，"租借买卖，由他自主"。[2]1930年10月，湘鄂西

---

[1] 中共中央党史研究室：《中国共产党历史》（第1卷上册），中共党史出版社2011年版，第286页。

[2] 中共中央党史研究室：《中国共产党历史》（第1卷上册），中共党史出版社2011年版，第299页。

特委制定的《土地问题决议案大纲》。该大纲明确规定:"土地国有,此时只是宣传口号,而不是实行口号,所以,土地不禁止买卖。"[1]由此可见,在土地革命时期,中国共产党基本形成了一套比较切实可行的土地革命路线、政策和方法,将《井冈山土地法》的土地制度加以发展和完善,明确实行"变封建的土地所有制为农民的土地所有制"。[2]

(2)抗日战争时期的土地政策。1937年8月,中国共产党在陕北洛川召开中央政治局扩大会议。该会议通过的《中国共产党抗日救国十大纲领》首次提出"减租减息"是抗日战争时期解决农民问题的基本政策。1942年1月,中共中央政治局通过《关于抗日根据地土地政策的决定》提出了三项基本原则:

第一,承认包括雇农在内的农民是抗日与生产的基本力量。党的政策是扶助农民,减轻地主的封建剥削,实行减租减息,保证农民的人权、政权、财权、地权,借以改善农民的生活,提高农民抗日与生产的积极性。

第二,地主中的大多数是有抗日要求的,一部分开明绅士还是赞成民主改革的。此时,党的政策不提消灭封建剥削,实行减租减息之后,农民还要交租交息。

第三,承认资本主义生产方式是中国比较进步的生产方式,资产阶级(特别是民族资产阶级与小资产阶级)是中国比较进步的社会成分与政治力量。为了确保党的土地政策落到实处,这一时期解放区相继通过了多个土地法规。例如,1938年2月晋察冀边区民主政府颁布的《减租减息条例》、1940年4月晋绥

---

[1] 中共中央党史研究室:《中国共产党历史》(第1卷上册),中共党史出版社2011年版,第286页。

[2] 中共中央党史研究室:《中国共产党历史》(第1卷上册),中共党史出版社2011年版,第286页。

边区晋西北行政公署颁布的《减租减息条例》、1941年11月颁布的《晋冀鲁豫边区土地使用暂行条例》、1942年陕甘宁边区政府委员会颁布的《陕甘宁边区土地租佃条例草案》和1944年1月陕甘宁边区政府委员会第四次会议通过的《陕甘宁边区地权条例草案》。

减租减息政策没有对我国封建的土地制度进行立刻改造，它是中国共产党在抗日战争这一特殊环境下提出的一项特殊的政策，是在保障抗日民族统一战线的前提下，解决农民土地问题、发展根据地生产的正确方针。这一政策的贯彻实施，不仅改善了广大农民的生活，提高了其抗日民主与生产的积极性，同时也缓和、调整了农村中的阶级关系，巩固和发展了抗日民族统一战线，为彻底消灭封建势力和以后实行土地改革积累了经验并创造了有利的条件和前提，也对争取抗日战争的最后胜利有着极为重要的意义。[1]

（3）解放战争时期的土地制度与政策。这一时期的土地制度和政策的价值取向又转向了调动和保护农民的革命积极性。1947年，中国共产党发布的《中国土地法大纲》对土地政策提出了基本原则，明确指出要在中国消灭封建性及半封建性剥削的土地制度，按照耕者有其田的原则，无差别地没收地主的一切土地和财产，同时征收富农的多余土地和财产，并按人口平均分配土地，继续实行井冈山以来的农民土地所有权，农民是土地改革最直接、最大的得利者。

与新民主主义革命时期的土地制度和政策相比，这一时期的土地制度获得了巨大的成功，成为新民主主义革命取得胜利的关键。1946年5月4日，中共中央发出了《关于清算减租及

---

[1] 宿晨华："试析抗日战争时期中国共产党减租减息土地政策"，载《长春工业大学学报（社会科学版）》2005年第3期。

土地问题的指示》，即"五四指示"，将减租减息的政策改为没收地主土地分配给农民的政策。五四指示的重要作用在于：规定从地主手中获得土地，实现耕者有其田的基本方针是正确的，及时地、坚决地支持和批准了农民的土地要求，使党在革命转变的重要关头取得了主动权，实现了对农民的领导，支持了革命战争；详细、明确地规定了一系列具体政策，特别是注意吸取土地革命战争时期的历史经验和教训，注意纠正和防止"左"的错误倾向，注意区别对待，政策界限明确；明确提出解决土地问题必须坚持群众路线，反对命令主义、包办代替及恩赐。五四指示的颁布，标志着中国共产党土地政策的转变和民主革命的深入。这一指示的贯彻，充分激发了农民革命和生产的积极性，为人民自卫战争的胜利打下了坚实的政治基础和物质基础。[1]五四指示发布之时，虽然内战危机十分严重，但全面内战毕竟还没爆发，和平之门尚未最后关闭。在这种情况下，要团结各阶层人士，中国共产党在解放区若实行彻底的土地改革显然是不利的，也是不可能的。所以，五四指示规定的若干政策难免有其局限性和不足之处，表现在：第一，它没有从根本上废除减租减息政策，没有提出没收地主土地的政策，没有提出消灭地主阶级和旧式富农的封建性和半封建性剥削的土地制度，所以存在不彻底性；第二，它规定允许地主保留比其他农民更多的土地和财产，对富农的土地财产原则上不动，对地主、富农照顾过多；第三，它只笼统地指出必须"公平合理"地分配土地，但并没有明确规定具体的分配土地的方法。[2]

---

[1] 郑建敏："论新民主主义革命时期党的土地政策"，载《西南师范大学学报（人文社会科学版）》2003年第4期。
[2] 潘永强："新民主主义革命时期党的农村土地经济理论与政策研究"，载《当代经济研究》2003年第11期。

1947年9月,中共中央召开全国土地会议,正式提出了废除封建性及半封建剥削的土地制度,实行耕者有其田的土地制度的纲领性文件——《中国土地法大纲》。《中国土地法大纲》共16条,主要内容包括:废除一切地主的土地所有权,废除一切祠堂、庙宇、寺院、学校、机关及团体的土地所有权,废除一切乡村中土地制度改革以前的债务;乡村中一切地主的土地及公地,由乡村农会接收,连同乡村中其他一切土地,按乡村全部人口,不分男女老幼,统一平均分配,在土地数量上抽多补少,质量上抽肥补瘦,使全乡村人民均获得同等的土地,并归个人所有;大森林、大水利工程、大矿山、大牧场、大荒地及湖沼等,归政府管理;分配给人民的土地,由政府发给土地所有证,并承认其自由经营、买卖及在特定条件下出租的权利。根据《中国土地法大纲》的精神,中共中央从1947年底又陆续颁布了一系列重要指示和决定,不仅纠正了土地改革运动中的各种错误和偏差,而且对《中国土地法大纲》进行了发展和完善。例如,1947年11月,中共中央发出关于重发1933年中央工农民主政府公布的《怎样分析阶级》和《关于土地斗争中一些问题的决定》的指示,1948年1月中共中央发出《关于目前党的政策中的几个重要问题的指示》,1948年2月中共中央向党内发出《关于新解放区的土地改革要点的指示》和《关于在老区半老区进行土地改革工作与整党工作的指示》,1948年5月中共中央发出《关于一九四八年土地改革工作与整党工作的指示》及《关于土地改革中各社会阶级的划分及其待遇的规定(草案)》,1948年5月发出《关于一九三三年两个文件的决定》以及1947年党中央十二月会议通过的毛泽东同志作的《目前形势和我们的任务》的报告,1948年1月12日又发出了任弼时同志关于《土地改革中的几个问题》的讲话,1949年6月发出了

《中共中央关于妇女的土地所有权问题的指示》，1949年8月中共中央又颁发了《关于新区农村工作的指示》。这一时期，毛泽东在1948年4月晋绥干部会议的讲话中完整地提出了中国共产党在新民主主义革命时期土地改革工作的总路线：依靠贫农，团结中农，有步骤地、有分别地消灭封建剥削制度，发展农业生产。

《中国土地法大纲》对五四指示中不彻底的地方作了明确的改正，适应了当时的形势发展需要及我国广大贫苦农民的要求。它的实施标志着解放区的土地政策由部分废除封建剥削制度发展为彻底消灭封建剥削的土地制度。《中国土地法大纲》是中国共产党对土地革命长期实践经验的总结。它基本上反映了党在民主革命时期土地革命思想的最高成果，是党在民主革命时期成熟的土地革命纲领。它对于指导土地改革的顺利开展，从根本上挖掉帝国主义、封建主义和官僚资本主义赖以统治的经济基础，迅速夺取全国胜利起到了重要的作用。[1]

第二节　社会主义建设初期的土地制度

与新民主主义革命时期的土地制度和政策相比，这一时期的土地制度经历了巨大的变化，影响深远。

（1）过渡时期的土地制度与土地政策。中国共产党在取得执政权后，于1950年至1952年开展了合作化运动，这一运动的目的是引导个体农民走社会主义合作化道路，并最终走共产主义道路。其后，通过"互助组—初级社—高级社—人民公社"

---

[1] 黄定芳："解放战争时期中国共产党土地革命思想的新发展"，载《无锡轻工大学学报（社会科学版）》2000年第1期。

的递进步骤，引导农民将生产资料折股入社，随着土地、耕畜、大型农具等主要生产资料归农业合作社集体所有，在广大农村建立起劳动群众的社会主义集体所有制经济。这标志着对个体农业的社会主义改造基本完成，整个国家也进入了社会主义农村的历史时期。[1]而且此时，合作社中的社员还拥有由生产资料换来的股权和退社权。

新中国成立后，中央人民政府于1950年6月颁布了《土地改革法》，并在全国范围内分期、分批地开展了土地改革运动。《土地改革法》共有6章40条，包括第一章"总则"、第二章"土地的没收和征收"、第三章"土地的分配"、第四章"特殊土地问题的处理"、第五章"土地改革的执行机关和执行方案"和第六章"附则"等。它规定土地改革的宗旨是：废除地主阶级封建剥削的土地所有制，实行农民的土地所有制，解放农村生产力，发展农业生产，为新中国的工业化开辟道路。土地改革的任务是：没收地主的土地、牲畜、农具、多余的粮食及其在农村中多余的房屋，由乡农民协会接收，统一地、公平合理地分配给无地、少地及缺乏其他生产资料的贫苦农民。在《土地改革法》的规范下，土地改革的一般步骤是：首先，由各级农民代表大会选举组成农民协会委员会；其次，根据1950年8月政务院颁布的《关于划分农村阶级成分的决定》给农民划分阶级成分；再次，查清土地亩数和产量，分配土地；复次，划界发给农民土地证；最后，处理土地改革中的特殊问题。到1952年底，土地改革运动在全国范围内基本完成。新中国成立初期的农村土地改革解放了生产力，促进了农业生产的迅速提

---

[1] 中共中央党史研究室：《中国共产党历史》（第1卷上册），中共党史出版社2011年版，第393页。

高。[1]

(2) 农业合作化时期的土地制度。农业合作化是我国在农民的土地所有制基础上的又一次土地制度变革。农业合作化经历了农业生产互助组、初级农业生产合作社和高级农业生产合作社这三个阶段。在农业生产互助组阶段，获得土地的农民组织成立了农业生产互助组，在生产过程中实行互助合作，但土地和其他生产资料仍然保持农民私有私营。在初级农业生产合作社阶段，政府在部分农户加入农业生产互助组的基础上，推动互助组及其他分散农户联合在一起成立初级农业生产合作社，实行土地等生产资料入股，集体劳动、统一经营，按劳动和土地等生产要素分配。这时，土地所有权还是归农民个体所有，农民可以"自由退社"，并在"退社"时带走入社的土地等生产资料。在高级农业生产合作社阶段，政府全面组织初级社及其他分散农户成立高级农业生产合作社，这时土地被宣布归集体所有，实行统一经营、按劳分配。

农业生产互助组是农民在自愿互利原则下进行劳动互助的松散组织。互助组这种农业生产组织形式是符合传统农业生产特点的，在生产资料（如土地、耕畜等）私人所有的前提下，农忙季节劳动力之间"换工、调工、对工、伴工"，"无耕畜户借用耕畜，还以人力劳动"，农户之间"合牛具、合耕、并耕、伙种、搭套"等，可以有效地提高劳动生产率。新中国成立前通过的《中国人民政治协商会议共同纲领》明确提出："在一切已彻底实现土地改革的地区，人民政府应组织农民及一切可以从事农业的劳动力以发展农业生产及其副业为中心任务，并应引导农民逐步地按照自愿和互利的原则，组织各种形式的劳动

---

[1] 廖鲁言：“三年来土地改革运动的伟大胜利”，载中共中央党校党史教研室选编：《中共党史参考资料》(7)，人民出版社1980年版，第65页。

互助和生产合作。"中共中央于1951年12月通过的《关于农业生产互助合作的决议（草案）》重申了这一点，并具体指出农业互助合作的形式是临时互助组、常年互助组和农业生产合作社等。[1]

1953年12月中共中央公布的《关于发展农业生产合作社的决议》指出："根据我国的经验，农民这种在生产上逐步联合起来的具体道路，就是经过简单的共同劳动的临时互助组和在共同劳动的基础上实行某些分工分业而有某些少量公共财产的常年互助组，到实行土地入股、统一经营而有较多公共财产的农业生产合作社，到实行完全的社会主义的集体农民公有制的更高级的农业生产合作社（也就是集体农庄）。这种具有社会主义萌芽、到具有更多社会主义因素、到完全的社会主义合作化的发展道路，就是我们党所指出的对农业逐步实现社会主义改造的道路。"从此，全国出现了互助组大量转为农业生产合作社的势头。

1955年10月，中共中央七届六中全会扩大会议通过了《关于农业合作化问题的决议》，具体规划了农业合作化运动的进展规模和速度。1956年1月，中共中央政治局公布《1956年到1967年全国农业发展纲要（修正草案）》，要求各省、市、自治区在1956年基本完成初级合作化，并在当地试办一个至几个大型的高级社，于1958年基本完成高级合作化。1956年6月30日，中共中央通过《高级农业生产合作社示范章程》，在这之后高级合作化的浪潮席卷全国。至此，农业合作化即农业的社会主义改造基本完成。

农业合作化时期，有关土地利用与土地管理的法规相继颁

---

[1] 王琢、许滨：《中国农村土地产权制度论》，经济管理出版社1996年版，第92页。

布。中央人民政府在政务院内务部也设置了地政司，政务院改为国务院后在民政部设置了地政司；各大行政区行政委员会设立了地政处；各省、自治区在民政厅或财政厅设立了地政处，直辖市设立了地政局。这些地政机构主要负责土地登记、权属转移和国家建设征用土地审批等业务。农业合作化时期，土地利用由各用地主管部门分头管理，农业用地则由农业部门具体管理。

（3）人民公社时期的土地制度。农村人民公社化运动是我国在 20 世纪 50 年代后期全面开展社会主义建设的过程中，为探索社会主义建设道路所做的一项重大决策。人民公社化运动最初是由高级农业生产合作社的小社并大社引起的，是农业生产"大跃进"的组织形式，是一条过渡到共产主义的具体途径，[1]其基本特点可被概括为"一大二公"。"大"就是规模大，人民公社平均由原来的 28 个合作社组成，基本上是一乡一社，甚至数乡一社。"公"就是生产资料公有化程度大大提高，几十甚至上百个经济条件、收入水平各不相同的合作社合并到一起，所有生产资料及其他公共财产全部转归公社所有，农村集体所有制规模迅速扩大。同时，在消除生产资料私有制残余的号召下，社员的自留地、林木、生产工具及自养牲畜等也一并收归集体所有。这一时期的土地制度朝着脱离生产力水平的方向发展，原先据以分红的入社股权被完全取消，无论初级社、高级社的土地、农具有多少，分配方式均改为按人头平均分配，股权不再作为分配依据，土地产权属性消灭。我国农村土地制度经过短暂的农民私人所有之后，全面实行了彻底的公有化制度，推行"公有公营"的土地模式。这实际上是在共产主义的方向与

---

〔1〕 中共中央党史研究室：《中国共产党历史》（第 1 卷上册），中共党史出版社 2011 年版，第 496 页。

旗号下重新收回了农民私人所有的土地,尤为彻底的是,这次顺带将农民自己的生产资料也一并公有化了。[1]

关于在我国农村建立"大社"的思想,早在农业合作化运动的高潮中便已初见萌芽。1956年完成了高级合作化,每社平均200户左右。在1957年冬和1958年春的农田水利建设高潮中,又出现了联队、联社。1958年3月,中共中央政治局成都会议通过了《关于把小型的农业合作社适当地合并为大社的意见》。该意见指出:"为了适应农业生产和文化革命的需要,在有条件的地方,把小型的农业合作社有计划地、适当地合并为大型的合作社是必要的。"会后,各地农村开始了小社并大社的工作,有的地方出现了"共产主义公社""集体农庄",有的地方出现了"人民公社"。1958年7月1日,《红旗》杂志第3期《全新的社会,全新的人》一文比较明确地提出:"把一个合作社变成一个既有农业合作又有工业合作基层组织单位,实际上是农业和工业相结合的人民公社。""人民公社"第一次在报刊上被提到。1958年8月,中共中央政治局扩大会议通过了《关于在农村建立人民公社问题的决议》,认为建立工、农、商、学、兵相结合的人民公社,是农村经济发展的必然趋势,是在农村加速建成社会主义,并向共产主义过渡的桥梁。这一决议下达后,全国迅速掀起了人民公社化运动的热潮。

伴随人民公社化的发展,农村土地制度进入了一个长达二十年的特殊时期。人民公社成立早期,实行土地和其他生产资料的基本社有制。原来高级农业生产合作社集体所有的土地和生产资料,在人民公社化后都无偿地转归公社所有,社员的一些私有生产资料也收归公社所有,许多公社还收回了自留地。

---

[1] 石莹、赵昊鲁:《马克思主义土地理论与中国农村土地制度变迁》,经济科学出版社2007年版,第194页。

这些土地和生产资料均由公社统一计划、统一经营、统一核算、统一分配。

1958年11月中共中央工作会议后，党和国家开始逐步纠正人民公社化运动中的错误，在一定程度上对克服农村工作中的"左"倾错误、调动广大农民的积极性、促进农业的恢复和发展起到了积极作用。1958年，中共八届六中全会通过的《关于人民公社若干问题的决议》提出了针对人民公社的改进意见，主张建立公社、管理区或生产大队、生产队三级管理机构，实行分级管理。1959年，中共中央政治局扩大会议作出的《关于人民公社管理体制的若干规定（草案）》确定了相当于原高级社的管理区（生产大队）或生产队为人民公社的基本核算单位。1960年11月，中共中央发出的《关于农村人民公社当前政策问题的紧急指示信》首次明确指出，以公社、生产队、生产小队三级所有，以生产队为基本核算单位是现阶段农村人民公社的根本制度。1961年6月，中共中央试行的《农村人民公社工作条例（草案）》进一步明确了在现阶段人民公社实行三级所有，以队为基础的制度。1962年9月，中共中央通过《农村人民公社工作条例（修正草案）》（即"六十条"），最终确立了公社、生产大队和生产队三级所有，以生产队为基本核算单位的土地制度模式。这种土地制度的特征是：绝大多数土地由生产队集体所有，而公社和生产大队只拥有部分土地；生产队集体所有的土地在使用上被分为三个部分，土地的主要部分集体统一经营自留地按人口均分后由社员家庭免费使用，宅基地也免费分配给社员家庭使用；禁止土地自由买卖和出租。在此后的十几年里，这种土地制度虽有反复，但基本保持稳定。

新中国成立后的土地改革建立了农民的土地所有制，农民成了土地的真正主人，生产积极性和创造性得到了有效发挥，农业生产稳定发展,对整体国民经济的恢复起到了决定性作用。然而在建立了农民的土地所有制后,由于缺乏系统的理论指导和管理措施,尤其是土地市场买卖上的规范化管理理论和措施缺乏,农村出现了农民重新丧失土地、两极分化的不平衡现象。[1]由于此时国家的经济实力比较弱,难以对农村基本建设项目和社会化组织与服务方面给以足够的投资,这使得小农经济抵御自然灾害的能力较低,而这些与国家的工业化要求是不相适应的,因此对农业进行社会主义改造,走合作化道路是必然选择。我国的农业合作化进程经历了互助组、初级社、高级社三个阶段。农业合作化后建立起来的农村土地集体所有制,是具有进步性的:由于土地私有制的消灭,农户两极分化失去了土地所有制基础,历史上重复出现的土地集中和兼并不会再次出现。然而,要消除抑制和阻碍农业生产力发展的根源,不能仅靠解决土地的所有制问题。事实上,土地公有制消灭剥削的根源,从而解放生产力,只是为提高农民的生产自觉性和主动性提供了可能,但这种可能性并不一定等于现实性。农业合作化进入到高级社阶段后,土地公有制内部缺乏系统、有效的激励监督机制的负面效应就已经有所暴露。这和初级社阶段制度变迁取得的良好绩效形成了对比。初级社内含的产权制度保证了农民权利的实现,同时也调动了农户参与初级社的积极性,进出自由以及农户相互合作的重复性博弈形成了"自我监督"的合约结构;高级社取消了土地报酬,使得农民权益与集体利益之间出现了隔离,实行统一经营、集中劳动,却缺乏系统、有效的内部激励监督机制。不可否认,通过农业合作化,我国在农村建立了社会主义公有制,促进了农村经济发展,也促进了农业劳动生产

---

[1] 苏星:《我国农业的社会主义改造》,人民出版社1980年版,第103页。

率和农民生活水平的提高。农业合作化期间，农业劳动生产率提高较快，农业劳动者提供[1]的农业净产值年均增长1.7%；农民的消费水平也由1952年的62元提高到了1957年的79元。但在农业合作化后期，强制命令违反了马克思合作化理论的自愿性等原则，挫伤了农民的生产积极性。高级社土地集体所有，统一经营、统一分配，缺乏指导，出现了管理上的混乱。

人民公社时期，农业合作化时期的土地分头管理的体制受到了极大冲击，原有的职能机构或几经撤改。[2]面对人民公社化运动给农业生产和农村经济以及整体国民经济发展带来的严重衰退，1962年后，我国建立起了农村"三级所有，队为基础"的土地制度，并在随后的十几年中大体得到维持。就产权关系来看，这种土地制度在所有权上类似于公社化前的高级社，而占有权、使用权、收益分配权及劳动组织形式和规模类似于初级社，是初级社和高级社的混合体制。[3]

第三节 改革开放以来的农村土地制度

我国改革开放以来的农村土地政策演变大致经历了从"包产包干"到家庭联产承包责任制正式制度的基本确立并稳定运行，再到目前还在进行中的探索农地"三权"流转的过程。在整个过程中，农村土地集体所有制的基本形式没有变化，只是承包制的具体形式在不断调整和完善，大致可以分为三个阶段：

---

[1] 李明秋、王宝山：《中国农村土地制度创新及农地使用权流转机制研究》，中国大地出版社2004年版，第97页。

[2] 许牧、张小华主编：《中国土地管理利用史》，中国农业科技出版社1995年版，第89页。

[3] 张进选："中国农业制度变迁问题研究"，复旦大学2003年博士学位论文，第124页。

第一阶段：家庭联产承包责任制的确立。

在这一阶段，中央政府决定下放大部分土地权利，并以集体名义行使所有权，农户以"承包"的名义获得使用权，但土地的流转被严格控制。以村社为单位行使产权的集体所有制在创立之初本质上是为了在乡和农户之间建立缓冲，避免土地制度又回到小农土地私有的传统模式。这一改革成果被及时写进了1982年《宪法》。

第二阶段：家庭联产承包责任制由稳定发展到动摇。

这一时期大致在1985年至1991年期间，此时农村土地流转开始萌动并取得初步发展。1986年颁布的《土地管理法》对农村土地集体所有制的相关内容以法律的形式作出了明确规定，肯定了农村土地制度改革的成果。该法将土地所有权层层分割，仍旧赋予国家相当大的处分土地之行政权力。在实践中，家庭承包的意义开始降低，尽管村社仍旧是最基本的土地占有单位，但土地的商业价值开始凸显，地方政府对土地的占有欲望初步显现，"国家—地方政府—农户"三级所有的格局初现端倪。宪法和法律都规定土地可以依照法律的规定转让。1991年，中共中央《关于进一步加强农业和农村工作的决定》出台。该决定第一次明确了"把家庭联产承包责任制、统分结合的双层经营体制，作为我国乡村集体经济组织的一项基本制度长期稳定下来，并不断加以完善"。[1]在保证国家和村社集体拥有土地所有权的前提下，该决定显示出中央政府正在极力稳定农民土地使用权。

第三阶段：土地使用权流转的尝试与深化。

1992年后，随着我国改革开放的深化，农业生产也由解决温饱问题向解决发展问题转变，农地逐渐由资源演变为资本，

---

[1]《中国经济年鉴》编辑委员会：《中国经济年鉴》，经济管理出版社1992年版，第3页。

生产方式也从个体经营向规模经营转变,国家工业化社会城市化对建设用地的需求渐增,土地使用权流转变得重要而迫切。为适应经济社会发展需要,国家在全面延长农地承包期的前提下,从完善社会主义市场经济的角度于2003年明确规定"农户在承包期内可依法、自愿、有偿流转土地承包经营权"。[1]从上述制度变化可以看出,在新民主主义革命成功之前,主要实行农民私人土地所有制。从社会主义改造开始,又迅速将农民私人土地收归集体所有。改革开放后的土地制度则保留了村社集体所有的性质,但方向始终是还原土地的私有权属。

一、家庭联产承包责任制的建立

实际上,在20世纪70年代末的改革前便存在对"包产到户"的重大分歧。1978年安徽省凤阳县梨园乡小岗村的"包产到户"揭开了新时期农村改革的大幕,引发了农村经济体制的大变革。然而,事实上,在农业合作化和人民公社时期,围绕"包产到户"曾出现过多次大的争论。1955年农业合作化高潮后,一些地方贪多求大,强迫农民入社,农民不满意并出现了"拉牛退社"的现象。这时"包产到户"就在浙江、四川、山西、广东、江苏、安徽等地开始出现,其中最著名的事件就是1956年浙江"永嘉事件",当时永嘉县委副书记李云河在调查中发现农业合作社"管理不善、责任不清、效率不高、窝工浪费",群众意见很大,就以燎原社为试点,进行"包产到户"试验,结果大受欢迎,成效显著,农民甚至总结出了责任制的"六好""六高""八多""五少"等。[2]李云河为此还发表了

---

[1] 参见《中共中央关于完善社会主义市场经济体制若干问题的决定》。
[2] 参见[美]海伦·德斯福瑟丝、雅克·莱维斯克合编:《第三世界的社会主义》,复旦大学国际政治系译,商务印书馆1983年版。

《"专管制"和"包产到户"是解决社内矛盾的好办法》，来说明"包产到户"适合当时农业生产力发展的需要，与"分田单干"有本质区别。然而，在当时，"包产到户"最终被认为是会使农业合作化事业和农民利益受损的错误。20世纪50年代末，江苏、湖南、湖北、河南、陕西等地再次搞起了"包产到户"。但是由于这是对人民公社化的一种抵制，因此"包产到户"再一次被批判下去。20世纪60年代初，正值三年经济困难时期，政策稍有松动，于是，"包产到户"又一次在河南、四川、安徽、甘肃、湖南、广西等地兴起。其中，安徽省实行"包产到户"的生产队曾一度达到该省生产队总数的40%，而且仅试行1年，就恢复了生产，渡过了难关，被农民称为"救命田"。对此，安徽省委和农业部长邓子恢同志都向中央表达了对"包产到户"的肯定，然而这项举措最后并没有被坚持下去。

1978年小岗村的"包产到户"现在早已是家喻户晓，然而在当时，"包产到户"仍然引发了极大的争论，事实上，中央对"包产到户"的认识和家庭联产承包责任制的建立都经历了一个曲折的过程。1978年底，中共十一届三中全会制定了《中共中央关于加快农业发展若干问题的决定（草案）》和《农村人民公社工作条例（试行草案）》，实事求是地指出了我国农业的落后状况，认真总结二十多年来农业正反两面的经验教训，要求各地认真纠正农村工作中长期存在的"左"倾错误，切实保护农村中的社会主义集体所有制，认真贯彻按劳分配原则，加强劳动管理，建立健全生产责任制。但这次会议制定的《农村人民公社工作条例（试行草案）》仍然十分明确地提出不许"包产到户"。1979年6月，中共中央批转了国家农委党组报送的《关于农村工作问题座谈会纪要》，也认为"包产到户"与"分田单干"没有多少区别，是一种倒退。因而这一时期各地出现的农业生产责任制主要是"包工到组"和"包产到组",只有个别地方自发地实行了"包产到户"。1979年9月,中共十一届四中全会通过了《中共中央关于加快农业发展若干问题的决定》,为"包产到户"开了口子,但是将之严格限制在"某些副业生产的特殊需要和边远山区,以及交通不便的单家独户"。1980年5月31日,邓小平同志在同中央负责同志的一次谈话中明确指出:"农村政策放宽以后,一些适宜搞'包产到户'的地方搞了'包产到户',效果很好,变化很快。安徽肥西县绝大多数生产队搞了包产到户,增产幅度很大。凤阳县绝大多数生产队搞了大包干,也是一年翻身,改变面貌。有的同志担心,这样搞会不会影响集体经济。我看这种担心是不必要的。我们总的方向是发展集体经济。实行'包产到户'的地方,经济的主体现在也还是生产队。这些地方将来会怎么样呢?可以肯定,只要生产发展了,农村的社会分工和商品经济发展了,低水平的集体化就会发展到高水平的集体化,集体经济不巩固的也会巩固起来。关键是发展生产力,要在这方面为集体化的进一步发展创造条件。"[1]

根据邓小平同志关于"包产到户"问题谈话的精神,中共中央于1980年9月14日至22日召开了各省、市、自治区党委第一书记座谈会,讨论加强和完善农业生产责任制的问题。同年9月27日,中央给各地下发了座谈会的纪要《关于进一步加强和完善农业生产责任制的几个问题》,即著名的中共中央1980年第75号文件。该文件指出:"在那些边远山区和贫困落后的地区,长期吃粮靠返销,生产靠贷款,生活靠救济的生产队,群众对集体丧失信心,因而要求包产到户的,应当支持群众的

---

[1]《邓小平文选》(第2卷),人民出版社1994年版,第346页。

要求,可以包产到户,也可以包干到户,并在一个较长的时间内保持稳定;在一般地区,已经实行包产到户的,如果群众不要求改变,就应允许继续实行。"[1]这个文件打破了多年来深深植根于党和广大群众中"包产到户"等于"分田单干"、等于资本主义的僵化观念,是中国共产党在政策思想上的一次重大理论突破,是中国共产党第一次明确提出用"包产到户"的办法来解决我国农村的贫困问题。1981年10月,全国农村工作会议在北京召开,会议主要讨论了农业生产责任制问题,通过的《全国农村工作纪要》确定"包产到户""包干到户"属于社会主义集体经济生产责任制性质,于是"双包"特别是"包干到户"责任制发展十分迅速。

这期间,中共中央连续3年发出了3个中央1号文件,支持家庭联产承包责任制的发展。1982年1月,中共中央批转《全国农村工作会议纪要》(1982年中央1号文件),对迅速推开的农村改革进行了总结。该文件指出,目前,全国农村已有90%以上的生产队建立了不同形式的农业生产责任制,包括小段包工定额计酬,专业承包联产计酬,联产到劳,包产到户、到组,包干到户、到组,等等。这都是社会主义集体经济的生产责任制,反映了亿万农民要求按照中国农村的实际状况来发展社会主义农业的强烈愿望。1983年1月,中共中央印发《当前农村经济政策的若干问题》(1983年中央1号文件)。该文件指出,党的十一届三中全会以来,我国农村发生了许多重大变化,其中影响最深远的是普遍实行了多种形式的农业生产责任制,而联产承包制又越来越成为主要形式,联产承包制是在党的领导下我国农民的伟大创造,是马克思主义农业合作化理论在我国

---

[1] 中共中央文献研究室:《三中全会以来重要文献选编》,人民出版社1982年版,第156页。

实践中的新发展。1983年中央1号文件极大地推动了联产承包制的进一步发展，包干到户、专业承包等形式的联产承包责任制被普遍建立起来，到1983年底，全国农村实行以家庭经营为主要形式的联产承包责任制已占农户总数的90%以上。1984年1月，中共中央印发《关于1984年农村工作的通知》（1984年中央1号文件），强调要继续稳定、完善和发展联产承包责任制，规定土地承包期一般应在15年以上，生产周期长的和开发性的项目的承包期应当更长一些。1984年底，全部生产队都实行了各种联产承包责任制，家庭联产承包责任制在全国范围内被普遍建立起来。[1]

在家庭联产承包责任制推行后期，绝大部分地区采用的都是包干到户的形式。包干到户的确立，一方面标示着人民公社旧体制的彻底解体，另一方面又还原了农业生产家庭经营的特点。包干到户的责任制形式使土地的所有权和使用权真正得以分离，从而为家庭承包经营奠定了制度基础。[2]1982年12月，五届人大五次会议通过的《宪法》明确规定，改变农村人民公社政社合一的体制，设立乡政府。1983年10月，中共中央向全国发出了《关于实行政社分开建立乡政府的通知》，要求各地有领导、有步骤地搞好农村政社分开的改革。该通知指出："当前的首要任务是把政社分开，建立乡政府。同时按乡建立乡党委，并根据生产的需要和群众的意愿逐步建立经济组织。"1984年中央1号文件指出："为了完善统一经营和分散经营相结合的体制，

---

[1] 中国社科院农村发展所、国家统计局农村经济调查总队："中国农村土地制度变革评述"，载中国社会科学院农村发展研究所、国家统计局农村社会经济调查总队：《中国农村经济形势分析与预测》，社会科学文献出版社1999年版，第21~46页。

[2] 张红宇、刘玫、王晖："农村土地使用制度变迁：阶段性、多样性与政策调整"，载《农业经济问题》2002年第2期。

一般应设置以土地公有为基础的地区性合作经济组织。这种组织，可以叫农业合作社、经济联合社或群众选定的其他名称。地区性合作经济组织应当把工作重点转移到组织为农户服务的工作上来。首先要做好土地管理和承包合同管理；其次要管好水利设施和农业机械，组织植保、防疫，推广科学技术，兴办农田水利基本建设以及其他产前产后服务。"这样，实行家庭联产承包责任制后的农村土地制度就具有了以下特点：首先，土地所有权和土地经营权的分离。土地所有权归集体所有，集体通过签订合同把土地经营权交给农户，长期承包经营。其次，土地经营实行集体经营与家庭经营相结合的双层经营体制，统分结合。集体经营的层次包括：对承包土地的管理；在非耕地资源上进行的集体经营或对专业承包户收取承包费；为耕地经营提供协调性服务或经营性服务；为社区群众兴办公益服务事业。而生产中的资金投放、日常的生产经营管理和具体的生产经营措施则由承包户独立自主地决策。最后，在收益分配上采用"交够国家的，留足集体的，剩下的都是自己的"，兼顾国家、集体和个人三者的利益。改革开放初期家庭联产承包责任制的成功推行，大幅提高了农业生产和农民生活水平。[1]总之，改革开放初期的农村土地制度，通过农户与农村集体经济组织之间的合同制形式，把土地等生产资料承包给农户使用，使生产经营的权、责、利相结合，配套向国家缴纳农业税、集体提留等制度，兼顾国家、集体、个人的利益，使劳动者的收益同劳动成果直接挂钩，调动了劳动者的生产积极性，促进了农业生产，也极大地提高了农民的生活水平。

我国改革开放初期的农村土地制度改革，总体看来是成功

---

〔1〕周其仁、杜鹰、邱建成：《发展的主题》，四川人民出版社1987年版，第155页。

的：首先，家庭联产承包责任制同当时农村生产力水平和农民思想相适应，其分散式的经营形式可以为农民提供比其他管理形式更为自主的社会经济条件，实现了农民和土地资源之间的直接结合。其次，家庭联产承包责任制直接把家庭收入与家庭生产投入结合在一起，克服了集体共同生产条件下的农民"搭便车"行为，有效地解决了制度的监督和激励问题。最后，家庭联产承包责任制突破了生产资料全部公有化的认识框架，在坚持土地等基本生产资料公有的同时，使农民获得了剩余产品的所有权和支配权，具备了独立积累家庭私有财产的动力，尽管如此，这次农村土地制度改革也有一些不足之处：首先，土地使用权的主体和使用权的时间变化比较大，缺乏明确的法律保障，农民在农业生产中的短期掠夺式经营行为严重。其次，在利益分配上，国家和农民的权利矛盾突出。国家对农村的土地权利主要表现为一定数量的农产品定购任务，但是由于国家的农产品定购价格大都低于市场价格，这样在二者的权利边界不清晰的情况下，就导致了国家与农民的利益矛盾。最后，农村公共产品供给制度不健全，农田水利建设被削弱，农业发展面临潜在的危机。

二、家庭承包经营制度的完善阶段

1984年至1998年可以概括为家庭承包经营制度的完善阶段。承包制并非只有一种形式，实际上可以表现为多种非集体耕种形式。[1]在多种经营方式可供选择的情况下，统一经营向分

---

[1] Tsou Tang, *The Cultural Revolution and Post-Mao Reform: A Historical Perspective*, Chicago: University of Chicago Press, 1986, pp. 198~211.

户经营转变，包产到组向包产到户转变，包产向包干转变。[1]随着改革的深入，家庭经营成为不可逆转的潮流。农民的选择再次影响了上层决策，通过一系列政策的推进，家庭承包经营制度逐步走向完善。仔细分析可以发现，在改革第一阶段中央文件并没有强调或者突出家庭经营，但是在1984年至1985年间这一情况悄然发生了变化。1985年中央1号文件将家庭经营与联产承包责任制并列，强调二者都长期不变。1986年中央1号文件更加旗帜鲜明地指出了"家庭承包是党的长期政策"。1987年中央5号文件《把农村改革引向深入》直接采用了"稳定家庭联产承包制"这样的措辞。3年时间里，中央1号文件出现了家庭经营、家庭承包、家庭联产承包制这样的概念变迁，联产承包责任制与家庭经营完成了"政策嫁接"。在家庭承包地位确立的同时，中央还不断强调稳定和延长承包期。1984年中央1号文件要求"土地承包期一般应在15年以上"，1993年中共中央、国务院下发的《关于当前农业和农村经济发展的若干政策措施》规定"原定的耕地承包期到期后，再延长30年不变"，还提出了"增人不增地，减人不减地"的原则。1998年，党的十五届三中全会通过的《中共中央关于农业和农村工作若干重大问题的决定》进一步明确了农户对土地承包权和经营收益权的主体地位。这一阶段改革的关键词是"家庭承包"。过去学术界从农业生产[2]、经济效率、[3]社会功能[4]等多个角度分析

---

[1] 杜润生：《杜润生自述：中国农村体制变革重大决策纪实》，人民出版社2005年版，第121页。

[2] 陈锡文、赵阳、罗丹：《中国农村改革30年回顾与展望》，人民出版社2008年版，第52~59页。

[3] 吴敬琏：《当代中国经济改革》，上海远东出版社2004年版，第87~88页。

[4] 应星：《农户、集体与国家——国家与农民关系的六十年变迁》，中国社会科学出版社2014年版，第55~56页。

第二章　农村土地制度变革的历史演进轨迹

过家庭经营的优势，但是从改革史的角度重新梳理这一改革依然具有重要意义。其一，家庭承包是稳定和延长承包期的基础。改革初期，承包范围带有不确定性，在非家庭承包的情况下，农民延长承包期的诉求不会如此强烈。其二，家庭承包为改革走向深入奠定基础。如果家庭承包的地位得不到确立，农地制度改革就很难从一项生产方式调整转换为产权制度变革，再后来的农民土地权利的强化和固化便更无从谈起。其三，家庭承包为农民再次联合创造条件，"分权才有利于培养农民独立自主的性格，有利于发展个人的社会交往，为新的联合创立前提"。[1]事实也确实是这样。家庭承包将农民卷入了现代经济分工体系，能够帮助其脱离对共同体的依附，成长为独立的市场主体。今天，已经有大量农民完成了市场化的洗礼，再次通过合作社等形式走向联合。

从1998年开始直到2012年，农村土地承包经营权呈现出物权化的走向。在家庭承包经营制度走向完善的过程中，相关法律间或出现了关于土地权利的表述。1986年的《民法通则》和1988年的《土地管理法》已经有了"土地的承包经营权受法律保护"的条款。但是这一表述既缺少中央政策的明确部署又缺少法律层面的权能安排，因此并未在司法实践中发挥作用。20世纪90年代以后，宏观政策不断从完善土地承包经营权权能和限制村社调整土地两个方向发力，对于稳定土地承包经营权发挥了积极作用。但是，由于这些政策在司法上不具备可执行性，而且在多大程度上能够得到落实往往受到地方政府（包括村庄

---

[1]　杜润生：《杜润生自述：中国农村体制变革重大决策纪实》，人民出版社2005年版，第112页。

组织）意愿的影响，因此实施的效果并不理想。[1] 后续改革中，土地法治建设受到了更多重视，一系列重要法律被制定出来。尤其值得重视的有三部：一是1998年通过的《土地管理法（修正案）》，农村土地的所有权与使用权分离状态得到了法律承认，农村土地权利的法律真空状态宣告结束；二是2002年颁布的《农村土地承包法》，对农村土地承包权的保护和流转作出了若干具体规定；三是2007年颁布的《物权法》，明确了土地承包经营权的用益物权性质。这一阶段改革的关键词是"承包经营权"。这一时期，不仅在宏观层面上发生了土地承包经营制度从单纯的责任关系向权利关系的转换，作为制度实践者的农民也体会到了这种变化。有研究发现，到了"二轮"承包时，合同内容已经从原来的对作为经营体制的"承包"的强调，转变为对土地的使用权"转让"的强调。[2] 回溯历史，我们可以发现，土地承包经营权并不是通过某一个标志性的文件确立的，而是通过不断增强其产权强度和农民的产权信心，最终搭建起了完整的权利框架。待到《物权法》颁布之时，深化改革的氛围在整个社会酝酿已久，从决策层到农民群众都期待着重大制度变革的出现，"用益物权"只是完成了土地承包经营权物权化的"临门一脚"。2008年10月，十七届三中全会通过了《中共中央关于推进农村改革发展若干重大问题的决定》，强调"现有土地承包关系要稳定并长久不变"。农民的土地权利变得更加充分而有保障。当然，一如此前的经验，这一重大政策的落地实施还有赖于更加明确的制度规定（尤其是法治保障）。

---

[1] 韩俊主编：《中国农村土地问题调查》，上海远东出版社2009年版，第51页。

[2] 蔡华："土地权利、法律秩序和社会变迁——家庭联产承包责任制的法律视角分析"，载《战略与管理》2000年第1期。

第四节　深化农村改革时期的土地制度变革

一、深化改革时期农村土地改革的理论争议

改革开放初期家庭联产承包责任制的建立解放了农村生产力，促进了农业的大发展，也推动了城乡经济改革。但是，以"均分土地"为主要特征的家庭联产承包责任制也存在固有的矛盾：首先，把土地分割成小块，只适应于小规模的家庭经营，不适合现代农业的规模经营；其次，农民和土地之间的结合方式，不利于土地资源的高效利用；再次，农村土地小块分割，不能统一规划，不便合理划分基本农田保护区、工业开发区和商贸住宅区，也不能合理规划基础设施，阻碍着城市现代文明进入农村，阻碍城乡一体化的发展进程；最后，由于人民公社时期的生产大队和生产队，失去了土地经营权，削弱了土地所有权的产权主体，引起了产权关系的某种混乱，往往在征地补偿款的分配上发生产权纠纷。[1]深化农村改革时期，关于农村土地所有制改革的方向，大体上形成了"土地国有化""土地私有化"和"坚持和完善集体所有制"三种具有代表性的观点。围绕这些观点，支持者和反对者之间展开了激烈的争论。对于"土地国有化"，支持者认为，新中国成立以来农村土地产权大部分由国家直接控制，因此，还不如还原农村土地国家所有制的本来面目[2]；在人民公社时期，农村土地确属集体所有，但伴随着人民公社体制的解体，"农民集体"作为一个经济组织事

---

［1］王琢、许滨：``论中国农村土地制度变革六十年（续）''，载《中国农村观察》1996年第4期。

［2］文迪波：``还农村土地所有制形式的本来面目——国家土地所有制''，载《农业经济问题》1987年第8期。

实上已经不存在了，没有也不可能产生一个新的集体经济组织来充当集体土地所有权主体，因此推行土地国有化也就成了一种现实可行的制度选择；[1]土地是具有特殊重要性和极端稀缺性的资源，实行土地国有制既能够最大限度地激励农业经营者对土地资源的充分利用，又便于国家对土地资源的有效管理。对于土地国有化的具体方案，大致有两种观点：一是实行国有租赁经营，即农户按租赁合同规定定期向国家缴纳地租；二是实行国有永佃经营，即农村土地所有权属于国家，不允许个人买卖或转让，而农村土地使用权则借助于法律形式永佃给农民，农户不缴纳地租而是由政府征收统一的地税。然而，反对"土地国有化"的学者认为，土地国有化不能解决所有权主体不明确的问题，并存在以下的困难和障碍：第一，将土地收归国有，需要设立新的机构对已经碎化和分散的土地进行经营，这将增加大量的管理成本；第二，目前集体所有的土地具有一定社区性，只有该社区的农民才有权承包，并且不同集体的土地在数量、质量、价值上均有差异，国家在对其所属土地管理时必然要求打破社区界限，而这将破坏现有的利益格局，引发社会动荡。

"土地国有化"思路在理论上和实践中都存在一些无法克服的缺陷：首先，国家采取什么方式获得集体的土地所有权是实施国有化的关键，如果采取"没收"的方式，即意味着对农民集体所有权的无偿剥夺，必然遭到农民的反对，引起社会动荡。如果采取购买方式，国家是否拥有足够的资金？即便国家有能力购买这些土地，但因为这种购买是一种强制性的、非市场化的行为，仍是一种变相的剥夺。因此，这种设计是否具有可操作性值得怀疑。其次，土地国有化意味着绝对地租和级差地租

---

[1] 安希伋："论土地国有永佃制"，载《中国农村经济》1988年第11期。

第二章　农村土地制度变革的历史演进轨迹

都要由集体拥有转为国家享有,在工农产品价格"剪刀差"较大的条件下,必然分流农民的部分经济利益,它会极大地挫伤农民经营土地的积极性。最后,没有合适的组织来行使土地所有权并负责土地的租赁活动。[1]对于"土地私有化",支持者认为,人类历史上的土地私有制存在着土地私有原型和土地私有变型之分,前者是指私人拥有土地的目的是耕种,即以自耕农为典型,后者指私人拥有土地本身即是目的,它以与土地分离、从事地租剥削的地主模式为典型,为人们所厌恶,所反对的只是土地私有变型,如果因此而伤及土地私有原型,可谓矫枉过正;[2]农村土地产权主体与经营主体的人为分离与非同一性,必然挫伤土地经营主体的积极性,导致农业生产发展后劲不足,因此只有土地所有权主体明确为农民家庭,才有可能提高土地经营的长期效率;[3]而实行家庭联产承包责任制后,农村的土地关系发生了深刻的变化,在一些地方,土地的集体所有制只剩下空壳,只具有一定的法律象征,农民事实上成了农村土地的实际所有者,应顺应历史潮流推行农村土地私有制;[4]将农村土地所有权给予农民,是马克思的"重建个人所有制"理想的实现。[5]

然而,反对"土地私有化"的学者认为,财产私有权确实能够清晰地界定权利,发挥市场机制对权利主体的激励功能,

---

[1] 石霞、张燕喜:"我国农村土地制度改革思路的评析与思考",载《中共中央党校学报》2003 年第 1 期。

[2] 魏正果:"我国农业土地国管私用论",载《中国农村经济》1989 年第 5 期。

[3] 陈东琪:《新土地所有制》,重庆出版社 1989 年版,第 201 页。

[4] 李庆曾:"谈我国农村土地所有制结构改革",载《农业经济问题》1986 年第 4 期。

[5] 李永民、李世灵:"农村改革的深层障碍与土地产权构建——兼述我同流行的理论观点的分歧",载《中国农村经济》1989 年第 6 期。

实现资源的最佳配置，但是，耕地作为人类的安身立命之本，在我国不仅具有经济价值，还承担着粮食生产和社会保障的功能，具有浓厚的社会公益色彩。集体作为农民的社会保障，维护了社会公平，使生产力不至于在遭遇突发破坏性事件时受到摧毁性打击。[1]至少在今后的二三十年内，耕地私有化的方案应被基本排除，因为国家无力解决几亿潜在失业人口显形化的救济负担，而私有地主既无力也不会解决这个问题[2]。

持"坚持和完善集体所有制"观点的学者认为，我国农村土地制度创新的重点不在于改变已有的土地所有制格局，而应当通过土地经营使用制度的改革，建立和健全土地有偿使用和合理流动机制来完善农村土地集体所有制。我国国情决定了要使农民在生活水平基本不降低的情况下提高耕地的利用效率，选择空间不大，完全没有必要采取太复杂或动作过大的变革。因为这种变革既缺少现实效率，又具有大得难以估计和控制的风险。[3]

我国粮食生产和农业经济发展于1985年后出现的徘徊，根源不在于现行土地制度本身，主要是因为利益分配不公平，分配关系还未理顺。在农村土地制度建设上，稳定和强化土地家庭承包责任制仍然是关键。[4]保留农村土地私有制的历史时机已经失去，实行土地国有化的时机尚未成熟，因此改革与完善

---

[1] 陈小君：《农村土地法律制度研究——田野调查解读》，中国政法大学出版社2004年版，第123页。

[2] 陈吉元等："中国农村经济发展与改革所面临的问题及对策思路"，载《经济研究》1989年第10期。

[3] 陈吉元等："中国农村经济发展与改革所面临的问题及对策思路"，载《经济研究》1989年第10期；刘书楷："构建我国农村土地制度的基本思路"，载《经济研究》1989年第9期。

[4] 骆友生、张红宇、高宽众："土地家庭承包制的现状判断与变革构想"，载《经济研究》1988年第11期。

第二章　农村土地制度变革的历史演进轨迹

农村土地集体所有制就是唯一出路。况且，土地集体所有制还具有相当程度的可塑性与发展潜力，在国有制和私有制这个中间地带，集体所有制可以多种模式出现。[1]对于如何坚持与完善农村集体土地所有制，有学者认为应强化农民对土地的承包权，积极开辟承包权流转市场；[2]有学者主张应适时地用租赁制代替承包制，从而实现家庭联产承包责任制的重大改革，以适应农村经济改革与发展的现实要求；[3]有学者依据"两田制"的兴起，从农村土地适度规模经营的角度探讨了农业专业化是完善农村土地集体所有制的理性选择；[4]有学者提出实行土地股份所有制，即将集体土地的产权股份化，土地股份不直接占有土地，只能作为参与经济合作社土地收益分配和管理、监督的权利，土地股份权可继承、转让、买卖、抵押，但不能抽股退社，新社员参社不再享有集体土地的股份权，社员人口增减变化，也不再调整土地股份权；[5]也有学者注重农村土地所有权主体人格化的塑造，[6]认为完善与改革农村集体土地所有制的关键在于为农村土地所有权找到一个规范、有效的人格化载体，主张建立以行政村为土地所有权主体的农村土地所有

---

〔1〕 周诚："略论现阶段我国农村土地制度建设"，载国务院农研中心实验区办公室、贵州省委农研室合编：《产权·流转·规模——中国农村土地制度研究》，北京新闻出版局 1989 年版，第 86~101 页。

〔2〕 骆友生、张红宇、高宽众："土地家庭承包制的现状判断与变革构想"，载《经济研究》1988 年第 11 期。

〔3〕 孙自铎："由承包制到租赁制——农业生产责任制的发展趋势"，载《农业经济问题》1988 年第 1 期。

〔4〕 张懋修："从均田制到两田制——来自铜梁县土地承包制的调查"，载《农村经济》1988 年第 12 期。

〔5〕 廉高波："农地股份制：我国农村土地流转制度的优化选择"，载《西北大学学报（哲学社会科学版）》2005 年第 3 期。

〔6〕 蒋励、彭力："土地制度深化改革的设想"，载《农经理论研究》1991 年第 9 期。

制关系格局。[1]

二、农村土地制度的改革试验

在理论界就农村土地所有制改革持续争论的同时，1987年起，我国开始在多个试验区进行土地制度改革试验，并在实践中形成了几种具有代表性的土地制度形式：

第一，两田制。其起源于20世纪80年代中期山东省平度县（今平度市）的高戈庄。其基本做法是：将承包地分为责任田和口粮田两部分，其中口粮田按人承包，属于社会保障性资源，只负担农业税；责任田按劳动力或招标承包，属于社会经济资源，除负担农业税外，还要承担定购任务和积累。承包期内，人口变动时调整两田比例，即增人时减少责任田、增加口粮田，减人时减少口粮田、增加责任田，但动账不动田；取消提留，完善承包费制度。两田制的实施，有效地避免了耕地的频繁调整和不断分割，减轻了人口对耕地的压力，稳定了土地使用权，有利于耕地的相对集中，缓解了经营规模过小的问题，在一定程度上既实现了公平原则，又实现了效率原则。1992年，全国有32.3%的村组实行了两田制，涉及耕地面积5.9亿亩。

第二，土地适度规模经营。包括北京市顺义县（今顺义区）等地的集体农场和沿海苏南等地的大户农场。北京市顺义县的土地适度规模经营从1986年开始，当时由于乡镇企业的迅速发展，具备了以先进的物质技术装备农业的能力，而且多数农村劳动力已进入非农产业，于是当地颁布了一系列政策促使土地集中，形成了村办集体农场。[2]沿海苏南等地的适度规模经营，

---

[1] 范为常："优化农村土地制度的选择"，载《学习与探索》1989年第3期。
[2] 张红宇、陈良彪编著：《中国农村土地制度建设》，人民出版社1995年版，第224页。

主要由承包户自发转包土地形成大户农场，他们普遍经营几十亩甚至上百亩土地。[1]土地适度规模经营主要是在市场运行的基础上实现的，因而制度运行较为顺畅。但也存在限制条件较为苛刻和实施制度成本过高的问题。

第三，反租倒包。即乡村向农户付一定租金，将农户承包地的使用权收归集体，集体再将其租赁给外来公司、大户，或是在进行一定投资后再将其"倒包"给本村的部分农户。反租倒包尊重农户的土地承包经营权，在制度建设和实施的过程中，采取向有关承包户给予一定利益补偿的办法来集中土地，从而使他们在改革中获得的权利得到确认并受到一定程度的保护，因此很好地处理了公平与效率以及集体与农户之间的利益关系。

第四，土地股份合作制。这一制度最初来源于广东省南海市（今南海区）的土地制度创新试验，做法是将土地折股分配到农民个人，但由集体统一规划、统一开发利用，实行规模经营，土地收入按股权分配。将过去土地所有权与承包经营权的"两权分离"进一步细分为所有权、承包权和经营权的"三权分置"，其中所有权还是归集体，但农户的承包权转变为股权和由此带来的剩余索取权，因此，这种做法在权利的安排和界定上清晰合理，既维护了农民的既得利益，有效革除了不断按人均分土地的弊端，使土地得以集中，形成规模经营，还体现了公平和效率原则。

第五，"四荒"地拍卖。"四荒"是指荒山、荒坡、荒滩和荒沟等以往未利用的土地。"四荒"地拍卖采取向社会公开招标的方式，买方通过付费，获得在一定年限内对农村集体所有的"四荒"地的使用权，并且买卖双方通过签订契约，明确各自

---

[1] 孙少东：《顺义县农业适度规模经营的进展及启示》，载《中国农村经济》1997年第9期。

的责任、权利和义务,以达到对"四荒"地开发和利用的目的。"四荒"地的使用权在售出后,集体组织还拥有对开发者的行为实行监督和管理的权利。和农民承包土地相比,"四荒"地的购买者拥有更为完整的经营决策权、处分权和剩余索取权。

三、深化改革时期农地制度变革的启示

20世纪80年代中期以来,随着我国农村经济发展和改革的深入,农村土地制度固有的缺陷日益明显。与此同时,理论界围绕农村土地所有制的改革不断进行争论,农村土地制度试验的开展也使一些新的土地制度形式相继接受实践检验,这些为中央适时出台农村土地政策提供了帮助。

1993年11月,《中共中央、国务院关于当前农业和农村经济发展的若干政策措施》指出,以家庭联产承包为主的责任制和统分结合的双层经营体制是我国农村经济的一项基本制度,要长期稳定并不断完善。为稳定土地承包关系,鼓励农民增加投入,提高土地的生产率,在原定的耕地承包期到期之后,再延长30年不变。开垦荒地、营造林地、治沙改土等从事开发性生产的,承包期可以更长。为避免承包耕地的频繁变动,防止耕地经营规模不断被细分,提倡在承包期内实行"增人不增地、减人不减地",以避免耕地的频繁变动和不断细分;在坚持土地集体所有和不改变土地用途的前提下,经发包方同意,允许土地使用权的依法和有偿转让;少数二、三产业比较发达的地方,可对承包地作必要的调整,实行适度的规模经营。然而,各地在执行上述土地政策的过程中,又出现了一些地方干部借实行"两田制",通过扩大责任田、提高承包费来增加集体收入,引发农民不满;土地延包中扩大机动地面积,减少农民的承包田,

加重农民负担；随意变更或解除土地承包合同，未经正当手续将承包地转包、转让等问题。

为此，1995年3月，国务院转发了1994年农业部颁发的《关于稳定和完善土地承包关系的意见》。该意见除了重申1993年的政策，还明确指出：第一，切实维护农业承包合同的严肃性。一方面，严禁强行解除未到期的承包合同；另一方面，要教育农民严格履行承包合同约定的权利和义务。第二，延长土地承包期的工作，应在原承包合同期满后，在总结经验、完善承包办法的基础上进行。严禁发包方借调整土地之机多留机动地。原则上不留机动地，确需留的，机动地占耕地总面积的比例一般不得超过5%。第三，在未实行"增人不增地、减人不减地"的地方，应保持土地承包关系的长期稳定。对于确因人口增加较多，集体和家庭均无力解决就业问题而生活困难的农户，尽量通过"动账不动地"的办法解决，也可以按照"大稳定、小调整"的原则适当调整土地。但"小调整"的间隔期最短不得少于5年。第四，在坚持土地集体所有和不改变土地农业用途的前提下，经发包方同意，允许承包方在承包期内，对承包标的进行依法转包、转让、互换和入股，其合法权益受法律保护，但严禁擅自将耕地转为非耕地。土地承包经营权流转的形式、经济补偿，应由双方协商，签订书面合同，并报发包方和农业承包合同管理机关备案。在二、三产业比较发达，大部分劳动力转向非农产业并有稳定收入，农业社会化服务体系比较健全的地方，在充分尊重农民意愿的基础上，可以采取多种形式，适时加以引导，发展农业适度规模经营。第五，在延长土地承包期和进行必要的土地调整时，不得随意提高承包费，变相增加农民负担。除实行专业承包和招标承包的项目外，其他土地，无论是叫"口粮田""责任田"，还是叫

"经济田"，其承包费都属于农民向集体经济组织上交的村提留、乡统筹的范围，要严格将其控制在上年农民人均纯收入的5%以内。

对于"四荒"地的拍卖，1996年《国务院办公厅关于治理开展农村"四荒"资源进一步加强水土保持工作的通知》做出了肯定，并对"四荒"的治理开发作了进一步规范。该通知指出：农村集体经济组织内的农民都有权参与治理开发"四荒"，本村村民享有优先权。承包、租赁和拍卖"四荒"地使用权，最长不超过50年。在规定的使用期限内，对于实行承包、租赁和股份合作方式治理的，可依法继承、转让或转租；对于购买使用权的，依法享有继承、转让、抵押和参股联营等权利。对于推行"两田制"产生的强行收回农民的部分承包田、变相加重农民负担的现象，1997年8月《中共中央办公厅、国务院办公厅关于进一步稳定和完善农村土地承包关系的通知》，明确提出不提倡"两田制"，严格控制预留机动地，不允许借"两田制""小调整"的名义，随意收回承包地、提高承包费。1998年十五届三中全会通过的《中共中央关于农业和农村工作若干重大问题的决定》将过去的家庭联产承包责任制表述为家庭承包经营制，并指出：长期稳定以家庭承包经营为基础、统分结合的双层经营体制，切实保障农户的土地承包权、生产自主权和经营收益权并使其成为独立的市场主体；稳定完善双层经营体制，关键是稳定完善土地承包关系；土地承包权再延长30年的政策不变，赋予农民长期而有保障的土地使用权，禁止缩短土地承包期、收回承包地、多留机动地和提高承包费；土地使用权的流转要在自愿、有偿的基础上依法进行等。总体来看，20世纪90年代以来中央关于农村土地制度的政策主要是围绕延长农户的土地承包期和允许土地承包经营权的流转而展开的。政策制定的目的在于，通过强化土地所有权、稳定土地承包权和放活土地经营权，减轻农民负担，从而调动农民对土地增加投入的积极性，并解决一度出现的"撂荒弃耕"等问题。特别是20世纪90年代后期制定的农地政策，重视强调土地不仅是农民最基本的生产资料，而且是农民最主要的生活来源和最基本的生活保障，因而稳定土地承包关系成了制定土地政策的出发点。

　　从2012年至今，构建新型农业经营体系成为改革的主要导向。党的十八大以来，中央围绕农地制度改革作出了若干重大部署，改革朝着立体化纵深推进。《中共中央关于全面深化改革若干重大问题的决定》规定，以"加快构建新型农业经营体系"统领农地制度改革的各个方面，这构成了新时代深化农地制度改革的总纲。新时代以构建新型农业经营体系为中心的农地制度改革已经进行了以下尝试：第一，在制度上为农业经营体系构建提供改革方向。2016年10月，中共中央办公厅、国务院办公厅印发《关于完善农村土地所有权承包权经营权分置办法的意见》。从政策意图上看，文件的中心意旨是放活土地经营权，即更好地保护经营者权利，尤其是加强对土地流转合约的保护。以上措施对加快构建新型农业经营体系具有基础性意义。第二，确权颁证为新型农业经营体系构建提供产权基础。农村集体土地确权颁证是农村土地制度改革的基础性工作，早在2009年中央就提出了明确要求，并连续多年在中央1号文件中进行安排部署。土地权属证书有助于增强农民的财产信心、财产透明度和可预见性，有利于刺激投资和土地市场发展。[1]党的十九大明确"第二轮土地承包到期后再延长30年"，让广大农民吃上了"定心丸"，土地承包权地位得到进一步巩固。第三，权能拓

---

[1] 韩俊主编：《中国农村土地问题调查》，上海远东出版社2009年版，第12页。

中国农村土地制度变革的法理检视与策略调适

展为新型农业经营体系构建提供活力源泉。权能缺失的权利只是一纸空文。经过多年的发展,农民对承包地的占有、使用、流转、收益权能已经基本得到落实。党的十八届三中全会以来,又先后开展了农村土地承包经营权抵押、担保、入股、有偿退出试点。通过上述改革,土地的资本属性将得到有效释放,这不但能够提升农村土地的价值,还能够进一步活跃土地投资和土地市场。这一阶段改革的关键词是"农业经营体系"。农业经营体系可以被理解为包含了经营方式、地权结构、权能配置等在内的一套制度体系。也就是说,农业经营体系并非不局限于狭义的"经营"范畴,甚至不是一项具体的制度安排,而是一套全方位的制度框架。构建新型农业经营体系也并不意味着全新的制度变革,而是在若干重大改革基础上实现制度整合和绩效提升。

从上述几个方面的制度梳理及分析我们可以得出,农村土地制度的变革与城乡关系的定位及调整存在紧密关联。在革命时期,党以"延安道路"的方式实现乡村革命,"创造性地解决了农村在多重压迫下解体的问题"。[1]在建设时期,国家与乡村关系发生转变,城乡关系有了新特点,包括农村土地制度在内的许多制度设置均与之相关。新中国的土地制度始终伴随着城乡关系的历史而演进。1949年新中国成立,新民主主义革命取得胜利,《共同纲领》宣布"有步骤地将封建半封建的土地,所有制改变为农民的土地所有制"。在1950年《土地改革法》和1954年《宪法》中,城乡土地私有制均得到了明确的确认。随着社会主义改造和建设的推进,国家逐渐确立了优先发展重工业的战略,以"剪刀差"的方式强制实现农业对工业、农村对

---

[1] [美]马克·塞尔登:《革命中的中国:延安道路》,魏晓明、冯崇义译,社会科学文献出版社2002年版,第121页。

城市的支持，同时以国家强制的方式反馈农业和农村，以"缩小三大差别"（工农差别、城乡差别、体力劳动和脑力劳动差别），实现城乡统筹。但这个阶段总体偏重于工业和城市，农村处于附属地位，服务于重工业和城市的发展。为适应这一发展战略的需要，国家重建了城乡关系，农村土地制度也随之发生变化。建立在土地私有制基础上的小农经济难以为工业发展提供大量资本积累，粮食收购出现困难，土地改革后出现了新的贫富分化和土地集中。在这样的背景下，经历初级社、高级社和人民公社等不同阶段，逐渐确立农村土地的集体所有制，最终形成"三级所有、队为基础"的农业集体化生产模式。1956年社会主义改造完成后，受制于当时偏重重工业的产业结构，城市吸纳劳动力的能力有限，国家加强对农村人口外流的行政控制，收紧城市用工单位的招工权限，限制临时工的数量和雇佣期限，但未能遏制农村劳动力外流的势头。1958年《户口登记条例》颁布，实行严格限制农民向城市流动的户籍管理规定，"既不能让城市劳动力盲目增加，也不能让农村劳动力盲目外流"，在法律上确立了城乡二元户籍制度，以法律形式确认和固定了特定的城乡关系。由农村土地集体所有制和城乡二元户籍制度构成的制度性的城乡二元结构在很大程度上固化了城乡差别，城乡福利供给体系和水平存在很大差距。[1]不过，这种城乡二元结构有其特定的历史合理性，便于国家从农村有效提取剩余，提高资本积累的有效性，确保优先发展重工业战略的实现，为长远发展奠定了基础，同时避免了近代中国在国家政权建设中出现的赢利型经济替代保护型经济的"国家政权内卷化"

---

[1] 贺雪峰：《城市化的中国道路》，东方出版社2014年版，第25页。

现象。[1]在这个阶段，尽管国家的发展战略总体偏向重工业和城市，但也强调要处理好工业与农业、城市与农村的关系，在农村建立了强有力的组织体系，组织动员农村大量劳动力开展农田水利基础设施建设，并以集体化的方式重建乡土文化。改革开放后，城乡关系出现了新变化。随着国家发展战略调整及对外关系扩展，地域间、城乡间的壁垒逐渐松动和瓦解。[2]"包产到户、包干到户"的改革逐步在全国推行，最终普遍形成了家庭联产承包生产责任制，农业集体化生产模式瓦解，农村土地权属关系发生变化：土地集体所有制得到保留，农民获得土地的承包经营权。去集体化使得大量农村劳动力被从土地中解放出来，农民收入来源多元化。[3]改革开放初期，城乡关系朝着缩小城乡差别的方向发展，但20世纪80年代中期以后，特别是20世纪90年代，农村大量资源流出，城乡差别日益扩大，"三农"问题成为关注焦点。在此形势下，农村土地制度开始调整，"三十年不变"和"增人不增地、减人不减地"中央提倡并写入法律。[4]

---

[1] [美]杜赞奇：《文化、权力与国家：1900—1942年的华北农村》，王福明译，江苏人民出版社2010年版，第8页。

[2] 黄平主编：《乡土中国与文化自觉》，生活·读书·新知三联书店2007年版，第15页。

[3] [美]李怀印：《乡村中国纪事——集体化和改革的微观历程》，法律出版社2010年版，第235-254页。

[4] 陈柏峰：《对我国农地承包权物权化的反思》，载《清华法律评论》2006年第0期。

第三章 中国农村土地制度变革的理论检视

四十年来,中国土地制度的变革总体上是以经济效益为目标的,在历次改革中,经济学界发出的声音均成了主流。经济学理论的诠释是理解中国土地制度变革的较好路径,从变革的理论基础出发,方能理解土地制度变革从何处来,向何处去的宏大理论问题。

第一节 农村土地制度变革的法理诠释

英国经济学家威廉·配第曾言:劳动是财富之父,土地是财富之母。土地对于社会经济发展的重要性,自不待言。我国自古以来就是农业大国,农业经济从刀耕火种到小农经济,再到家庭承包责任制,其背后的社会形态也由原始社会走向封建社会再过渡到现代社会。本书旨在考察我国的农村土地制度,从农民法律权利的角度对农地所有权制度进行分析,以平等、自由和人的全面发展为内容的正义属性加以拷问,进而为农村土地制度变革提供一些法理上的支撑。权利,就是法律赋予人实现其利益的一种力量,为社会所认可的价值要求。但是,权利的主体具有不特定性,每个人都有自己的权利,每个人都有自己的权利表达习惯,每个人在权利表达中都有偏向自己的倾向，所以在社会交往中往往带有自己逐利的一面，容易忽视集体利益或者团体协作价值。因此，个体权利要求的提出本身即意味着个体利益与他人利益及社会利益的不一致性。按一般理解，权利必然包含利益、自由、资格和权能等因素，在开放的、多元的社会，人的权利主张也充满了多样性。在我国，城中村拆迁难、农民对于土地的权利诉求也面临这种问题。其本质上还是权利分配的问题，如果能充分保护农民的合理诉求，保证权利分配的公平性、正当性，那么社会矛盾就会减少。因此，保障农民在土地上的合法权利，就必须先厘清农民应有的权利内容，并以合法、正当的权利对抗外来力量的非法之求。

一、土地权利的权利层次

权利作为一种哲学关系性范畴，不仅涉及人与人、人与自然、人与社会的关系，就政治维度来说更涵盖公民与国家的关系、公民与公共权力的关系，同时还涉及公民与自身的关系。在诸多关系里，必然有一个正义的标准来鉴别。因此，"只要对权利的分配是非正义的，那么对权利的承认也就无正义可言，进而，对这些权利的保护也就谈不上什么正义性，所以，分配权利的正义乃是正义的核心"。[1]如果权利分配不公，则必然加剧社会矛盾，不利于国家的长治久安，影响国家的繁荣与进步。历史证明，市场经济的繁荣并不一定带来社会整体的富裕，不能带来社会生活整体水平的提高。由于个人之间以及与群体之间内部分配不均，若不及时正视权利分配问题，就会造成社会不稳、国家不安，导致"社会衰败并毁坏"。在中国当代工业化、城市化进程中已经出现的"繁荣型贫困"，可算是权利贫困

---

[1] 程燎原、王人博：《权利及其救济》，山东人民出版社1998年版，第142~143页。

的典型例证。[1]当下我们在实现共同富裕、伟大复兴的"中国梦"的过程中，不仅要注重总体经济的发展，更要注意缩小东西部差距、城乡差距以及农村与农村之间的分配不均等问题。现阶段，我国基尼系数过高，城乡贫富差距加大。这些问题都呈现在了农地所有权制度中，因此，建立一个公平、公正的权利分配制度是解决当前社会问题的出路，只有为全体成员尤其是社会弱势群体实现社会基本权利，才能维护社会稳定，才能最终在共同体之间形成最基本的安全感和社会认同感，从而实现正义的稳定。[2]

法律权利可分为三个层次，即基本权利、扩展权利和发展权利。具体来说：第一，基本权利以道德人权为核心，其性质是保障社会成员实现"基本善"，也是实现最低标准人权的基本要求。[3]基本权利的具体内容具有基础性，包括实现温饱、获得劳动工作、教育、医疗、就业培训发展，享有法律所规定的自由等权利。第二，扩展权利，作为基本权利的扩展，以成员资格为条件，通过再分配方式来缩小社会不平等带来的差距，实现公平正义。在分配同时贯彻自由与平等价值理念，对享受权利不足者进行额外的保护，体现公平正义，这对于当下的中国具有同样的借鉴意义。这就要求我们在制度设计尤其是对现行农地所有权制度的修改和完善时，要重视以扩展权利来纠正长期以来基本权利受到侵蚀的农村和农民的利益。第三，作为最高层的发展权利。正义的发展权利是一种更高层次的权利。它是建立在基本权利和扩展权利基础之上的更高一级的权利，

---

[1] 马新文："阿玛蒂亚·森的权利贫困理论与方法评述"，载《国外社会科学》2008年第2期。

[2] 梅萍："和谐社会权利平等的伦理思考"，载《江淮论坛》2008年第1期。

[3] 陈少峰：《正义的公平》，人民出版社2009年版，第63页。

是实现人的最终自由，以达到自我解放境界。因此，实现这三种权利是一个政治家的政治追求，也是一国安邦长远发展的支撑，对人民的权利保障具有重要意义。

正义的法律权利的三个层次，并不是一种等级式的简单排列，它完全表现为一个问题的三个方面，互不排斥并可以和谐共存。具体地说，恰如今日中国之国情，按照东部、中部、西部三个自然地区的社会水平状况，可以以基本权利、扩展权利、发展权利相嵌套。同时，在每一个自然区内部，人们的生活水平也是不一致的，是故同样适用这一原理。这里我们必须有这样一种共识，"正义的各种权利所针对的是不同权利阶段人群的优先性不同，而不是重要性不同。因为在不同群体中，他们各自的最重要权利是不同的，因而在政策上必须有不同优先性的安排"。[1]因此，作为一项具有普适意义的社会制度，很难做到满足具体每一个人不同差异的权利需求。但是我们必须有一个价值底线，就是不能以牺牲某个人的权利去满足其他人的权利。换言之，在城乡发展建设过程中不能以牺牲农村为代价去发展城市，不能以牺牲农民的权利为代价去满足工业化城市的发展权。目前，我国农村土地市场价值远低于城市郊区土地价值，使得土地上的农民享受的权利不对等，因此，我们有必要从土地价值角度进行分析，从而寻找一种解决方案。

二、土地制度的价值分析

1. 农用土地秩序与自由

自由（liberty）是一个政治哲学（political philosophy）概念，在此条件下，人类可以自我支配，按照自己意识做事，并

---

[1] 陈少峰：《正义的公平》，人民出版社2009年版，第73页。

第三章　中国农村土地制度变革的理论检视

为自身的行为负责。在西方文字中,自由带有"解放之意",指从外力的制裁下解放出来,才能自己做主。按照马克思主义哲学来讲,自由是一个关系范畴,体现在两个方面:第一,人类与客观物质世界的关系;第二,人类与社会之间的关系。二者紧密联系,辩证统一。

在人类与客观物质世界的关系里,自由的长度,依赖于人类自身的认识能力与实践能力。有学者曾言:"当客观规律未被认识的时候,它对于人来说是一种'盲目'的力量、一种异己的力量,人们受它的束缚、压抑,因而是不自由的。"[1]只有当我们认识了客观规律,并提高了我们的实践能力,人类才是自由的。不论是刀耕火种的原始社会,还是小农经济的封建社会,农民作为人口的绝大多数,显然处于生产力低下的阶段,传统农业生产占据了农民大量时间,难以实现农民的自由。因此,改进生产工具,提高劳动人民的实践能力与认识能力,成了历代统治者的关注点。

在人类与社会之间的关系中,自由表现为人与人,人与社会组织、政治组织之间的关系状态。以农村土地制度为例,自由表现为农村经济成员之间、农民与村集体、农民与政府的权利义务关系。从历史发展的脉络来看,农民的自由权利是逐渐扩大的。在封建农村土地制度下,社会生产力低下,农业生产需要大量农村劳动力,加之土地属于贵族、乡绅所有,大批农民被束缚在土地上,终其一生,过着"日出而作,日落而息"的重复机械劳动。封建社会农民的认识能力和实践能力都很低,因此可以说封建社会农民的自由度是比较低的。直至新中国成立,依靠农民、工人阶级建立起来的新中国,承诺给农民土地,

---

[1] 张文显主编:《法理学》,高等教育出版1997年版,第315页。

充分调动了农民的生产积极性,并在之后的土地改革中,变封建地主土地所有制为劳动人民的土地所有制,颁发土地证书,农民从此站了起来,并成了自己的主人,生产积极性大大提高。随后的工业化浪潮更是极大地促进了农业生产水平的提高,农民由被动生产主体逐步变为积极生产主体。进入20世纪80年代后,安徽小岗村率先在全国发起了新一轮土地改革,随着全国范围内家庭联产承包责任制的推广,农民的生产积极性更加高涨,为了提高农业生产效率,政府推出了一系列优惠"三农"政策,此时的农民在农业生产自主权方面得到一定的改变,可以根据市场需求来选择经营品种,也可以根据农业需要调整生产工具。综上所述,当今农民的选择更多、自由度更高。

值得注意的是,我们所谈论的农民在农村土地的自由,并不是绝对的。在人与人关系的哲学范畴中,农民在土地中的自由,是以不侵犯他人自由权为前提的。哈耶克认为:"自由主义的自由观必然是法治的自由观,它限制每个人的自由,以便保障一切人享有同样的自由。"[1]因此,为了避免这种情形的出现,就必须以法律的形式明确社会各主体的权利与义务的边界。只有保持个人、集体、国家三者的平衡状态,农民的自由才会达到最佳状态。基于此,国家应做好以下几点:第一,加大对农村的投入,农村的发展是农民实现自由的基础,只有物质条件改善了,农民才会有认识能力、思维方式的提高,才会实现更大的自由。第二,深化土地制度改革,解决土地使用权争议。随着城镇化的加速,现行法律法规有着限制农用土地流转的规定,不利于城乡一体化建设,亟待解决。第三,处理好集体与个人之间的土地关系问题。第四,加强农村基础教育,开展农

---

[1] [英]弗里德里希·哈耶克:《经济、科学与政治:哈耶克思想精粹》,冯克利译,江苏人民出版社2003年版,第340页。

业相关培训。只有农民的思想意识提高了，才会带来认识上的突破，从而为指导农村生产实践提供理论支撑。只有将土地置于农民、集体、国家三重管理下，才能保证农民的权利不受侵犯，也才能进一步解放农村生产力，促进农业发展。

2. 农用土地制度中的公平理念

党的十八大报告指出："加紧建设对保障社会公平正义具有重大作用的制度，逐步建立以权利公平、机会公平、规则公平为主要内容的社会公平体系。"这"三个公平"，是我党在历史经验和实践中总结出来的，对于我国目前的现代化建设有着重要的意义，尤其对当下的土地制度政策调整具有航向标似的作用。

在农业生产力不发达的社会，土地作为社会生产生活的最为重要的生产资料，对于政府来说尤为重要。而农村土地制度是社会政治、经济、文化等各种社会制度的核心，与各社会关系密不可分。梳理我国历史发展轨迹，土地制度大概经历了原始社会的共有制、奴隶社会的井田制、封建社会的私有制（其中有短暂时期为均田制）、新中国时期的公有制。每个时期土地制度中蕴含的公平理念之多少决定了土地制度的稳固，也进一步影响了上层建筑的统治。

在共有制制度下，这一时期的人类由游牧转为农耕，但是生产力还比较低下，处于刀耕火种时代。在这样的条件下，氏族成员一起耕种，共享作物，这时候的公平理念得到了很好的贯彻，有力地促进了当时社会经济的发展。在进入奴隶社会后，以周王朝为代表，当时"普天之下，莫非王土"，周王将土地分封给贵族，贵族再将土地分给手下将士及农民，通过层层分封，在土地上建立起"井田制"，即农民以免费耕作公田来换取私田，每一处田划为九块呈"井"字形，中间一块是公田，其余八块为农民耕作的私田。毋庸置疑,农民作为底层阶级,在土地分配上是不公平的,公田处于中间位置相对农民的私田更不容易受到动物侵袭,且农民以耕作公田换取私田是不对称的。因此,随着社会的发展,井田制慢慢退出了历史舞台。到了封建时期,农村土地制度普遍采取的是土地私有制度。这是我国历史上持续时间最长的土地制度。"废井田,开阡陌",自商鞅始,这种制度废除了奴隶制生产关系,推动了农业生产发展以及市镇经济繁荣。但不可避免的是,每个朝代末期都会有严重的土地兼并,公平荡然无存,百姓没有土地,流离失所,造成社会不稳,"富者田连阡陌,贫者无立锥之地",这也是封建社会朝代更迭的原因之一。即便封建社会某个时期(例如北魏、隋唐)采取均田制,即将无主地、荒地分给农民使用,保证赋役来源,但也没有从根本上触及地主阶级利益,没有改变农民与地主阶级地位不对等的局面,土地分配一样不公。因此,均田制只是昙花一现罢了。

可以说,中国的封建史或中国的农民运动史一直是围绕土地兼并与反兼并展开的。农业不稳则国不安,而农业稳定的前提是保证耕地农民能够获得归自己所有的土地,实现"耕者有其田"。各朝各代的统治者均能认识到平均分配土地,实现土地公平的社会意义,但结果往往与之相反。其原因是:第一,在封建土地制度之下,地主兼并土地并非是简单地实现其收取地租的经济目的,同时也是统治阶级通过土地控制大量依附土地的农民,保证政治稳定,维护封建统治秩序。第二,地主阶级兼并土地并不是基于土地市场价值等量交换,而是借助于自己的政治优势地位进行剥削,这种不公平的交易更受地主阶级追捧,因此各朝代后期土地兼并都比较严重。第三,耕地农民承担着税赋、兵役等繁重义务,苦不堪言,虽然各朝代初始,农民往往会平均获得土地,但很快便会由于自身经济条件而被迫出让土地,进而落入统治者剥削的窠臼。从法律上看,古代私有制度具有一定的公平性,但是现实往往难以实现。传统的土地制度的得与失具有一定的合理性,可以为当下的土地制度改革提供一定的经验。

3. 公平理念在农用土地制度中的贯彻

正义首先表现为人们对具体社会制度与具体社会行为的感性认识。当具体社会制度或具体社会行为依据某种特定标准(实质内容)实现了某种形式的公平时,人们就可能会感觉这种制度或行为就是正义的,所以在感性认识层面上,正义观通常表现为一种社会公平观。[1]在社会生活中,只要拥有一部良法,并且人人遵守它,那么这个社会至少在形式上是公平公正的。正义的客体包含制度与行为两个方面。社会行为是在特定社会制度之下的行为,是受特定社会规范规制的行为,对某种社会行为进行正义评价的基本标准是对这种行为产生深刻影响的社会制度。[2]如果某种社会行为符合社会制度所规定的内容,那么这种行为就会被认定为是一种正义行为。

由此可见,在社会制度与社会行为的关系上,社会制度具有更为基础的作用,社会制度决定社会行为,社会正义是通过社会制度体现出来的。用正义标准衡量社会制度,要求社会制度是一种良性社会制度,能够满足人的需要,实现和谐发展。秩序、效率、自由、公平、安全都是人类社会生活所需要的,均是社会制度所应具有的价值,均是社会制度所追求的理想。

---

[1] 张晓萌:"马克思主义正义理论的三重向度",载《中国人民大学学报》2019年第3期。

[2] 郭舒、乔中国:"试析衡量社会公平正义的标准体系",载《河南师范大学学报(哲学社会科学版)》2011年第6期。

但是，社会制度在追求这些价值时，并不都是同时满足的，是有选择的。换言之，在追求价值理想的过程中，各种社会价值选择过程自身存在着相互排斥的矛盾，社会在追求某种价值的同时会在一定程度上放弃其他价值。对社会制度的选择过程，实际上就是社会价值的挑选与平衡过程；[1]评价社会制度是否符合公平正义的价值标准，关键在于该制度是否解决了社会的矛盾，促使了社会的和谐发展。

当然，社会所追求的价值本身也不是孤立存在的，它们之间是紧密联系、互为制约的关系。社会在关注某一价值时，需要其他价值作为法理支撑。比如，社会在追求秩序价值时，需要考虑到自由价值因素；社会在追求公平价值时，需要有效率价值的法理支撑。从这一角度看，这些价值之间是紧密相连的，每一个价值都是社会所要追求的目标，当然，每一个价值也都是评价另一价值的法理支撑。基于这种思维进路，我们在看待某一社会制度（比如农村土地制度）时，就不能片面地追求某一社会价值而忽略其他价值。我国在现代农村土地制度中所倡导的公平优先，兼顾效率的制度理念，是对单纯追求社会公平理念的超越。当前，我国在农村土地制度改革的道路上所追求的是一种社会和谐，这种社会和谐要求在追求以公平价值为主的过程中，包括规则公平、权利公平、结果公平，在理性分析各种社会价值对农业发展的作用后，全面权衡各种利益矛盾，进而做出适合中国国情的价值选择方案。

三、中国农村土地发展权的探讨

目前，我国尚未明确提出农地发展权概念，但从上述部分

---

[1] 胡军方："社会正义的两种进路：罗尔斯的规范建构与霍耐特的社会分析之比较"，载《社会科学研究》2019年第3期。

的土地制度法理出发,在以土地利用总体规划为依据的土地用途管制制度和农地转用制度中,实际上存在着农地发展权问题。农地发展权是我国农地征收中亟待解决的问题,它关乎农民公平分享非农化受益,促进农村经济可持续发展,是保障公平价值在城乡一体化进程的体现。因此,研究土地发展权对于当下乡村经济振兴具有重要意义。

土地发展权,是在土地所有权的基础上发展而来的,是从土地使用权和收益权中分离出来的一种物权。广义上的土地发展权,是指对土地利用进行再发展的权利,包括在空间上向纵深方向发展和在使用时变更土地用途之权,即空间建筑权和土地开发权。狭义上的土地发展权仅指改变土地用途的权利,尤其是将农用地转变为建设用地的权利。[1]在当下的实践中,探讨狭义上的土地发展权更有价值,本书所指的狭义土地发展权主要是农地发展权。

1. 农村土地发展权的性质

农村土地发展权并非衍生于公权,而是土地所有权的派生权利。实际上,农村土地发展权具有以下性质特征:

第一,它是一种特殊的土地使用权。从比较法的角度来看,《美国土地发展权取得法案(1969)》(The Development Right Acquisition on Act of 1969)开篇指出:"土地发展权是指土地完全所有者改变土地现有用途的权利。"紧随其后,《英国城乡规划法(1971)》第 22 条规定:"发展,即任何建设或采矿作业,包括建筑物、土地用途或外观的任何决定性改变、土地的分割、任何权利的取得或终止与沿岸使用权。"上述法律表明,土地开发意味着土地的特殊使用,开发土地的权利则是以特殊方式使

---

[1] 金成波:"论农地征收法律制度的完善——农地发展权创设与适用的视角",载《安徽大学法律评论》2011 年第 1 期。

用土地的权利。事实上，各国土地利用的历史就是一部土地开发史，即无论是美国的土地发展权征购与转移制度、英国土地发展权的"国有化"，还是中国严格的土地用途管制机制，都旨在通过对土地开发的调控与管制，求得合理、有效的土地使用方式。与此同时，土地的经济用途可以决定土地的价值，土地发展权正因是土地经济用途的重要组成部分，所以成了土地潜在价值的基础要素。由是观之，农村土地发展权与作为仅次于所有权的土地使用权息息相关。

第二，土地发展权是公权与私权博弈的结果。有学者认为，西方土地发展权的创设，发展权转移制度的建立是公权对私权的限制。[1]然而，自20世纪以来，国家直接或间接参与私法活动的现象十分普遍，公法与私法逐步融合，私权（特别是土地权利）无一例外地均受到公法的限制，私权公权化的趋势明显。因此，在这一背景下，简单地将土地发展权制度的创设看作公权对私权的限制难免有些绝对化和片面化。由上述土地发展权制度变迁过程我们可以发现，美国土地发展权转移制度旨在弥补土地征用、警察权、传统分区等土地利用控制手段的缺陷，以实现土地所有者、社会、政府等多方利益的均衡化。传统分区属于强制性分区，不同功能区之间相对封闭，这就可能导致"暴利"或"暴损"，甚至出现土地的不合理开发和不正当增值。土地发展权转移制度是在周密的总规划下，划分保护区和开发区。开发区的土地所有者在开发土地时，须从保护区土地所有者手中购得发展权，而保护区土地所有者仍保留其他剩余权利。一方面，其避免了保护区土地所有者的意外损失与开发区土地所有者的不正当增值；另一方面，政府可在不使用土地

---

[1] 孙弘：《中国土地发展权研究：土地开发与资源保护的新视角》，中国人民大学出版社2004年版，第78页。

征用权的情况下，实现对土地利用的有效控制，从而节省征地补偿费用，增进社会公共福利。同时，保护区土地所有者仍需缴纳土地税，从而减轻其他所有者的税务分担。此外，政府对土地开发利用的控制是有限度的，若土地所有者因政府行为而失去合理利用土地或取得合理经济回报的机会，政府行为将被认定为征用。这样一来，政府必须向土地所有者支付公正的补偿。由此可见，土地发展权制度是公权与私权相互博弈的结果。

与西方国家不同，新中国成立后，我国农村土地基本上是"公物"，受公法或公权的规制。随着家庭联产承包责任制的"落地"，在保证意识形态延续与政治稳定的前提下，国家持续"还地权于民"，土地承包关系得以"物权化"。当前，若以法律形式明确土地发展权为土地使用权的重要内容，无疑是公权对私权的让渡与保障。之后，建立完善的土地发展权转移制度，在公权力监督下充分发挥市场作用，为刚性土地利用规划提供一种可能的矫正机制，[1]实现私权对公权的补充，最终构建公平、正义的土地增值收益的共享机制。

2. 农村土地发展权的分配模式

由于土地权利具有潜在价值性，当土地被置于可能的经济用途时，权利的隐性价值便会得以凸显。权利归属决定价值的分配，土地发展权之归属合理与否将直接影响农村土地收益分配的正当性。

对于土地发展权的归属问题，我国理论界尚无统一观点，但结合我国宪法和法律制度，以及中国农村土地的实践状况，应将其认定为农民、集体、国家三级所有。原因在于：

其一，依照我国宪法和法律的规定，农村土地转化为城市

---

[1] 靳相木、沈子龙："国外土地发展权转让理论研究进展"，载《经济地理》2010年第10期。

建设用地必须以其国有化为前提，土地征收是唯一合法途径。《土地管理法》规定，征收土地的，按照被征收土地原用途给予补偿，并限定了最高补偿额度。[1]我国基本上采用农村土地发展权的"国有模式"。随着不动产财产权的日益社会化，财产权已不仅是一种权利，更多地意味着责任。[2]作为稀缺资源的土地，也必然会承担更多的社会义务。纵观中国土地发展史，自古以来，土地权利一直带有浓厚的公法与身份色彩。历史上农村土地发展权被国家无偿控制，影响到了农民的财产性收益。因此，如果将土地发展权完全认定为国有模式，有可能导致农民的土地纠纷增多，从而让"农业强、农村美、农民富"的美好愿景落空。

其二，主张农村土地发展权归农民集体（即土地所有者）享有显然有悖于我国农村实际：一方面，"三级所有、队为基础"的经营管理体制使得我国农村集体土地所有者处于相对模糊的状态。[3]集体土地所有权被架空，若归农民集体所有，土地发展权必然难逃被"虚化"的命运，更便于国家对农村土地的全面控制，与"国有"模式无异；另一方面，作为农民集体组织化载体的村集体经济组织在我国法定体制的长期性缺位，村委会在现实中已成为村庄中最重要和关键的角色。[4]此外，土地发展权归农民集体所有的观点还存在着对权利性质的误读。农村土地发展权派生于所有权的同时，更是使用权权利束的重要分支。一般而言，当土地所有权与使用权的权利主体不一致

---

[1] 参见《土地管理法》第47条。

[2] 金俭：《不动产财产权自由与限制研究》，法律出版社2007年版，第91页。

[3] 湛中乐："我国土地使用权收回类型化研究"，载《中国法学》2012年第2期。

[4] 陈剑波："农地制度：所有权问题还是委托-代理问题？"，载《经济研究》2006年第7期。

时，依据物权的优先效力规则，土地发展权应归属于使用权主体。在我国，随着农村土地制度改革的深入推进，土地几乎成了农户的"私产"，土地使用权也已成为一种可继承的独立财产权，具有排他性，农民近乎享有农村土地的准所有权，若坚持采用集体所有模式，显然是不合适的。

其三，若将农民纳为土地所有权人，不仅能起到监督村干部对土地所做不利处分的作用，保证村干部廉洁性，同时也能在国家征收非公共利益土地时，以权利相对人身份相互谈判，达到二者利益的最大化，更能保证农民经济权益的实现，使之进一步融入城市化潮流。目前，土地发展权归农民、集体、国家三者共有能有效地实现权力牵制，也能保护弱势群体合法权利。具体来说：第一，立法保障，国家应该依据农民成员权利出台相关法律进行保护。第二，知情权保障，在政府征收过程中，不仅仅是和村集体沟通，更重要的是和农民沟通，阐明相关政策，因为这涉及其核心利益。第三，诉讼保障，在征地过程中，政府若是侵犯了村民合法权益，村民可以以此提起诉讼，保障自己的权利。

3. 农村土地发展权的归属

随着农村土地制度改革的进一步深化，农村土地发展权的归属形式也逐渐呈现出多元化特点：如川渝地区的"地票"交易，实质上是一种改变土地用途权利（建设用地指标）的交易，即农村土地发展权的交易。在交易过程中，"地票"持有人主要是农户，参加"地票"竞买的主要是企业法人，甚至是自然人，而国家、地方政府均未直接涉足。[1] 由此可见，在地票交易实践中，农村土地发展权实际上归农户所有。浙江省的"异地有

---

[1] 黄忠："地票交易的地役权属性论"，载《法学》2013年第6期。

偿补充耕地""折低指标，有偿调剂""基本农田易地代保"等实践作为"土地发展权"跨区域交易的典范，与川渝地区的"地票"交易类似，几乎均采取了"农户"所有的形式。略有不同的是，由地方政府或专门机构代表农户统一议价、管理与交易。依据前文对土地发展权性质的厘定，结合我国实际，农村土地发展权应归农户所有，由村集体统一经营管理，即采取"民有村管"的归属形式较为合理。所谓"民有"，是指农村土地发展权应归农户（家户）所有。家庭联产承包责任制是以家庭为单位的经营体制，农户作为农村基本生产、生活与交往单位，是农村社会的"细胞"，也是国家治理的基本政治单元。故此处的"民"是指农户，而非独立的农民个体。"民有"意味着国家将农村土地发展权还归农户，农户可通过土地发展权转移获得额外的财产性收益，跨越"无征地，收益恒定"的困境。同时，城镇化与工业化进程加快，需要大量农民进城，而高成本的城市生活和严格的户籍制度使得农民成了社会的最底层。但农村土地发展权的"民有"，使"权随人走"成为可能。农民工可以此换取市民身份，成功解锁"城市化—土地国有化""市民化—收回承包地"的身份与财产捆绑，实现人的城市化，从而改变人与地城镇化不相协调的局面。农村土地发展权的"民有"，把城市扩张与农户"同意"挂钩，开发商、政府、集体必须将农户纳入利益博弈与分配体系，为农户提供了谈判资本和维权依据，有利于提升农户的主体地位，保障城镇化进程中农民的土地权益。

通过分析农地发展权的法权结构，笔者认为，在未来的立法工作中，我国应当将农地发展权引入土地权利体系，明确土地使用权可以依照法律规定进行转让，并且在农地征收中增加对农民的补偿，建立起土地发展权由国家、农户、集体共享的机制。

第二节　宪法学视野下中国农村土地制度的变迁

农村土地制度的改革，不仅涉及政策的调整和《土地管理法》《物权法》等相关部门法的修改，更需要从宪法层面去理解相关的宪法规范。宪法作为根本法，是一国法律中的根基，因此，宪法中有关农村土地制度的变迁成了当下农地制度变革的主要依据。

一、农村土地制度的规范宪法学解释方案

规范宪法学对农村土地制度的解释出发点是基于我国《宪法》第 10 条第 2 款的规定。规范宪法学强调"依据宪法进行法律的而非政治的、价值的论证"，[1]不过，到目前为止，学者对于《宪法》第 10 条存在不同的理解分歧。对农村土地属于集体所有这一条的理解，其规范属性如何？集体土地所有权的主体和性质又该如何理解？这些看似简单的问题成了规范宪法学在土地制度中探讨的重点。就农村土地属于集体所有这一宪法条款来说，规范宪法学的解释方案是从规范属性出发，将农村土地集体所有条款认定为任意性规范而非强制性规范。[2]

（一）规范宪法学的主要论证逻辑

规范宪法学学者以社会契约论为理论基础，认为现代宪法的出发点在于：人们自愿签订社会契约，建立主权国家，将个人权利让渡一部分给国家，从而更好地保障每个人的基本权利和自

---

[1] 林来梵：《从宪法规范到规范宪法：规范宪法学的一种前言》，法律出版社 2001 年版，第 4 页。
[2] 程雪阳："论'城市的土地属于国家所有'的宪法解释"，载《法制与社会发展》2014 年第 1 期。

由。而反映社会契约精神的根本性法律文件——宪法——的目的和本质在于保护个人基本权利不受国家侵害，宪法的具体条款要从属于此。[1]现阶段，征地所暴露出的问题引发了学者对土地制度的研究，因此，我们应回到研究宪法文本上来，尤其是对我国《宪法》中第10条关于农村土地属性规定的理解。

根据我国《宪法》第10条第2款的规定，该条款并不是一个规范语句，其省略了规范词。因此，不同学者对于该条文是省略了"可以"还是"应当"展开了激烈讨论。不同的解释会影响到该条款是强制性规范还是任意性规范，进而影响到相关主体的权利义务关系。

规范宪法学者认为，如果将省略规范词认定为"应当"，那么该条款属于强制性规范，按照这种思维进路，该条第1款"城市的土地属于国家所有"应该也解释为强制性规范语句。但是，此种解释会为强制拆迁提供法律依据。于是，有学者从权利保障，维护弱势群体权益的角度思考宪法条文的具体解释。比如程雪阳教授主张农村和城市郊区土地"属于集体所有"，应当被解释为"可以属于集体所有"，即"农村和城市郊区的土地可以属于集体所有，也可以不属于集体所有（比如属于国家所有或者其他主体所有）"。[2]

规范宪法学解释有两个基本观点：一是城市国有土地和农村集体土地均属于私法意义上的财产，应当得到平等保护；二是城乡二元土地性质划分以及以此为基础形成的禁止集体建设用地入市、国家垄断土地一级市场的土地财政模式违背了平等保护财产权利的宪法要求，有违宪之嫌。按照此种进路，许多

---

[1] 张千帆："宪法不应该规定什么"，载《华东政法学院学报》2005年第3期。
[2] 程雪阳："论'城市的土地属于国家所有'的宪法解释"，载《法制与社会发展》2014年第1期。

学者强调要赋予农民更大的财产权利。这主要体现在农村集体土地入市和征地两个方面。在农村集体土地入市问题上：一是应当放开对小产权房的管制，赋予其合法性；二是允许农村集体建设用地不经征收即可进入与城市建设用地同样的市场。就征地问题而言，主要有两点主张：一是区分公益用地和非公益用地，公益用地可以征收，但要给予补偿，非公益用地应发挥农民的主体作用，通过农民谈判进行交易，达到双方都能接受的价格才能征收；二是对城市土地和农村土地应该一视同仁，补偿农村被征收土地价值不允许存在较大的偏差，这样才能更好地保护社会弱者的权利。

（二）规范宪法学的具体解释方案

1. 对农村集体土地入市问题的解释

首先，理解这一问题，就得从《宪法》第 10 条第 1 款说起。针对这一款理解，不同学者提出了不同的解释。一是可以所有权说。有学者认为该款是授权性规范，应被解释为城市的土地可以属于国家所有，也可以不属于国家所有，城市可以建在国有土地上，也可以建在非国有土地上。[1]二是主权所有说。这种主张认为，这一款只是主权意义上或者行政管理意义上的"所有"，而非财产权意义上的"所有"，政府缺乏因土地所有权而获得土地增值收益的理由。[2]三是比例原则说。从合宪性分析的角度来看，由土地所有中衍生的集体财产利益包括附着于土地的一切财产利益，这同样包括因土地开发而产生的土地增值部分，而严格限制集体土地开发和使用权转让违反了比例

---

[1] 程雪阳："论'城市的土地属于国家所有'的宪法解释"，载《法制与社会发展》2014 年第 1 期。

[2] 华新民："中国城市土地所有权的梳理和追问"，载《东方早报》2012 年 11 月 27 日。

原则中的"过度禁止"原则。[1]四是确认过去事实说。有的学者认为，这一款只是对当时背景下的城市土地国有现状的确认，不具有面向未来的规范效力，不能据此将那些在改革开放后因城市化而"入城"的集体土地转变为国有土地。[2]有学者进一步认为，这一规定是特定历史时期的产物，随着社会的发展应当取消，要删除"城市的土地属于国家所有"的规定。[3]尽管上述几种方案的具体解释进路不同，但是都认为城市建设并非只能在国有土地上开展，从而为允许在农村集体土地上开展城市建设提供了宪法规范层面的依据。

2. 对征地问题的解释

《宪法》第10条第3款规定："国家为了公共利益的需要，可以依照法律规定对土地实行征收或者征用并给予补偿。"对这一款的解释，集中在对"公共利益"的理解上。现实情况是，大量行政机关以"公共利益"为名，行征地之事，使得大量农村土地流失，盲目的城市化进程加剧，农村土地被征收的价值被严重估低，远低于土地的市场价值。由于法律对"公共利益"没有做进一步阐释，而"公共利益"属于一个集合性名词，外延较宽。一般认为，医院、学校、铁路等基础设施属于公共利益，而商业小区、商场等营利性开发不属于公共利益。

在征地补偿问题上，规范宪法学者认为补偿应该与土地市场价值相关，采取公平补偿。有学者认为，2004年《宪法》第13条和第33条有关"公民的合法的私有财产不受侵犯""国家

---

[1] 李忠夏："农村土地流转的合宪性分析"，载《中国法学》2015年第4期。

[2] 傅鼎生："'入城'集体土地之归属——'城中村'进程中不可回避的宪法问题"，载《政治与法律》2010年第12期。

[3] 曲相霏："消除农民土地开发权宪法障碍的路径选择"，载《法学》2012年第6期。

尊重和保障人权"的规定蕴含了征收主体在征收土地时必须"公平补偿",按照市场价格补偿被征收人是最佳的"公平补偿"方式,因为"'市场价格'是当事人在同意进行交易的前提下,通过讨价还价、谈判协商和互相妥协而形成的价格",[1]"如果只允许国有土地存在市场价,不允许集体土地有市场价,那就没有坚持物权的法律上平等保护原则"。[2]按照物权平等保护原则,城市土地的国家所有权与农村土地的集体所有权作为两种"所有权"应当受到平等保护。

现实情况恰恰与之相反,在城市化进程中,农村的土地虽有一定的补偿,但是与城市土地补偿的价格相比,不可同日而语。征地所能补偿的通常是耕地上的农作物的青苗费以及一次性的安家补助。另外,不同地区的耕地补偿也是不一致的,换句话说,东部地区的补偿高于西部地区,就连同一个省市的不同地方补偿也是不一致的。在现阶段,绝大多数的农民是将征地带来的补偿作为自己积极融入城镇的跳板。因此,城市化的进程并不是"关起门来搞城市化",只顾城市自己扩张发展,而将农民拒之门外,而是应该实现农村、城市一体化建设。然而,目前农村土地补偿与价值不完全匹配,带来的是征地矛盾纠纷,这不利于城乡一体化建设,也不利于对农民权利的保障。

3. 对规范宪法学解释方案的审视

规范宪法学者以保障私有财产权利为核心观念,强调宪法的根本目的是保障个人基本权利,主张赋予农民更大的财产权利。但从宪法解释的角度来看,规范宪法学的逻辑论证忽视了

---

[1] 程雪阳:"土地发展权与土地增值收益的分配",载《法学研究》2014年第5期。

[2] 叶必丰:"城镇化中土地征收补偿的平等原则",载《中国法学》2014年第3期。

我国《宪法》序言、总纲确立的价值体系、政治架构、经济体制，也未能就《宪法》第33条第3款与序言、总纲之间的关系作出细致的阐述。而且，对土地条款解读所产生的不同主张，不仅可以提供解释方案，也可以提供解释方案的经验基础。

毫无疑问，规范宪法学将《宪法》第10条解释为"农村土地可以属于集体所有，也可以不属于集体所有（比如国家所有或其他主体所有）"，省略了规范词"可以"。[1]并且，在此基础上，认为宪法为国家征收农村集体土地提供了更为坚实的基础。但是，按照规范宪法学的解释结论，可以进一步解释，如果农村土地可以不属于集体所有，那么就有可能属于其他主体所有，甚至是个人所有。这进一步承认了社会私有制制度是符合规范宪法学者解释进路的。但是，这种解释显然与我国社会主义公有制不匹配，也不为制宪者所认可，甚至否定了我国的建国基础。根据1982年宪法修改委员会关于农村土地所有制问题的讨论情况，尽管农村土地属于国有还是集体所有的争论较大，但主导性意见是确立农村和城市郊区土地的集体所有原则，排除法律规定以外的农村土地归国家所有，从中更看不出承认农村土地私有制的丝毫痕迹。[2]规范宪法学给出的方案同时为农村土地的国有化和私有化改革提供了宪法空间，但却十分明显地背离了修宪者原意，也不符合我国社会主义制度这一基本国情。

同时，规范宪法学的解释方案不符合文义解释。文义解释要符合语言表达习惯，同时也要切合文字表达意思。《宪法》第

---

[1] 程雪阳："论'城市的土地属于国家所有'的宪法解释"，载《法制与社会发展》2014年第1期。

[2] 许崇德：《中华人民共和国宪法史》，福建人民出版社2005年版，第417页。

2 条规定"中华人民共和国一切权力属于人民",这里面的规范词省略的是"一定""应当",而不是"可以"。显然,这才是汉语的表达习惯,才是符合宪法的准确解释。同理,规范宪法学的"可以论"解释虽然在一定程度上保障了农民的权利,控制了公权力,但终究是超过了文义解释的范围,违反了汉语表达规则,超越了宪法本来的文义范围。

二、农村土地制度的政治宪法学解释进路

作为宪法学说的重要一脉,政治宪法学是在改革开放后经历三十多年的经济发展这种大环境下兴起的,在既定的宪法条文下,政治宪法学侧重于从"政治"(political)视角理解中国宪法实施、本国国情、社会学视角、历史因素,进而试图给予宪法最贴切的表达。

"政治宪法学"具有三个基本属性:"历史性""中国性(本土性)"和"政治性"。19 世纪之后,德国掀起了反启蒙、反"西方之异化"以及"本土化"(bodenstndig)潮流,并在文化、法学等领域提倡民族精神。中国今天的情况与之类似,也出现了"本土化""中国道路""中国模式"的趋势。这对于中国这一具有深厚传统的后发国家而言再正常不过,而且改革以来的各项成就也为其提供了经验的土壤。在此背景下,"政治宪法学"的共同价值诉求就是在宪法研究中植入"历史性""中国性"和"政治性"。其目标在于实现宪法路径选择中的去西方化。"政治宪法学"从产生伊始就具有很强烈的批判意识:反对用西方的标准审视中国宪法,包括宪法文本和宪法的实施;反对在解释中国宪法时简单复制和移植西方的概念与理论;反对忽略国家建构和政治现实的法条主义思维。因为"政治宪法学"内部的侧重点不同,因而出现了不同的路径选择,保守主义立

场的三重面向使政治宪法学出现了内部分野。[1]但是政治宪法学的研究路径有所交叉，存在着极强的共通性。[2]其主要价值判断在于：

其一，在文本解释上，政治宪法学者侧重于对宪法"整体性"和"结构性"进行思考，从中剥离出中国的具体国情，从政治学的角度理解，并在这样的语境下梳理当下宪法与部门法之间的张力冲突。

其二，在研究问题上，突出"政治"而非"司法"的视角，认为规范宪法学者强调的司法能动主义并不能成为中国宪政转型的主导路径和动力模式。应当以历史的角度，研究当时所面临的政治、经济形势下的背景。

其三，在司法角色认知上，基本认为司法应基于宪法体制和自身能力的约束，在"普通法治"层面强化专业能力建设和共同体培育。[3]通过大量的司法实践经验来树立宪法的权威，而不是一味地追求宪法的条文修改。因为宪法具有基础性、统领性，一国宪法是其立国之根基，一味追求宪法修改会导致宪法不稳定性增加，不利于国家经济、政治大环境的稳定。

运用政治宪法学的思维对农村土地制度进行解释，揭示了土地权利的宪法本质，对当下的制度改革具有极为重要的意义。

1. 五四宪法关于土地所有制的规定

五四宪法（也即1954年《宪法》）是新中国成立后的第一部宪法。其第8条第1款规定："国家依照法律保护农民的土地所有权和其他生产资料所有权。"由此，确立了农村土地私有

---

[1] 田飞龙："中国宪法学脉络中的政治宪法学"，载《学海》2013年第2期。

[2] 高全喜："政治宪法学的兴起与嬗变"，载《交大法学》2012年第1期。

[3] 田飞龙："中国法治的现象解释与理性展望"，载《安徽大学法律评论》2010年第1期。

第三章　中国农村土地制度变革的理论检视

制。如果按照规范宪法的解释进路，既然承认了农民土地所有权，那么，所有权便是绝对权，可以对抗外部的侵权行为，包括国家、集体。按照这种思维进路，财产权的对抗国家性本质上来源于宪法。[1]"三大改造"似乎有违宪之虞，显然，这样的宪法解释是难以站住脚跟的。基于当时的国际、国内错综复杂的政治环境，采取政治宪法学解释更为合理一些。解读这一点，必须回到历史上党对于土地的看法。

从思想背景来看，党对于土地的政策萌芽于新民主主义时期。"这种新式的民主革命虽然一方面是替资本主义扫清道路，但另一方面又是替社会主义创造前提。"[2]党对于土地制度的政策是从地主土地私有制变为共产主义公有制，最终达到共同富裕。因此，土地最后归公这是党实现社会主义的一项重要内容。在新中国成立初期，囿于当时复杂的国际、国内政治、经济环境，国家不得不提出私有制这样的过渡阶段政策，进行土地改造，将地主的土地分给农民，这一举措极大地调动了农民生产积极性。毫无疑问，新中国成立初期农村土地私有制的建立是为了进一步解决新民主主义革命的历史遗留问题。当时正值百废待兴，农业、工业都受到了不同程度的破坏，为调动农民积极性，将土地分给农民是恢复农业生产的上策。加之我党长期以工农联盟为口号，依靠广大农民尤其是贫农取得了新民主主义胜利，这是我国的立国基础。所以，从新中国成立初期土地制度上来看，实行土地私有制是考虑到了这些因素。

从历史角度看，党在成立之初就紧紧依靠工人和农民，对外一直以"工农联盟"为统一战线，在长期的新民主主义革命

---

[1] 刘连泰：《宪法文本中的征收规范解释——以中国宪法第十三条第三款为中心》，中国政法大学出版社2014年版，第119页。

[2] 《毛泽东选集》（第2卷），人民出版社1991年版，第647页。

斗争时期，工农已经成了紧密联系的整体。新民主主义革命胜利后，新中国成立伊始，党通过土地改革将土地分给农民是基于以下原因：第一，农民在革命时期一直是党的忠诚支持者，农民在政治上的诉求不及在经济上的诉求，之所以闹革命，是由于土地长期被封建地主所控制，农民自己没有土地。因此，在革命胜利后，党把土地分给农民，也是对农民长期以来的支持的一种政治上的回应。第二，新中国成立不久，经历长达三十余年新民主主义革命，土地满目疮痍，社会生产力退化，人口流失严重。所以，发展生产力，最好的办法是调动绝大多数农民的生产积极性，而将土地分配给农民是最好的选择，可以实现耕者有其田。

直至后来，当农村生产力不适应社会经济发展的需要时，小农经济生产不适用于规模化建设时，1953年的过渡时期总路线直接提出了实现对农业进行社会主义改造的方针政策，[1]即将农村土地私有制改变为社会主义土地公有制。最后，为了保障工业化进程，国家实施了计划主义经济，完成了社会主义改造，同时，农业也被纳入了计划体制范畴。由此，农业进入"一大二公"的公有制状态，土地属于公有。

综上所述，从历史发展来看，通过三大改造，土地私有制变成了土地公有制，存在不到几年的私有制很快被消灭。之后农村又兴起了农民公社化运动，追求"一大二公"，公有化程度得到了前所未有的加强，土地公有化程度更高。这种土地权利需要根据国家政策的转变而摇摆。[2]

---

[1] 何沁主编：《中华人民共和国史》（第3版），高等教育出版社2009年版，第58页。

[2] 自愿原则是五四宪法第8条的明确规定，但是同条又规定了消灭富农的内容，属于强制平均分配土地。

第三章 中国农村土地制度变革的理论检视

五四宪法规定的所有权和《物权法》中的所有权虽然用词一致，但内涵并不一样。《物权法》中的所有权是绝对权，可以对抗他人。而五四宪法中的所有权未能完全具备所有权的权能，它不能对抗国家，只能在个人之间进行权能对抗。五四宪法第13条认为，国家可以依据公共利益对城乡土地进行征购或者收归国有，但宪法序言又明确提出五四宪法反映的是"过渡时期的根本要求"，按照过渡时期总目标来说，农村土地必然迈向公有制，这种必然性使得土地所有权从根本上不具有对抗国家的能力，它只是作为国家调整农业经济发展的一种生产关系，因时而变。因此，五四宪法对待宪法财产权观点还是认同受国家限制，具体来说：

第一，农民土地所有权的权能受到国家限制。[1]农民土地所有权之目的首先在于使党能够获得农民的支持，但耕者有其田的斗争策略本质上服从于党对社会主义建设的整体规划。[2]所以，在新中国成立初期，国家迫切地想发展农业经济，为工业化提供原料以及劳动力。新中国成立初期的土地制度改革恰好迎合了这一契机，改革的出发点也是解放农村生产力。因此，土地的用途受到国家政策的调整，土地使用权也受到计划体制的限制。

第二，土地改革时期土地虽短暂为私有制，但是并没有排除国家对土地的最终所有权。一方面，如当时的宣传政策一样，"打土豪，分田地"，这里面的土地是由国家统一分配的，因此，土地最终还是掌握在国家手里，如果国家有其他需要，土地制

---

[1] 参见 [德] K. 茨威格特、H. 克茨：《比较法总论》，潘汉典等译，法律出版社2003年版，第474—485页。
[2] 李金铮："土地改革中的农民心态：以1937—1949年的华北乡村为中心"，载《近代史研究》2006年第4期。

度也将适时改变。另一方面，土地私有制只是实现社会主义改造的一个过渡环节，农民土地私有制从制定之日起就面临随时遁入公有制的必然命运。五四宪法是接续过渡时期总路线精神的，尤其是其序言和总纲，集中体现了过渡时期总路线的基本原则和精神。[1]甚至有学者认为："1954年宪法是中国共产党的过渡时期总路线的宪法化。"[2]所以，五四宪法规定的农民土地所有权并不能对抗国家权力。

因此，五四宪法关于农民土地所有权的规定缺乏所有权的权利内涵。因此，无论宪法表述是土地所有权还是土地私有制，其本质仍是一种国家管理农村经济的手段。[3]因此，在之后的八二宪法中，国家管理土地属性仍旧没有消失，只是国家管理的手段发生了变化。

2. 八二宪法关于农村土地制度的定位

八二宪法在继承之前的宪法前提下，同样认为农村土地属于公有，从五四宪法到八二宪法，立法者始终坚持土地公有制这个大前提不变，并在边框上进行了修改。

在八二宪法中，在农村土地制度上，以调整土地使用权为核心。其第17条第1款规定："集体经济组织在接受国家计划指导和遵守有关法律的前提下，有独立进行经济活动的自主权。"这个更加开放的条款，使生产资料所有制与生产关系开始分离。[4]这种政策转变的缘由来自党对新中国成立以来农村经济建设的

---

[1] 韩大元：《1954年宪法制定过程》，法律出版社2014年版，第90页。

[2] 殷啸虎："过渡时期理论与1954年宪法"，载《政法论坛》2004年第6期。

[3] 汪洋："集体土地所有权的三重功能性——基于罗马氏族与我国农村集体土地的比较分析"，载《比较法研究》2014年第2期。

[4] 刘连泰："政治宪法学的疏漏与吊诡"，载葛洪义主编：《法律方法与法律思维》（第8辑），法律出版社2012年版。

反思与经验总结。但是，在生产关系的重新调整中，土地公有制并没有受到冲击，反而更加稳固。其大致有以下原因：第一，"文革"结束不久，尽管对经济造成了破坏，但对"文革"错误的认识主要停留在政治层面，经济层面并没有犯很大错误。[1]第二，农村中存在的问题被认为是管理层面的问题，恢复经济发展反而需要国家政策的指导，因此，十一届三中全会"制定了发展农业生产的一系列政策和措施，决心首先集中主要精力把农业搞上去"，这要求国家必须掌握主动权。[2]

在小岗村村民开始实行"包产到户"的背景下，新一轮农村改革呼之欲出。面对此时的国内背景，八二宪法对土地使用权制度进行了折中，即土地依旧属于国有，在土地使用方式上，从国有转变为民用。集体土地所有制代表着社会主义公有制在农村经济领域的具体体现，土地使用权的放开则表明国家对土地管理方式的多元化。八二宪法对土地制度的改革，是面临国内严峻的经济形势的不得已而为之，也是在坚持土地公有制前提下的修改。所以，不论是五四宪法，还是八二宪法，土地制度的调整都是由党的意志决定的，在党的意志上升成为国家意志时，这种土地制度由宪法所确立。当然，这种土地所有权是不能对抗国家权力的。

第三节　土地产权的制度经济学诠释

产权与人的行为以及经济绩效存在密切关系，无论是在历

---

[1] 武力主编：《中华人民共和国经济史》，中国时代经济出版社2010年版，第612页。

[2] 廖盖隆、庄浦明主编：《中华人民共和国编年史1949—2009》，人民出版社2010年版，第395页。

史上，还是在当今，不同国家在生产率和收入增长方面所存在的差异都在表明产权制度与一个国家的经济增长有着极为紧密的关联。近些年，产权的作用已引起了广泛关注，这在一些社会主义国家改革方案的设计与实施中表现得尤为突出。但是，迄今为止，经济理论对此所作的分析还远不能令人满意。经济分析在这方面的滞后对经济政策的制定实施已产生了不良影响。

一、产权影响人的行为选择

要探讨产权在一个社会经济中所起的作用，就必须从它到底怎样诱导人的行为这一基本点入手。因为任何一类经济所取得的增长最终都取决于社会所存在与设定的各种制约对个人行为的激励。在这些制约中，已有的经济理论对资源的稀缺性、竞争的充分性给予了极大关注。事实上，一个社会所制定的各种规则也具有不可忽视的影响，不同资源的稀缺程度决定了人们从事生产的要素价格，从而会诱导人们在生产中不断利用稀缺程度（即相对价格）较低的资源来替代稀缺程度较高的资源。而一个社会所制定的各种规则则决定了人们进行竞争与合作的条件与方式，它向人们提供了可以做什么，不可以做什么，以及从事哪一类的生产与交易是合算的选择的基本框架。

沿着这一思考逻辑，经济学的选择理论方法就是一个有用的、揭示这一内涵的方法。在分析中，我们接受经济学近些年在理性选择假定方面的如下发展，即经济学关注的个人所追求的不再仅仅是现金财富的最大化，而是效用函数的最大化。一个人的效用函数中所包含的变量，不仅包括收入、名望、地位、健康、人际关系等，其在面对各种可能的选择时，将选择其认为较好的一个，而不是较差的一个。面对各种制约（包括稀缺性、竞争条件、制度规则），他将会改变选择次序。例如，在一个获取财富的机会受到权力严重制约的社会，人们将大量资金用于谋求权力就是一种理性选择的结果。一个受国家管制的企业管理者之所以不为企业的利润最大化而努力，是由于所有者并没有向其提供这样做的激励。尤其须要强调的是，一个理性的人所面对的是一个十分复杂的、不定的世界，这一世界不可能全能，且受到其所能获取的有关信息量的制约。因此，在不同国家和制度下所表现出的人在行为上的差异，事实上是由其所面对的制约不同而导致的结果。经济政策的中心应该是不断减少那些对人们追求效用最大化的制约，而不是人为地施加一些约束来限制人们的选择。

产权是怎样影响人的选择的？众所周知，一个人不可能生活在一个鲁滨孙式的世界中，其为了生产和生活，必须与他人发生相互关系，如进行物品或服务的交换，在一个组织结构下从事有分工的生产等。不仅如此，无论在什么样的经济体制下，人们在经济生产与生活中都很少遇到传统经济理论所描绘的均衡状态。他们经常会遇到失业、排队、所需产品短缺或剩余、非价格的定量配给等。这些现象之所以存在，是因为迄今为止还没有一种机制能准确无误地、无代价地协调人们的行动。计划机制在高强度地动员资源时可以表现出极强的能力，但是，它配置资源的效率却不尽如人意。其原因是，计划机制要有效地起到配置资源的作用，必须满足以下条件：其一，计划的制定者须是一个全知全能者，他不仅要有完备的关于经济活动的不同特性、社会的未来需求等方面的知识，而且要了解每个社会成员的期望；其二，计划实施的成本为零，即计划规定的目标与每个人的目标一致，因而每个受计划约束的人都能按计划规定行事，而且计划的制定者能对执行者进行完全的监督与检查。但是，这两个条件是很难达到的。与计划机制相对照，曾被奉为神灵的市场机制在运作中也不是没有费用的。一项交易要在市场上达成，交易双方都得对可能的买者或卖者进行"搜寻"；交流各方针对物品特征等信息还要签订合约，保证合约条件的实施等。正如科斯所认识到的，正是交易费用的存在促进了一些能够节约这些费用的制度创新。一个社会在技术上越复杂，专业分工越发达，其经济活动的组织就越不可能仅通过单一的方式来实现。正是由于人具有有界理性以及交易费用不为零，人们所从事的所有交易都不可能使交易各方都实现最为满意的境况，即斯密最早描绘的个人追求利益最大化的结果也使整个社会的利益最大化的理想事实上很难实现。（当然，我们并不排除在市场或计划机制作用比较完好的某些场合，这两者大致一致的情形。）因此，经济学家在面对经济现实时，必须正视在某些交易形式下，一些人更为满意的水平的实现，会使另一些人的满意水平降低。如早期福利经济学家所正视的外部性问题，近年经济学家如博弈论学者在解释人的行为时所分析的"囚徒困境"，公共选择理论所揭示的团队行动中的"搭便车"问题。奥尔森在分析集体行动时指出，由使个人效益最大化的个人组成的团体并不一定使团体利益最大化。在考虑经济交易中个人利益与社会利益不一致时，权利变量同稀缺性、竞争变量一样，也是人们从事经济交易时所面对的基本制度。按照阿尔钦的定义，产权是"一个社会所实施的选择一种经济品的使用的权利"，它包括人们对一种资源的使用权、收益权与转让权。交易行为实质上是一种买者与其他能从卖者那里获得类似权利的人的竞争方式。一项交易的达成实际上是当事人之间关于双方进行资源重组和转让条件的合约谈判，交易费用的存在则使交易当事人采取不同的合约安排形式。因此，支配交易的真正基础是物品或资源所有者所拥有的权利，价格只是对附着于这一物品之上的权利的衡量，它只有在能向交易当事人表达正确的激励信息时才能有效地引导资源配置。由此，资源中所包含的各种产权的价值就会像稀缺性、竞争变量一样，进入决策者的效用函数，界定产权的规则及产权安排的变迁，从而影响人们的行为方式。

由于任何一种资源都内含具体的权利束，而每个现实中的人都必须基于生产和生活的需要而同其他人发生相互关系，产权的界定与实施规则对于这种相互关系具有十分重要的意义。它确定了人们在这种相互关系中如何受益，如何受损，以及它们之间如何进行补偿。要明确指出的是，产权在影响人们的相互关系时，作为产权外在表现的物质实体并不重要，真正具有决定意义的是由内含于物质实体的产权束（使用权、收益权和转让权）的界定与实施规则所确立的人与人之间的相互关系。人们通过社会所确立的这些规则来形成与其他人发生相互关系时的合理预期。具体地讲，产权的界定与实施程度将决定一项交易所导致的外部性程度。当外部性存在时，资源的使用者对有些成本和收益没有考虑到，每个企图利用资源来使自己效用最大化的人都会有将由此所致的成本强加给他人的倾向。如果没有产权的界定，这种外部性就将很普遍，而一种资源、产权的界定则会促使人们的受益效应或受损效应内部化，即使得受者不承担由此带来的成本。

二、产权的界定与实施

产权结构的选择和关于具体权利安排的规定，是由国家对所有制的偏好和一个社会的可接受程度决定的。国家在界定产权中的重要性不言而喻。产权是约束人们从事经济交易的规则，需要有一个在交易当事人之外的条件来保证双方议定合约的实施，这一机构只有被双方所认可和信任，在仲裁时才具有权威性。当然，在交易的范围十分有限，且是熟人之间的重复交易时，那些在狭小地理范围（如一个社区）内具有较高威信的人可以充当仲裁者。但是，随着交易的范围扩大，一旦其突破了传统社区熟人间的重复交易，传统的方式就会无效，此时必须寻求权威性高的仲裁机构。历史上和当今世界的国家就是为应对这类问题而产生的。国家是一种被社会认可的、对合法使用强制性手段具有垄断权的制度安排。它之所以不可或缺，是因为人们需要它来维护公正、秩序和稳定，提供一个基本规则。由于它最具有强制性的比较优势，由它来向人们提供相互作用时的基本规则就更为经济，而且基于产权的排他性特征，国家在界定与实施产权时处于垄断地位。至于社会的接受性，主要通过社会传统遗留下来的习俗、伦理与惯例来影响人们在生产与交易时的态度和方式，更通过这些来内生地影响国家对产权制度的选择。因此，它一方面可能在产权确立之前通过制定者对一个民族的非正规规则的了解来影响产权选择，另一方面也有可能通过将产权的实施绩效反馈给产权的制定者，从而影响产权安排的修正。这种资源产权界定的完整程度，是以对它的权和利的排他性来衡量的。排他性使用是指资源所有者在被许可的范围内对该资源具有不受限制的使用权利，其可以以任何方式使用其物品并排斥其他人对其资源的使用，如果所选的使用中的某些方面包含着对其他所有者的资源的使用，这一使用就否定了其他所有者对其物品使用权利的支配。这意味着，如果资源所有者选择了对物品的使用，这一使用必须不影响他人物品的物质属性。不过，这并不意味着资源所有者对物品的使用就对其他行动团体的物品不产生任何影响。如将一个人使用的物品与其他人相交换，就会对他人物品的交换价值产生影响，从而影响他的"效用"。这里要强调的是，排他性使用的被许可范围是相对于社会的可接受性和法律的许可而言的。某些方面的使用如果不为社会所接受，或违背了一个社会的法律许可，对这种使用所采取的制止措施就不算侵权。当然，一个戒律过多和法律不健全的社会可能会由于这些人为形成的规则而造成对人的机会的过多限制。

对资源或物品的排他性使用并不意味着"谁占有，谁使用"的安排就是最有效的。事实上，所有者所拥有的排他性资源只有在能被自由转让时才能被最有价值地使用。这是因为：①某个人在一定时期对一种资源或物品是否保持所有权，是以他当时的认识水平，以及他对资源的使用与收益预期为依据的，随着其认识能力的变化，其对这种资源或物品的期望会发生变化。因此，在可自由转移权利时，其就可以将所拥有的资源权利转让给对该资源具有较大期望的人。②由于人们在能力、知识等方面存在差异，他们在面对物品或资源时所运用的技能也会有所不同，且由于他们在承担价值变化的风险、决定投资多少、如何生产等方面不可能具有相同的能力，这就会使他们遵循比较优势原理。因此，如果产权可以自由转让，人们就会将他们的所有制集中于他们认为具有比较优势的部分，从而促进产权的专门化。人们在产权权能上的专门化使社会财富增加。这就如产业与行业的专业化会提高劳动生产率，从而使财富增加一样。一种物品或资源的权利价值是在其与他人所拥有的物品或资源进行交换或组合时体现出来的。资源所有者之间所进行的这种权利的交换或组合是通过相互认可的合约来进行的。因此，在具有排他性权利前提下，自由的转让权实质上意味着包含自由选择合约形式的权利。资源所有者可以按自愿缔结的合约进行权利的分割，如出租、继承、租佃等，也可以按自愿缔结的合约进行资源使用权利的组合，如企业结构。因此，合约是经交易双方同意而达成的关于所转让的资源权利的形式和条件的规定。不同合约形式对资源配置的影响取决于所有者对资源的排他性权能及合约的具体规定。如果在合约双方转让资源时并不存在当事人以外的力量的强制规定，且合约是经由双方同意后达成的，资源配置效率就不会受影响。但是，无论是产权的界定，还是产权的实施，都要支付成本。产权界定的费用包括：用于界定产权的组织的建立与维持的成本；产权的制定者对各种可选产权安排的了解和比较权衡的成本；对受产权规则影响的人们的可能反应进行了解的成本。这些费用是建立一个有效的产权所必须支付的。这些方面的信息供给程度如何，将决定所选产权安排的有效性。至于一个产权的建立者到底选择怎样的安排则取决于其对新安排的收益预期与这些成本的比较，这一点留待后文进行分析。参与合约的任何一方都不可能完全了解对方的信息，如其过去的绩效、专业化能力、可信任度等。不仅如此，在进行权利组合的合约中，由于由此所致的总产出不是各投入所有者的分产出之和（否则他们就不可能进行合作），因而对各合作成员投入与产出的衡量和计量是很困难的。每个参与合约的人为了使个人利益最大化，都会将由此所致的部分成本强加给其他成员，导致生产者激励降低，从而影响合作的绩效。此时，参与合作的成员会同意选择专家性的监督来监察与计量各方面的投入，如企业中的经理、土地租约中的保人等。但是，由于合约的实施是由代理人完成的，代理人的效用函数与合约议定者的效用函数的偏差会导致难以克服的代理问题。这些费用的大小将对合约的形式和绩效产生极大的影响。在资源所有者具有排他性使用和可自由转让的权利下，资源所有者将根据产权的实施所要支付的费用来选择合约，而且合约各方将寻求使权利分割和重组的收益最大,从而实施费用最小的合约安排。

三、不同产权安排产生的渊源

由此,我们就可以揭示一个社会的产权安排为什么不是单一排他性的了。影响一个社会产权结构与安排的因素有很多,但下面两个因素的影响是最基本的:一个是对一种资源采取排他性安排的预期收益和预期费用;另一个是社会对所有制的偏好。

在社会对所有制的偏好给定的情况下,当一种产权的界定与实施的预期收益大于由此所致的预期费用时,这种产权安排就有可能被选中。因此,一方面,只有在一种资源或物品有价时,人们才有对它的排他性需求,随着一种资源相对经济价值的提高,产权安排可能从一种模糊的形态演进为更为明断的形态;另一方面,从成本方面考虑,在一定时期,即便是一种体现出经济收益的资源也可能因界定与实施产权的成本过高而不得不采取非排他性形态。导致产权界定与实施成本过高的因素可能包括:①资源或物品的特性,如对农地资产的界定就比湿地和水资源产权的界定更加容易;②界定与实施产权的技术还没有被创新出来;③由于法律或政府的强制性规定,或由于一些非正想规则的制约,违反规定的成本太高。从演进的观点来看,前两点所导致的产权界定与实施的困难可能会随着这种资源经济价值的提高而使界定与实施的收益大于成本,社会中的某些团体可能被诱导创新出一些用于解决这些困难的技术。而对于第三种因素,它是与一个社会对所有制选择的偏好相联系的。下面的讨论将主要集中于这一方面。

在不存在界定与实施产权困难的情况下,一个社会也会采取非排他性产权安排。这是由社会的可接受程度和对所有制的偏好所决定的。社会的接受程度，是指一种产权规则所引起的人们之间的行为关系是否与一个社会共同体已有的道德、习俗和伦理准则相符。如果这两者的吻合程度较高，它被接受的程度就较高，因而实施的成本就较低；如果两者的冲突较大，它被接受的程度就较低，实施的成本也可能较高。至于一个社会对所有制的偏好，已有的事实表明，国家对社会所有制的选择具有决定性的影响，而且这种选择在很大程度上是一国经济快速增长与衰退的根源。国家为什么会选择非排他性的产权安排？在前面笔者已揭示了国家作为一种界定产权的制度安排所具有的比较优势。为了回答这里的问题，我们必须了解国家被赋予的这些功能是如何实施的。由于安全、公正以及游戏规则的制定是由统治者规定的，不仅如此，统治者所制定的这些规则还得由其所选择的代理人来实施，这样国家选择与界定产权的可能结果主要可以通过统治者的行为决策反映，其与一个企业家、一个消费者在行为决策上的差异只是效用函数中所包含的变量不同而已。统治者关心自己的生存、威望、权力、社会目前和历史对其评价等。因此，国家在实现它的功能时的绩效如何取决于统治者及其代理人的行为决策。

按照诺思的分析，国家功能的实施具有以下三方面的本质特征：第一，国家是用一批服务（如保护公正）来换取收益的。由于它在提供这些服务时存在规模经济，因此，其会实现的社会总收益高于那些由自己保护自己财产实现的社会总收益。第二，国家企图像一个歧视性的垄断者一样行事，它会将每组社会成员分离开来，并设计每个人的产权，以使国家收益最大化。第三，由于常常存在潜在的竞争者来提供同样的服务，国家会受到不同社会成员的机会成本的制约，因此，国家垄断权力的程度与不同团体替代密切程度有关。

国家之所以采取非排他性的产权安排,在很大程度上可以从以上三个特征去寻找答案。从第一个特征来看,国家在提供基本服务即制定游戏规则时,也可能造成已分群体或利益相关者获得的租金收入最大化。为了使这一个目标得以实现,统治者会确定一些制度以降低交易费用,使国家所获得的总税收增加。这意味着统治者提供服务以降低签订、谈判和实施合约的成本。但是,只有在提供这些服务的后果与统治者的租金收益增加相一致时,统治者才会这样做。当这两者不一时,统治者宁愿保后者,从而导致有利于收入但不一定有利于产权明晰。而且非排他性产权与排他性产权相比,后者对统治者来讲,因为要更仔细地进行监督和计量,其所必需的交易费用将更高。因此,如果在作出选择时,统治者并没有受到威胁,其将更倾向于采取非排他性产权安排。从第二个特征来看,由于经济是由具有不同生产函数的经济活动组成的,为了获得制度租金,垄断租金最大化,必须对各种经济活动进行监督和计量,并确立不同经济活动的产权安排。但是,由于不同的经济活动具有不同的特性,界定与实施产权的难易程度也不同。此外,各类经济活动给统治者带来的租金也是不同的。因此,只有在那些不仅能使统治者收益增加,产权的排他性界定与实施不妨碍这一租金的获取,而且界定与实施成本不高的情况下,统治者才会对该经济活动采取排他性产权安排。否则,统治者也宁愿选择非排他性的产权安排。

对于第三个特征,统治者由于有竞争者,因此也将采取措施以确保地位的稳固。在对统治者的威胁中,不同社会成员的机会成本是不同的,由于每个团体在界定产权中的谈判力量不同,及它们所承受的税收负担不同,统治者向它们提供的服务的配置不可能相同。一般而言，统治者为了自己的利益，可能会向那些谈判力量强的团体提供更多的服务，这样就导致统治者在界定产权时，使产权规则确定更有利于这些团体，而不管其对效率的影响。

　　国家主导产权的因素除了上述以外，还有两个至关重要的方面：一个是统治者的有限理性，也就是说，即便统治者的愿望是致力于国民财富与人民福利的增加，其在做出如何使这一目标实现的决策时，也会由于其知识局限性、对制度绩效的认识能力以及其个性特征，可能选择非排他性的产权安排。另一个是国家的功能在实施中所产生的代理问题。国家的功能是由统治者所选择的代理人来实施的。由于代理人的效用函数与统治者的效用函数不可能完全一致，统治者所确立的规则在由代理人实施时也可能会改变。尽管统治者会确立一些规则来约束代理人的行为，但由于具有过高的监察和实施成本，最终的实施结果也有可能偏离有效产权规则。从这一点来讲，一个国家的规模越大，经济活动的种类越复杂，产权实施的成本就越高，实施集权时的代理问题就越严重，产权实施效果与界定产权的初衷的偏差就越大。

四、产权安排与经济绩效

　　产权制度与经济绩效存在着密切关系。经济绩效的好坏主要反映在人均所得水平的高低上，它已使世界上的不同国家被明显地区分为富国和穷国。一个国家要谋求经济发展，可能也没有什么比提高本国国民的人均所得水平更为重要的了。遗憾的是，当一些落后国家在为此而努力时，经济学家构建的经济模型对此帮助很小，而且这些模型所衍生出的政策建议在某些国家的政策形成与实施中已造成了有害影响。原因就在于，这些都是以发达国家的制度（经济的和政治的）和发展水平为背景提出的，因而在这些模型中，制度被视为外生给定的，所有的纯工程性的生产函数只要将资本（物质资本和人力资本）及技术置入一个"投入—产出"的箱子，产出就能如人们所期望的那样被生产出来。因此，它们给落后国家开出的药方就是，只要高积累和高耗能加速经济增长，但事实并非如此。无论是在一些引进了欧美国家制度的国家，还是在一些实行集权的国家，采取这种增长方式都没有取得成功，尤其是在提高人均所得问题上，原因就在于这种增长所依靠的基本前提一些落后国家并不具备，人们在从事经济活动时，时常面临高昂的交易费用。因此，同样一类经济活动，在一些发达国家可以用较低的成本进行，但到了这些国家有时会因为费用极高而无法实现。

因此，一个社会的经济增长绩效如何，其关键点不在于这个国家在政治上取了何种名称，而在于这个社会所设定的一些具体规则是否降低了人们从事经济活动的交易费用，是否能形成人们在与他人发生相互关系时的稳定预期。因为只有这些规则才是实实在在影响人们行为决策的因素。从这一角度来看，一个经济增长绩效较佳的社会，一定是所制定的制度规则能将人们更多地引向生产性活动的社会。反之，有些社会之所以经济增长绩效不佳，原因不在于这些社会资源不丰裕、人性懒惰、缺乏创新精神，而在于他们所设计的制度规则更多地将人们引向非生产性活动。因此，一些落后国家在谋求经济发展时，其政府所要做的不是去强制限制人们能干什么，不能干什么，而是通过制定一些具体的制度规则来降低人们从事经济交易的成本。

因此，将产权变量引入经济学分析框架的意义以及对其在现实经济活动中的重要性的强调，不等于其他影响人们行为的变量就不重要。比如，只要有交易关系发生，价格作为一种向人们传递什么合算、什么不合算的信息的机制就会比其他机制灵敏。上述论证不过是想表达：第一，当人们在考虑一个社会怎样才能更有效率时，产权的功能是十分重要的。由于交易不可能没有摩擦，在解决这类冲突时，更明确地界定权利比其他任何方式都要公正、合理。第二，产权不是一个空洞的口号或政治术语，而是一个很实在的东西。一方面，它通过确定人们在发生相互关系时如何受益、如何受损，及他们之间如何补偿的规则，使他们形成作出行为决定的合理预期。当这些规则明确、合理时，就能向人们提供更好地利用资源与努力劳动的激励，反之就会出现人们之间相互侵权、外部性以及不努力劳动的低激励。另一方面，产权的界定与实施也是有成本的。这些费用的高低会影响合约的具体形式与产权的具体安排。因此，只有当界定与实施产权的收益大于由此所致的成本时，人们才会寻求对它的排他性安排，否则，共有产权仍可能是一种可选安排。第三，非排他性产权的存在有技术上的因素，但更多的是由制度安排所致。一些管制规则的产权残缺导致了极大的外部性，使人们所付出的努力与回报不一致。更为严重的是，这些管制规则使得人们将精力和资源用于再分配，而不是去促进经济增长，其结果是造成社会不公。第四，落后国家在谋求经济发展时，制度名称并不重要，关键在于它们所设定的预想是否降低了人从事经济交易的费用，是否有利于人们稳定预期的形成。因此，对于这些国家来讲，只要改变一些限制人们机会的外在制约，便能取得令人瞩目的经济绩效。

第四节　制度创新理论视角下中国农地制度的变迁

制度创新理论是分析中国集体土地产权制度创新的切入点、路径、动力所在及关键点。新中国成立后，土地制度政策经历多次调整，然而，我国土地所有权的实质性变革仅有两次，即1949年至1953年仅仅存续4年的土地私有制和1953年至今的土地集体所有制。半个世纪以来的制度调整，本质上是与中国宪法制度与经济体制演变相适应的土地使用权的调整。长时期内，土地使用权的演变极大地适应了经济发展的需求，收效极大。较有代表性的如家庭联产承包责任制，其在推进农村经济与社会大转型中功不可没。[1]中国土地制度的调整和政策的演进，"最重要的出发点仍然是基于经济效益的考量"。[2]农村土地制度的调试，始终面临着对"诺斯悖论"的突破与制度创新理论的引导。在以"三权分置"、土地确权为代表的新时期土地制度调整中，探寻"诺斯悖论"对中国农村土地制度变迁的影响，对探寻恰当的创新路径具有重要的现实意义。

"在特定的路径依赖下，我国在改革之初选择的是供给主导型制度变迁方式。"[3]其主要特征在于：国家行政系统呈现出金字塔形，权力中心通过行政权力、法律及利益诱导自上而下地进行制度创新。唯有当制度创新的收益高于权力中心投入的成本时，制度变迁才有可能真正发生。制度创新有着相当严格的

---

〔1〕 宋玉波："从制度创新理论看集体土地产权制度建设"，载《中国土地科学》2004年第3期。

〔2〕 张富利："农地'三权分置'改革的法理阐析与路径选择"，载《西北农林科技大学学报（社会科学版）》2018年第4期。

〔3〕 杨瑞龙："我国制度变迁方式转换的三阶段论——兼论地方政府的制度创新行为"，载《经济研究》1998年第1期。

壁垒，其他主体经授权方得参与制度创新。[1]在供给主导型的制度变迁中，"诺斯悖论"最主要的体现便是制度选择目标与制度变迁方式二者间的尖锐冲突。

制度创新理论实际上就是为应对"诺斯悖论"而生的，政府功能是制度创新理论最核心的元概念。破解土地制度"诺斯悖论"的关键点是国家能否通过制度供给为经济发展提供有效的产权激励，而这完全取决于国家基于意识形态前提下制度创新的情形。制度创新理论能够界定、明晰产权，持续激励创新，降低交易的成本，解决制度不均衡问题，降低交易费用。政府主导的制度创新并不是在任何条件下都能实现。只有在有限制的既定条件下，其社会效益方能达致最大。国家在农村土地制度变迁中必须主动发挥积极影响，最大限度地限制"掠夺之手"，推进经济健康增长。

通过供给主导型的制度变迁方式来完成计划经济向市场经济的转换，必然会遭遇一个重大障碍——"诺斯悖论"，即统治者在实施制度创新的过程中，一方面需要努力降低交易成本以实现经济效益的最大化；另一方面，权力中心会尽最大可能垄断租金。如此，将统治集团的垄断租金最大化的产权结构与降低交易费用的有效率制度之间便会形成巨大的张力，因而统治者在面对竞争与交易费用的双重约束时，便会容忍甚至维持低效率或无效率的产权结构。故此，在由权力中心主导制度向市场经济过渡的大背景下，由于"诺斯悖论"的存在，新时期的制度转型将面临众多现实难题。

正常情况下，国家主导的放权让利改革在稳步推进时，在无形中会为微观主体创造利用决策权下放来寻找潜在收益的契

---

[1] 杨瑞龙："论我国制度变迁方式与制度选择目标的冲突及其协调"，载《经济研究》1994年第5期。

机。但在国家在制度变迁中居于主导地位的情境下，微观主体的诉求能否上升为实实在在的现实制度安排，取决于其是否能够通过讨价还价取得制度创新的特许权。故此，自下而上的制度变迁模式也存在藩篱。

其一，理论上，在产权清晰的情况下，制度变革的最强有力的行动者应是熊彼特意义上的企业家。这些经济精英能够敏锐地捕捉到因制度非均衡而出现的盈利机会。而在产权关系模糊时，由于收益预期的不够明确或是"搭便车"行为，微观主体并不会主动介入高风险的制度变革。

其二，以契约为基础的制度安排以个体间的意思一致为基础，各方均可通过衡量新制度安排的收益而进入或退出。然而，我国的制度变革是根据国家的目标函数与约束条件而做出的选择，微观主体并不能随意进入或退出由国家主导的制度安排。

其三，我国法律体系是以宪法为核心的法律体系，[1]一切制度变革均须在宪法秩序的大框架下进行。宪法的秩序安排直接关系到个体参与政治的成本以及制度革新的难度。而在现有的宪法秩序下，既得利益格局对新的立法非常不利，微观主体进入政治体系成本过高，自下而上的制度创新显然是不可行的。

此外，自下而上的制度安排本身暗含了决策必须得到一致同意的预设，但外部的不确定因素使得这一点很难被发现，[2]而排除障碍的高昂交易费用却又往往让微观主体望而却步。

一、制度变迁的向度——"诺斯悖论"的消解

在制度经济学的主要代表人物诺斯看来，"国家的存在是经

---

〔1〕 朱景文："中国特色社会主义法律体系：结构、特色和趋势"，载《中国社会科学》2011年第3期。

〔2〕 [美]曼瑟尔·奥尔森：《集体行动的逻辑》，陈郁、郭宇峰、李崇新译，上海人民出版社、上海三联书店出版社1995年版，第55-59页。

济增长的关键,然而国家又是人为经济衰退的根源"。[1]国家与社会是人类历史发展中无法回避的重大命题,其在厘清边界的历史进程中赋予了人类发展动力,二者之间始终呈现出既相互联系又相互抵牾的复杂关系,二者间的互动关系形塑了社会结构,影响了社会秩序。[2]从其渊源来看,国家建构的双重目标是"诺斯悖论"的主要根源。国家在本质上均以追求长治久安为主要目标,实现"和谐的多元一体"。[3]基于经济的目标,国家一方面通过减少交易费用、降低交易成本促进交易增加,进而推进社会经济效益的不断提高来获取税收。同时,国家不断向各种利益集团提供形式各异的产权来获取租金。问题在于,这两个目标是存在着巨大矛盾的,在很多时候甚至是背道而驰的。前一个目标意在实现高效率的产权,后一个目标意在确立一系列基本规则来确保国家收入的最大化。国家在追求长治久安的目标时往往面临着两难选择,财政目标与社会目标南辕北辙的情况在历史上十分常见。国家的社会目标是长期的,而财政目标是短线的,二者冲突的一个典型例子便是国家以牺牲社会经济的可持续发展为代价实现财政收入。由于受经济因素、政治因素、政府其他目标的约束,国家在很多时候会选择无效产权,也由于这些复杂因素,导致无效产权在国家治理中长期存续。[4]尤其是西方国家,从政府到政客再到民众,均以追求

---

[1] [美]道格拉斯·C.诺斯:《经济史中的结构与变迁》,陈郁等译,上海三联书店、上海人民出版社1994年版,第20页。

[2] 刘安:"当代中国城市基层的国家与社会关系研究及其学理反思——基于政治社会学视角的分析",载《社会学评论》2015年第5期。

[3] 张力、常士闿:"国家建构与民族建构:多族群国家政治整合两要务",载《东南学术》2015年第6期。

[4] [美]R.科斯等:《财产权利与制度变迁——产权学派与新制度学派译文集》,刘守英译,上海人民出版社1994年版,第397页。

第三章 中国农村土地制度变革的理论检视

短期的、实效性强的利益为目标。如此,国家行为的短期性难以避免,财政支出、财政风险和财政赤字便会成为重大隐患。这让国家行为导致的多种弊病在社会经济的发展中不断累积,最终导致国家经济的整体停滞甚至衰退。

"诺斯悖论"无疑从属于制度创新理论,其关注点在于具有人格化意涵的国家行使公共权力的行为功用与国家经济兴衰之间的关系,并试图证明——国家与经济关系的主要形式表现为制度,因而制度成了国家经济兴衰的主要根源。延续此进路,破解"诺斯悖论"的关键点"在于国家界定和行使产权的类型和行使产权的有效性",[1]即国家能否通过制度供给为经济发展提供有效的产权激励。从更深层的意义上讲,这完全取决于国家基于意识形态而进行的制度创新,如国家为了释放农村建设用地的经济价值,优化农村土地配置,持续推动农村集体建设用地流转模式向高效、合理化方向改革。[2]在此意义上,可以认定制度创新理论实际上就是为应对"诺斯悖论"而创设,政府功能便成了制度创新理论最核心的元概念。

制度创新是个人或群体为了获取追加利益而自发推动的变革,包括制度的发明、模仿与演进,[3]其主要特征为特定组织行为的变化、特定组织与其所处环境的变化及特定组织环境当事人行为及相互关系之间的变化。[4]古典经济学从个体经济行

---

[1] 陈文申:"试论国家在制度创新过程中的基本功能——'诺斯悖论'的理论逻辑解析",载《北京大学学报(哲学社会科学版)》2000年第1期。

[2] 牛影影、赵凯、孙晶晶:"农村集体建设用地流转的比较和优化——基于产权激励视角",载《经济体制改革》2017年第6期。

[3] L. E. Davis and Douglass C. North, *Cnstitutional Change and American Economic Growth*, Cambridge University Press, 1971, p. 10.

[4] V. W. Rutton, *Induced Innovation*, *Technology*, *Innovation and Development*, Johns Hopkins University Press, 1978, p. 38.

为出发,将"欲望与资源的矛盾"作为经济学研究的核心命题,从而发现了市场的"边际利益均衡机制"。[1]制度创新理论同新古典经济学的逻辑进路并无二致,同样将收益最大化作为出发点,着重关注经济增长。相异之处在于变量的选取,新古典经济学将物质生产要素及其相互关系的变化作为研究基础来得出经济增长与否的结论,而制度创新理论的着眼点是外生因素。在制度创新理论看来,新古典经济学将制度因素视为既定前提存在着局限,制度并非是经济增长的稳定因素,制度创新与普通物质生产要素的作用并无二致,其在技术发明等要素既定的情况下可以相对独立地促进经济增长。在对将制度作为经济发展的重要内生变量进行缜密论证后,诺斯断言,制度是决定经济发展的根本性要素,是解释组织结构与经济绩效的唯一逻辑起点,制度通过多元激励手段决定经济增长。[2]制度是有效提高资源配置的核心动力,经济体内的一切方面均是制度作用的结果。[3]而达伦·阿塞姆·戈卢在此基础上,将政治制度嵌入诺斯范式进行研究,得出政治制度决定经济发展的结论,进一步丰富了制度决定论。诺斯进一步明确了制度而非技术才是决定经济增长的根本因素。在诺斯模式中,"成本-效益"的分析框架将技术、制度因素吸纳其中。对西方经济史进行深入考察后,诺斯指出,社会无法实现经济增长的根本原因在于制度没有保障技术创新主体取得应有的回报。换言之,唯有制度变迁为

---

[1] 鲁品越、王劲松:"经济学基本问题与当代经济学思想谱系——三大经济学范式的思想本质与相互关系",载《财经研究》2010年第3期。

[2] 袁庆明:"论决定经济增长的根本性制度及其机理",载《改革与战略》2007年第9期。

[3] 董直庆、王林辉:"政治制度对经济增长贡献的文献述评",载《南方经济》2009年第7期。

第三章 中国农村土地制度变革的理论检视

技术变迁提供了制度激励,技术变迁才会发生。[1]故而,产业革命的发生,根源在于制度变迁,并非是技术变迁的结果。

在此基础上,学界细化并拓展了这套理论。在现代计量经济学、统计学等经济学科飞速发展后,诺斯的制度决定论研究方法日趋模型化,研究框架出现了体系化,研究结论也逐渐向着可检验化的方向发展。[2]

1. 制度决定了经济增长能力

"有效率的经济组织是经济增长的关键。"[3]制度的价值在于——促进经济长期增长以及为经济提供弹性调节可能,从而在遭遇外部危机时保持自我调节能力。资本积累、教育科技文化甚至规模经济等因素均非经济增长的原因,它们只是制度创新引发的最终结果。任何国家在任何时期,制度选择都至关重要。[4]

产权制度对经济效益的贡献最为显著,直接关涉了投资规模、金融发展及经济增长。[5]制度与经济绩效二者间有着极强的系统性关系,制度安排是决定国家经济长期增长的根本原因。较为典型的便是印度历史上的莫卧尔王朝、美洲历史上的阿兹特克与北美和澳大利亚的贫富逆转,其原因在于欧洲殖民者带来的"制度安排的颠倒",在富裕地区采用掠夺制的同时,在贫

---

[1] 赵磊:"经济增长的决定因素:制度抑或技术?",载《哲学研究》1997年第10期。

[2] 江曙霞、董保民、张小博:"产出吸引、制度演进与增量改革的产权边界——基于中国制度演进路径的动态考察",载《经济研究》2006年第9期。

[3] [美]道格拉斯·诺斯、罗伯特·托马斯:《西方世界的兴起》,华夏出版社1999年版,第1页。

[4] D. North, "Economic Performance Through Time", *The American Economic Review*, June 1994, p.362.

[5] D. S. Johnson Acemorglu, "Unbundling Institutions", *Journal of Political Economy*, CXIII (May 2005), pp. 949~995.

穷地区推行鼓励投资、鼓励创造的私有制。[1]

2. 制度决定经济增长方式

在资源禀赋、经济水平相近的国度中，制度环境的差别决定了不同的经济增长方式选择。资源优势在经济增长中的重要性是不证自明的，但体制与产权制度的缺陷会导致资源的发现、使用过程被大量耗费于无效率的活动，结局往往出人意料。[2]例如，西欧国家在16世纪至19世纪的崛起是由贸易大国作为龙头所推动的，这些贸易大国将大西洋贸易发挥得淋漓尽致。然而，欧洲300年经济飞速发展的根本原因并非是大西洋贸易，而在于非集权的原初制度安排。非集权的原初制度安排不仅激发了各国开展贸易的热情，也带来了竞争市场化与高度的私有产权保护，资本主义经济制度、民主制度便随之发展，凡此种种，均促进了非集权国家经济的持续再增长。[3]再如，真正具有现代意义的经济增长最早发端于荷兰和英国，原因在于两个国家具有适宜所有权演进的优良环境，促进了一系列产权制度的萌生，激励了一套防范资本市场缺陷的制度安排最终出现。[4]可见，良好的市场环境、政府治理均决定于优良的制度设计。

3. 利益集团的实际影响

在制度决定论看来，偶然的历史事件或意识形态并不能决

---

[1] D. S. Johnson Acemorglu and J. Robinson, "Reversal of Fortune: Geography and Institutions in the Making of the Modern World Income Distribution", *The Quarterly Journal of Economics*, CXVII（April 2002），pp. 1231-1294.

[2] [美]丹尼·罗德里克主编：《探索经济繁荣：对经济增长的描述性分析》，张宇译，中信出版社2009年版，第128页。

[3] D. Acemorglu, S. Johnson and J. Robinson, "The Rise of Europe: Atlantic Trade, Institutional Change, and Economic Growth", *The American Economic Review*, XCV（March 2005），pp. 546~579.

[4] [美]道格拉斯·C. 诺斯：《经济史中的结构与变迁》，陈郁等译，上海三联书店、上海人民出版社1994年版，第180页。

第三章 中国农村土地制度变革的理论检视

定政策与制度，利益集团才是最终的决定性力量。利益集团影响制度的方式是通过对政治力量施加影响来实现的，因为政治力量掌握着决定当下与未来资源分配的核心力量。正如科斯所阐释的那样，在不存在政治交易成本的情况下，无论哪个社会集团掌控资源分配权，都将达致制度最优化的结果，而且，这个最优化的结果与社会政治资源的初始配置毫无联系。[1]现实世界总会有诸多客观因素阻碍科斯定理，比如利益集团、国家作为合同主体的承诺问题与社会冲突。[2]

制度理论与创新理论的相得益彰，使得人们十分重视制度，在更广泛的范围及运用更多元的方式来使用制度这一概念。[3]古典经济学通过分析"理性人"的行为来解释社会经济现象，然而，其理论前提却是制度环境稳定无变化，大多数经济模型都将制度与产权视为恒定持久的因素。不过，在观察长期的经济增长过程后，学者们发现制度和产权均是变化的，制度与经济发展模式、规模、增速息息相关，对于人的行为的研究便被提升到了与制度研究等量齐观的重要程度。人们总会希望最大限度地获取潜在的利益，而现实制度安排却无法实现，那么人们

---

[1] D. Acemorglu, "Why not a Political Coase Theorem? Social Conflict, Commitment, and Politics", *Journal of Comparative Economics*, XXXI (April 2003), pp. 620~652.

[2] 由于控制政治权力的利益集团往往基于获取自身利益的考虑而选择错误的政策与制度。在能力弱小的国家，追求自利的政治精英群体往往因为未来预期收益的有限而游说国家甚至直接做出公共物品不足投资的决策，不会为提高经济产出能力而进行必要的投资。在能力强大的国家，统治者和政治精英不倾向于设计权力分立制衡的机制，通过实施高税收政策以获取最大化的收益。由此，民间的投资激励大大受损，经济增长便受阻了。See D. Acemorglu, "Politics and Economics in Weak and Strong States", *Journalof Monetary Economics*, LII (July 2005), pp. 1199~1226.

[3] K. Nielsen and B. Johnson, "Institutions and Economic Chang: New Perspectives on Markets, Firms and Technology", *Edward Elgar Publishing Limited*, 1998, pp. 15~16.

便会承担制度变革的成本去进行制度修正,从而实现制度创新和产权修正。简言之,只要人们的预期净收益大于成本,通过一次制度创新而改变现有制度结构与产权便会成为可能。[1]而企业为了逐利,便会"实现任何一种工业的新的组织"。[2]

制度创新理论的一大特点是不再将国家视为新古典经济学理论所描述的关于社会经济发展的制度背景,而是将其视为经济史研究的最核心部分,直接将其定义为社会经济发展模式的基本变量。如此,渊源于"诺斯悖论"而产生的制度创新理论开启了一套全新的政治经济学的研究方法、思维模式。制度经济学虽然仍未超出新自由主义经济学的范畴,但相较于新自由主义经济学,其价值取向、方法论等均有极大不同。

其一,制度创新理论将科斯代表的产权理论与新古典国家理论相融合,开启了政治经济学领域关于国家与产权关系的全新视角,拓宽了政治学关于国家、政府、市场、国家行为及其有效性等关系模式的研究。

其二,制度创新理论重视统计资料的基础性作用,开创了将凯恩斯主义的分析实证方法运用到经济发展史的先河,国民经济核算、要素分析等宏观经济学方法成了制度创新理论的研究工具。此外,在引入凯恩斯主义的分析方法的同时,制度创新论也并未放弃新古典经济学的方法,实现了实证分析与规范研究的融合。

其三,制度创新理论一方面承袭了新古典经济学中的个人效用最大化理论,另一方面旗帜鲜明地将思维形态理论定义为

---

[1] 文魁、徐则荣:"制度创新理论的生成与发展",载《当代经济研究》2013年第7期。

[2] [奥]熊彼特:《经济发展理论》,何畏等译,商务印书馆2000年版,第74页。

经济变迁的主要变量,从而将新古典经济学的"理性经济人"升级为"复杂人",既拓展了理论的深度,又提升了理论逻辑架构上的周严性。由于思维形态的宽泛与复杂性,诺斯未能对思维形态规范进行缜密论证,对思维形态与制度创新及经济变迁的内在关系也未能进行充分说明,同时也忽略了政府与思维形态的互动关系。

不过,总体而言,制度创新理论是涵摄了国家、思维形态及产权这三大变量的综合理论体系。制度创新实际上便是这三大变量在社会发展中的互动过程,在这个复杂的互动中,国家最基本的功能便是用界定、明晰产权的方式,不断引导社会的思维形态,进而持续推进制度创新。

二、国家界定农地产权与制度创新

破解"诺斯悖论"的最重落脚点唯有制度创新理论,其逻辑进路在于:作为人类社会的博弈规则,制度就是为形塑人类间的互动关系而设计的约束。[1]制度创新理论能够在不断变化的动态过程中游刃有余地界定、明晰产权,持续激励创新,降低"搭便车"的概率,预防"公地悲剧"。不仅如此,制度创新可以降低交易的成本,在极大程度上解决制度不均衡这一重要问题,让未来一切不确定的因素减少到最小,推进有效率的经济体淘汰无效率的经济组织,降低交易费用,[2]从而使社会经济的稳定增长成为可能。

而界定和明晰产权的主体是谁呢?诺斯认为,无可置疑的是国家。国家天然是"利维坦",具有巨大的"暴力潜能",理

---

[1] [美]道格拉斯·C.诺斯:《制度、制度变迁与经济绩效》,杭行译,韦森译审,格致出版社、上海三联书店、上海人民出版社2008年版,第1页。

[2] 韦森:"评诺斯的制度变迁理论",载《中国社会科学季刊》1999年第4期。

解国家行为的关键"在于为实现对资源的控制而尽可能地利用暴力",由于有暴力(即国家强制力)作为后盾,国家对界定和行使产权便有了天然优势,也对产权结构的一切效率状态负责,因而"解释由国家界定和行使的产权的类型以及行使的有效性"便成了最核心的命题。[1]通过这样的逻辑论证,制度创新理论从一开始便确立了产权与国家功能密不可分的国家观——人们对国家做出有效的分析绝无法脱离产权。而国家天然带有的公共属性决定了政府的经济职能,从本质上而言,政府与市场的关系就是国家与市场的关系。[2]这在实践中表现为政府界定、行使产权。

由于人们在社会活动中的信息不完全,人们始终处于形形色色的"制度缺失"(institutional matrix)之中。政府界定、行使产权的最核心目标是降低交易成本。交易成本是在经济活动中合同订立、实施的成本,而合同的诸多要素——成立、生效、执行等均需法律的规制,故而,政治、经济组织的成本是交易成本的重要组成部分。实际上,这项成本是占有相当高比例的,而且呈现出上升的趋势,直至今日,依然在发达国家的 GNP 中占据了一半比例。[3]可见,交易成本直接关系到经济的增长。但新古典经济理论的重大缺憾就在于将制度作为了经济分析中的既定要素,未能认识到制度成本对经济增长的影响。

但国家与经济增长关系的意义就恰恰在于制度因素的影响作用。社会生活中真实的交易成本往往极端高昂,在诸多无需

---

〔1〕[美]道格拉斯·C. 诺斯:《经济史中的结构与变迁》,陈郁等译,上海三联书店、上海人民出版社 1994 年版,第 21 页。

〔2〕刘凤义、张朝鹏:"论国家二重属性与政府的经济职能——兼论政府和市场的关系",载《社会科学战线》2017 年第 10 期。

〔3〕[美]诺斯:"对政治和经济的历史发展的交易成本分析",载[德]埃瑞克·G. 菲吕博顿、鲁道夫·瑞切特编:《新制度经济学》,孙经纬译,上海财经大学出版社 1998 年版,第 243~245 页。

第三章　中国农村土地制度变革的理论检视

成本的定价制度博弈中甚至能够轻松让进行中的正常交易毁于一旦。[1]相较于新古典经济学,制度创新理论的优势便在于从交易成本出发,分析制度成本如何对经济增长发生作用。实际上,国家通过立法与制定公共政策来界定、行使产权,进而推动经济发展的成功范例比比皆是。美国于1863年颁布的《莫里尔法案》促进了规模化农业的发展,1863年《国家银行法》实现了货币供应垄断,进而建立了全国统一的金融体系。[2]我国于1988年修改《宪法》,土地所有权与使用权的分离得到了宪法保护,农村土地商品化的改革全面铺开。尤其是近年来推进的农村土地"三权分置"改革,也是首先坚持了经济与效益的导向,将原来的土地承包经营权一分为二,最大限度地推进土地流转,促进土地规模化经营。

降低交易费用的最重要方式是经过非人格化的立法与执行机构来界定、行使产权。在法律确定了基本交易规则后,法律机构便能将谈判与行使产权的成本降至最低。按照此进路,国家与社会也能够被理解为政治-经济单位的一种。从经济史结构变迁的角度而言,任何政治-经济单位的衰落都是必然的;然而,在过去的历史中,的的确确存在着政治-经济单位的长期持续增长。这就给现代社会的人们带来了一个重要问题:何种制度条件下才会实现经济的持续发展?唯一可靠的途径便是不断通过界定、明晰产权来降低交易费用,不断推动制度创新,推进有效率的组织,淘汰无效率的经济组织。然而,核心问题在于,国家是否具备足够强大的意愿与能力来克服已经存在的约

---

[1] [美]罗纳德·H. 科斯:《企业、市场与法律》,盛洪、陈郁译校,格致出版社、上海三联书店、上海人民出版社2009年版,第113页。

[2] 世界银行:《1997年世界发展报告:变革世界中的政府》,蔡秋生等译,中国财政经济出版社1997年版,第21页。

束集，克服冗余的交易费用和无效率竞争。故此，只有在国家有效地解决了无效率产权的根源问题后，方能避免因制度危机而陷入霍布斯的丛林式国家。这就要求：

其一，如何在激励的同时规范作为"官僚"的代理人的行为，其同时肩负着监督其他代理人的义务，其对制度的认同程度直接关系到交易成本的高低。

其二，如何提高政府公共管理的能力至关重要，公共管理的有效性直接关系到产权价值的精确界定，关系到监督、考核成本的多少。

其三，如何通过持续的制度创新以及意识形态的引导来实现选民、社团获取公共资源的大致公平，杜绝"搭便车"的现象。

在产权学派看来，产权与交易成本和外部性密不可分，产权概念的贡献在于有效地降低交易成本以及取代无效率经济组织。换言之，产权并非有形有质的物质实体，而是指人与资产间的占有、隶属关系，其与所有权是等价概念。[1]判断产权是否完整的主要标准在于主体是否拥有排他性的完整所有权、收益的享有权以及自由转让的权利。[2]诺斯的理论建构与产权学派一脉相承，相异之处在于，诺斯认为产权直接与国家的功能相联系，产权无非是国家统治阶层的意愿与当事人减少交易费用的目标不断磨合、交换的最终结果。而且，产权必然始终与界定产权的规则不可分割，产权安排是制度安排的最核心要素。[3]

---

〔1〕 张维迎："所有制、治理结构及委托—代理关系——兼评崔之元和周其仁的一些观点"，载《经济研究》1996年第9期。

〔2〕 [美]A. A. 阿尔钦："产权：一个经典注释"，载[美]R. 科斯等：《财产权利与制度变迁——产权学派与新制度学派译文集》，刘守英等译，上海三联书店、上海人民出版社1996年版，第166~178页。

〔3〕 赵海怡、李斌："'产权'概念的法学辨析——兼大陆法系与英美法系财产法律制度之比较"，载《制度经济学研究》2003年第2期。

然而，现实中的既定规则往往与个人追逐利益最大化的行为形成抵牾，故而强制人们遵守规则而产生的交易成本必然是高昂的。这就迫使国家必须尽可能地证明制度的合法性，[1]国家意识形态是否具备有效性的问题便呼之欲出了。

三、社会意识形态与制度安排

与新古典经济学的最大化定理不同，制度创新理论关注到了产权界定过程中的交易费用、不确定性以及国家的"非中立性"。在其看来，经济变化的原因除了相对价格的波动，意识形态的不断演进更为重要，"思维形态改变最大化行为的假设"。[2]因而，引入意识形态理论，建立新制度来阐释资源的非市场配置在社会经济结构的历史变迁中是一个至关重要的变量。在此，制度创新理论有了另一个重要贡献：人的特征决定了其"趋利"行为的复杂性，相较于新古典经济学的简单理论假设，现实中个人效用的函数要复杂得多，意识形态行为选择的影响至少与利益效用的作用等量齐观，在很多场合甚至是决定性的关键因素。个人对习俗、法律和规则的判断，会直接关系到服从，良好的道德价值观能够避免"搭便车"的无效率行为。这就指出了一个隐含的命题——人类社会拥有的强大认可度的道德伦理法则是经济发展的重要基础。[3]

在一定程度上，诺斯的意识形态理论是为了化解"搭便车"

---

[1] [美]道格拉斯·C.诺斯：《经济史中的结构与变迁》，陈郁等译，上海三联书店、上海人民出版社1994年版，第14~19页。

[2] [美]诺斯："对政治和经济的历史发展的交易成本分析"，载[德]埃瑞克·G.菲吕博顿、鲁道夫·瑞切特编：《新制度经济学》，孙经纬译，上海财经大学出版社1998年版，第245页。

[3] [美]道格拉斯·C.诺斯：《经济史中的结构与变迁》，陈郁等译，上海三联书店、上海人民出版社1994年版，第50~51页。

的矛盾而生。奥尔森的"集体行动的逻辑"理论虽然有助于解释"搭便车"现象，但无论是在理论上还是在实证上均存在着缺陷。只要收益超过了成本，便会有人们遵从与违反规则的现象，而究其原因，无非是意识形态的直接作用。故此，建立有效的意识形态来指引民众的行为选择，便可解决"搭便车"的公共资源消费问题。在经济学的意义上，甚至可以说解决"搭便车"的公共产品消耗问题是所有成功意识形态的共性。无论是保持还是颠覆现有秩序，都无法离开意识形态来空谈，因而意识形态的核心命题就在于引导群体放弃基于"成本-收益"的简单的个人功利计算。可以看出，在关于组织结构和变迁的解释中，"搭便车"问题是最核心的关键问题，解析"诺斯悖论"最关键之处便在于意识形态。

相较于道德，虽然二者都属于主体认识世界的范畴，但意识形态与道德的主要区别在于其是对制度正义与否的价值判断，核心问题在于人们对社会交换关系公正与否的看法，而这主要来自于个人之间迥异的经历与思维。而一致性的意识形态显然在大多数情况下能够完全代替规范性的服从。[1] 故而，"搭便车"现象的彻底解决只能依靠意识形态的作用。而且，意识形态的指引功用，在同道德、伦理以及法律相融通的情况下，奠定了制度的秩序稳定基础，延缓了制度创新过程。在此，出现了一个至关重要的问题——思维形态一致性的程度直接关系到交易成本与经济增长的速度。唯有对委托人、代理人不断投入公共资源，巩固制度的合理性、合法性的认可度，方能最大限度地促进社会意识的一致，从而将服从的费用降至最低。

---

[1] [美] 诺斯："对政治和经济的历史发展的交易成本分析"，载 [德] 埃瑞克·G. 菲吕博顿、鲁道夫·瑞切特编：《新制度经济学》，孙经纬译，上海财经大学出版社1998年版，第229页。

意识形态是关系到降低服务费用的一项最为重要的制度安排,[1]意识形态问题必须引起国家的倾力关注。对于社会制度的评价是个人意识形态中不变的部分,在评判超越了个人用来交换的条件时,关于产权的变化、市场交换条件偏离人们预期目标的比率、特定集团收益的变化以及信息成本降低致使人们相信别处的交换条件更加优惠。[2]而且,要达至公正的结果,"搭便车"者所付出的成本必须与制度合理性的理解正相关。即,当制度的合理性被人们所认可后,"搭便车"者承担的费用是由道德、伦理所构成的额外费用。进而言之,公平的制度会最大限度地减少执行规则与界定产权的费用,这就为经济的发展扫清了障碍。如此,检验国家如何制度创新来完成意识形态的指引,关键在于政府如何界定社会公平并树立其合法性的权威。

运用政治、司法程序对公共资源进行配置为意识形态影响公共政策创造了先决条件。当国家的权利主体面临纷繁芜杂的公共选择时,意识形态便顺理成章地成了最重要的考量因素,而且意识形态在此时的成本微乎其微,甚至小到可以忽略不计。更重要的是,强有力的意识形态能够直接左右政策,甚至可以促使决策者作出背离强势集团意愿的决定。这就有益于制度公正性的价值认同。不过,成功的意识形态首先应具有高度的灵活性,呆板的意识形态无法发挥约束和指引人们行为的作用,无法保持制度均衡,也就无助于解决"搭便车"难题。对国家而言,这就提出了如何改变国家意识形态中长期存在的"路径依赖"的问

---

[1] 林毅夫:"关于制度创新的经济学理论:诱致性变迁与强制性变迁",载[美] R. 科斯等:《财产权利与制度变迁——产权学派与新制度学派译文集》,刘守英等译,上海三联书店、上海人民出版社 1996 年版,第 379 页。

[2] [美]道格拉斯·C. 诺斯:《经济史中的结构与变迁》,陈郁等译,上海三联书店、上海人民出版社 1994 年版,第 55 页。

题。问题的焦点不在于是否应当改变,而在于意识形态的变化极有可能减损统治者权威的合法性。[1]这种"路径依赖"的结果便是鼓励统治者停留于坚持原有意识形态的状态。由此,问题便回归到了原点——如何使意识形态始终具有灵活性及有效性。

四、国家主导的制度创新模式及其局限

制度作为社会的行为准则,是由正式规则与非正式规则交错构成的一套规则体系。经济制度对于经济运行的重要意义在于它是对各种经济行为当事人利益关系的规范,人们在对经济制度进行选择的同时也塑造着利益关系的格局;制度创新即是对现有经济利益关系的调整,制度创新能否顺利进行,取决于新制度安排得到社会认同和支持的程度。[2]制度是不同利益群体在长期的博弈中通过繁复的"交易"方式最终共同选择、共同遵守的行为规则体系。基本经济秩序的竞争与合作便构成了制度,为考察人类的相互影响关系提供了框架。可以看出,制度创新理论中的制度涵盖了多方面,既包括国家的法律,也涵盖社会意识形态。关注意识形态的意义在于从更深层次说明配置资源的非市场方式对经济增长具有极为特殊的影响。

可以看出,制度创新理论的重大价值在于,其指出了有效率的产权结构能够最大限度地减少交易费用,降低交易成本。判断制度优良与否的主要标准便是看其是否明确、清晰地界定了产权。制度的最核心功能在于通过设立社会财富的分配方式、界定稀缺资源的保护体制以及为体制设立框架减少交易费用,

---

[1] 林毅夫:"关于制度创新的经济学理论:诱致性变迁与强制性变迁",载[美] R. 科斯等:《财产权利与制度变迁——产权学派与新制度学派译文集》,刘守英等译,上海三联书店、上海人民出版社1996年版,第398页。

[2] 于良春:"制度创新与利益关系调整——国有企业制度创新理论探讨",载《文史哲》1995年第3期。

第三章　中国农村土地制度变革的理论检视

以规制追逐利益、效用最大化的个人行为。

制度创新通过改变既定制度的次级制度——行政、教育、金融等具体制度——实现，并通过法律或其他具备公信力的方式予以确认。[1]在常规条件下，经济规模、交易风险、交易费用等外部收益的变化会产生隐形的外部收益，这种潜在的外部收益会不断诱使人们将之转换成实实在在的现实利益，从而追求收益目标最大化。当现行制度结构无法实现获利的目的时，新的制度安排便会萌生。然而，无论属于何种动机，只有当净现值为正，即创新改变了利润结构或较低的创新成本使新制度更具备竞争力时，制度创新方会发生。而且，值得注意的是，创新的真正发生依赖于两个条件：其一，政治或法律的变化足够影响制度环境，利益的再分配有了现实需求的前提；其二，由于收益预期改变，关于新的制度安排的收益-成本的范式评价也因收益预期的变化而被修正。

现实中，最主要的制度创新形式是半政府半自愿的混合形式。自愿形式的创新，优势在于其基于自愿的合作，参与方可自由退出，缺陷在于合作的一致性必然会让组织的成本增加，成本与成员数量呈正比；政府主导的创新，除了需承担组织的成本外，还需承担强制性的成本，不过政府具有强制性的公权力，个人只能无条件地遵守规则，因而政府创新没有一致性的成本，组织成本也相对较低。[2]而且，政府并不一定承担制度的运行成本，当社会根据利润的比例对成本进行分担时，政府便不再承担制度运作的费用。不过，政府的结构、规模与规则的变化会直接影响到制度创新的收益成本。

---

〔1〕　厉以宁：《宏观经济学的产生和发展》，湖南出版社1997年版，第448页。
〔2〕　[美] L. E. 戴维斯、D. C. 诺斯："制度变迁的理论：概念与原因"，载[美] R. 科斯等：《财产权利与制度变迁——产权学派与新制度学派译文集》，刘守英等译，上海三联书店、上海人民出版社1996年版，第275页。

现实社会中，成本最低的创新形式非政府主导的方式莫属，政府的替代安排往往是事实上的最佳制度创新。其原因在于，通过运作，受益团体可以将部分成本转嫁给他人，纵然组织的成本与受益完全相等，政府层次的净现值也会高于自愿安排的净现值。[1]出于经济利益的驱动，"经济人""搭便车"的自利行为是广泛存在的，获利团体通过运作转嫁交易成本也是相当普遍的，而统治阶层却不会有"搭便车"这样的难题，面对价格波动，其推进制度创新是主动的。故而，制度创新的根源在于统治者而非普通民众。而且，政府拥有的公权力能够实现一切基于资源谈判而无法实现的制度安排。[2]在此意义上，政府的制度安排能够审慎比较所有候选的竞争性组织的净现值，择优选出可以实现最大正现值的形式，从而实现高收益。我国改革开放后四十年的发展成果可以作是最佳的经验佐证，在条件许可的情况下，政府的角色可以是"次级行动团体"，也可以是"初级行动团体"，从而最大限度地发挥制度创新的主导作用。[3]

不过，需要明确的是，政府主导的制度创新并不是在任何条件下都可实现。只有在有限制的既定条件下，其社会效益方能达到最大。具体而言，外部条件包括：其一，有强有力的政府，在社会经济中私人资本市场相对弱小；其二，其他产权妨

---

[1] [美] L. E. 戴维斯、D. C. 诺斯："制度变迁的理论：概念与原因"，载[美] R. 科斯等：《财产权利与制度变迁——产权学派与新制度学派译文集》，刘守英等译，上海三联书店、上海人民出版社1996年版，第325页。

[2] [美] L. E. 戴维斯、D. C. 诺斯："制度变迁的理论：概念与原因"，载[美] R. 科斯等：《财产权利与制度变迁——产权学派与新制度学派译文集》，刘守英等译，上海三联书店、上海人民出版社1996年版，第271-272页。

[3] [美] L. E. 戴维斯、D. C. 诺斯："制度变迁的理论：概念与原因"，载[美] R. 科斯等：《财产权利与制度变迁——产权学派与新制度学派译文集》，刘守英等译，上海三联书店、上海人民出版社1996年版，第271页。

害了潜在利益的获取，原有的制度均衡不能通过自愿的方式突破；其三，"搭便车"难题导致个人拒绝承担制度创新的成本；其四，制度创新未能考量到所有人的权益甚至损害了一些群体或个人的利益。[1]而且，政府由于集团利益的冲突、官僚政治的特性以及统治者的价值取向等，都会造成"政策失败"，这就导致政府会维持旧有的低效率或无效率制度，无法切实进行改革以化解制度不均衡。

从制度创新理论破解"诺斯悖论"的过程看，首先，中国土地制度的重要举措在于稳健、积极地开放农村集体土地产权交易市场，从而合理调整机体土地的产权架构，既增进经济效益，又保护农民土地产权的永续收益。其次，还应健全农村土地流转的相关配套制度，保障国家主导的农村土地产权改革的连续性、权威性。此外，还应扫清产权交易的障碍，强化农村的社会保障体系，建立现代农村集体土地产权关系。

制度创新理论对我国土地制度的变革有着重要启示。对中国国家制度影响最大的一个变量是经济生产方式的变革，这个基本条件的变化必然、已经且还将促使许多制度变化，催生或者可能催生一些重要且基本的制度。[2]然而，制度的选择决不能随心所欲，"一旦制度选择的主观性被拔高到超出既定社会经济背景的地步，就会造成荒谬绝伦的笑话"。[3]诺斯的制度决定论着重强调了政治制度对经济增长的影响，产权制度改革便是中

---

[1] 张宇燕：《经济发展与制度选择》，中国人民大学出版社1993年版，第191~192页。

[2] 苏力：《大国宪制——历史中国的制度构成》，北京大学出版社2017年版，第538页。

[3] 赵磊："经济增长的决定因素：制度抑或技术？"，载《哲学研究》1997年第10期。

国经济体制改革的核心。[1]我国改革开放四十年来的经济增长历程在一定程度上印证了诺斯理论的合理性。然而，诸多"最佳经验"的制度安排未能为"在缺乏完善的私有产权制度下却能获得如此高的经济绩效提供有说服力的解释"。[2]国家应最大限度地供给有效制度，减少无效制度的存在。由于国家利益与社会利益往往存在着不相一致的状况，故而要求国家在制度变迁中发挥正面影响的同时，必须对"掠夺之手"进行规制，[3]从而为产权制度的有效运行提供公平与稳定的外部制度环境，促进经济在良性轨道上健康增长。

五、制度创新理论对中国农村土地制度的价值与意义

1. 中国集体土地产权制度创新动力

现阶段，中国集体土地产权创新的动力来源于新的社会经济环境下所产生的新的"不确定因素"。这些"不确定因素"正在成为增加农村社会经济发展成本、阻碍农村社会经济发展的因素。改善这些"不确定因素"成了中国集体土地产权制度创新的动力。

（1）随着市场经济体制的建立，农村劳动力、资金也相继流动起来，土地产权成了重要的市场要素，集体土地产权流动迅速加快。但是，目前实施的农民集体土地使用权不得出让、转让、出租用于非农业建设，农村住宅禁止向城镇居民出售，农民将户口迁入城镇后，其原宅基地不得再扩建和自行转让等

---

[1] 刘作翔、鲁吉安："产权概念的法理学分析"，载《法制现代化研究》1996年第0期。

[2] 林敏娟："政治制度决定经济增长的理论与检验"，载《生产力研究》2011年第11期。

[3] 李怀、赵万里："马克思主义制度理论与新制度经济学的比较分析"，载《天津行政学院学报》2009年第1期。

政策，与现在正在逐步形成的土地产权流动现实形成了冲突。解决这一冲突能够更大限度地释放农村土地产权的要素作用，促进土地产权流动，使土地资源得到更好的配置和有效的使用，并推动农村社会经济的发展。

（2）随着农村集体家庭联产承包责任制和以农户为基础独立经营核算的推行，村集体的经济实体的作用越来越小，集体土地所有权主体变得模糊不清。相对应的是，农民承包人的土地使用权也变得越来越不清楚。这种模糊不清的土地产权状况和权利界限，导致了农村集体和农民个体之间在土地利益分配上的冲突，从而影响农民承包者对土地的投入积极性，以及农村集体对土地经营管理责任的丧失，最终影响到了农村社会经济的发展。所以，界定农村集体和农户之间对土地产权之间的关系变得很重要，是农村集体土地产权制度创新需要面对的难题之一。

（3）由于目前的集体土地产权在权能上存在缺失，不能从根本上满足产权流动与收益的需要。承包土地使用权的流转只能通过有限的几种方法（如转包、退包和集体行政统一调整的办法）来实现，土地使用权无法按市场经济规律进行流转。土地使用权的这一非完整性使现行农村土地使用权在实际运用中发生了膨胀和扭曲，土地非法占用、出租、转让等现象大量发生。

（4）农村集体土地产权的社会保障功能与土地产权的经济要素功能之间具有很大冲突性。目前集体土地产权状况在保障农民稳定的生产生活资源方面具有一定的积极作用，但是在土地经济效益的发展方面却产生了很大的限制作用。如何将土地的社会保障功能通过一定的形式独立于土地之外，已经成了集体土地制度创新的一大难题。

2. 制度创新理论对未来制度调整的意义

(1) 在今后一定时期内,中国的农村集体土地产权制度创新的重点仍然是,在土地使用权制度的调整和完善上,中国集体土地实行的是社会主义公有制。公有制不仅为中国宪法所规定,也是社会主义体制的基本精神支柱。要改变土地公有制,不仅涉及经济体制,更关系政治体制,从改革的风险和改革的成本看,短期内具有较大的难度。采取土地所有权和使用权相分离的办法,可以降低改变所有权制度所带来的风险,使土地产权创新得以顺利进行。

(2) 以土地承包制为切入点进行集体土地产权制度创新,其成本最低,可行性最高。土地承包权只是一个管理上的概念,其实质包含土地使用权某一个层次的内涵,或者说土地承包权实质上是不完全的土地使用权。我们在进行集体土地产权制度创新时,完全可以在土地承包制度的基础上,以土地使用权为目标进行调整和完善,建立新型的集体土地产权制度。中国农村土地承包期实行30年不变的政策,农民已经习惯和认同了土地承包的制度模式,从这一点开始,承包制不仅不会对土地产权创新造成障碍,相反是成本最低和最可行的改革创新切入点。

(3) 集体土地产权制度的创新要以增强集体土地的要素作用、促进集体土地产权流动为基本目的,改善集体土地产权流动的环境和适应农村社会经济发展,其是农村集体土地产权制度创新的主要动力。集体土地产权制度创新首先要解决的是集体土地产权是可以区分的,其次是可以流动的。因此,可以采取一定的形式,对集体土地产权进行权利种类、范围、大小以及限期等的界定,然后建立集体土地产权流动的渠道。集体土地所有者可以采用不同的方式将土地使用权让渡给本集体经济组织内部成员或外部成员使用。

3. 中国农村土地产权制度创新的可能方向

新时期中国农村集体土地产权制度的创新可以考虑从以下方面进行：

（1）以土地所有权和土地使用权的关系界定农村集体和农户之间的土地产权关系。明确确定农村集体对土地具有所有权，而农户对土地具有使用权，集体土地的所有权由村民集体经济组织代表行使，农户通过土地承包的方式行使使用权，这样也有利于和土地承包制度的结合，并稳定农地承包制度。

（2）完善土地权能，包括土地所有权和土地使用权。集体土地所有权可以仿照国有土地所有权，保证集体组织对土地的基本调控权利，对收益权可以淡化。土地使用权可以通过土地承包权行使，也就是在原有土地承包权的基础上进行物权完善。

第四章
历史维度下土地产权中的非正式制度
——"祖业权"

在国家体制持续的转轨中,以"祖业权"为代表的地权冲突成了城市化进程中的凸显问题。中西方迥然相异的社会性质导致了土地产权观念的大相径庭,立基于西方产权理论之上的产权残缺理论框架在解释"祖业权"时面临着诸多困境。中国民间以"祖业权"为代表的传统土地产权制度,本质上是国家之法与乡村之法的冲突、博弈、妥协与共存。来源于"祖业观"而建构的"家业产权规则"反映的正是宗族子孙对土地等祖业财产独占欲共享的"祖业观",其构成了传统社会运行、发展的基础。"祖业权"更多地体现出宗族承继、文化传承的意涵,以身份认同为主要价值基础的这一束权利无法与一个开放的现代社会相匹配,最终导致了冲突的发生。

社会变迁与政治经济生活的迅速转轨,让中国的土地产权问题在大转型时期呈现出深刻而复杂的现实局面。中国的土地制度历经多次宏观政策的变化,而农民自身对地权的认知却出现了混乱,土地产权在城镇化进程中的实践规则也愈见复杂化。无可否认的一个事实是,中国从一个自给自足的乡土社会转型到城市风险社会,是一个前所未有的大变局。而城镇化进程中伴随乡村空心化的是土地城市化,有大面积的农地被征用,"村

第四章　历史维度下土地产权中的非正式制度——"祖业权"

落的终结"[1]似乎成了发展的必然结果。在后农业税时代，地权问题带来的冲突已经取代了税费冲突而上升为农村的主要矛盾。[2]必须警惕的是，"'土地城市化'出现热潮更多是反映了土地财政的强大刺激，而不是统筹城乡发展、城乡一体化和新农村建设的真实需求"。[3]"城乡一体化"进程并不是注定要实现"城乡一样化"。在国家体制的持续转轨中，以"祖业权"为代表的地权冲突成了城市化进程中的凸显问题。

第一节　"祖业权"与现代产权的张力

长期以来，西方"产权"理论以磅礴之气势直接影响到了中国土地物权化的改革进程。在市场主宰人类生活价值观的进程中，这套从"科斯定理"一路延续下来并与法律经济学一脉相承的理论迅速在各种争议中占据了上风。然而，建立在西方产权理论之上的产权残缺的制度性视角在现实社会中面临着诸多难以突围的困境。产权残缺的制度性视角的逻辑起点在于：通过所有权的明晰界定能够促使人们通过市场机制达到效率最大化。[4]这套理论在始于20世纪80年代的中国土地物权化改革中曾发挥过极大作用。产权理论被忽视的严重缺陷是，其"仅仅

---

[1] 著名学者李培林指出，一个由血缘、地缘、民间信仰、乡规民约等深层社会网络联结的村落乡土社会，其终结问题不是非农化和工业化就能解决的。村落终结过程中的裂变和新生，也并不是轻松欢快的旅行，它不仅充满利益的摩擦和文化的碰撞，而且伴随着巨变的失落和超越的艰难。参见李培林：《村落的终结——羊城村的故事》，商务印书馆2004年版。

[2] 于建嵘："土地问题已成为农民维权抗争的焦点——关于当前我国农村社会形势的一项专题调研"，载《调研世界》2005年第3期。

[3] 李培林："从'农民的终结'到'村落的终结'"，载《传承》2012年第15期。

[4] 周锡瑞：《义和团运动的起源》，江苏人民出版社1994年版，中译本前言。

是经济理论的一个前提假设,而不是一个被研究者关注的课题,没有进入研究者的分析视野"。[1]四十年来,随着体制改革进入核心区,西方产权理论的制度性视角所带来的后遗症开始浮出水面,中国当下农村的土地产权纠纷面临着极其复杂的解释问题。

具体而言,以乡村土地问题带来的冲突作为出发点,从产权残缺角度对"祖业权"做出阐析的进路影响甚广。其认为,建立在集体所有制基础上的农村土地权导致了"农民只有使用权,而无独立的产权",故而"集体所有制是一种产权残缺的制度"。[2]由于农民的土地使用权是一种外在的"表",而奠基于人人占有逻辑的集体所有权却是其内在的"里",使用权一般的逻辑是"里"的性质决定"表"的存在,但集体所有之下的现实却是使用权成了一项最重要的切实权利,所有权反而成了"依附",所有权一旦失去便立即陷于"皮之不存,毛将焉附"的境地。"国家保护有效率的产权制度是长期经济增长的关键",[3]而乡村土地产权交易从表面上看是转让了使用权,显露于表面的土地使用权掩盖了存在于其下的所有权,"实际上是连同所有权一起让渡了,这是一个极具欺骗性的过程"。[4]故此,有学者认为这是农村土地纠纷的最根本原因,而采取的应对之策,是将"还权赋能"作为化解农村土地纠纷的最关键一步,从而建立起使用、收益与处置三权归一、名实相符的完整产权制度,而制

---

[1] [美] R. 科斯等:《财产权利与制度变迁——产权学派与新制度学派译文集》,刘守英等译,上海三联书店、上海人民出版社 2005 年版。

[2] 周雪光:"关系产权:产权制度的一个社会学解释",载《社会学研究》2005 年第 2 期。

[3] 党国英:"当前中国农村土地制度改革的现状与问题",载《华中师范大学学报(人文社会科学版)》2005 年第 4 期。

[4] 周其仁:"中国农村改革:国家和所有权关系的变化(上)——一个经济制度变迁史的回顾",载《管理世界》1995 年第 3 期。

第四章 历史维度下土地产权中的非正式制度——"祖业权"

度设计则是在修缮现有法律制度的同时,出台一系列的具体操作细则。[1]

实际上,这样的理解进路是远远不够的。经济学的进路无力解释家业产权嵌入社会结构的历史进程与演进逻辑。[2]无论是从历史的维度出发还是从社会心理的角度出发,现代经济学中公与私的简单分析框架都无法裁量从古至今的中国农村,但可以确定的一点是,"普天之下,莫非王土"始终是从朝堂到民间的共识。这也是历史上所有中央政府重新配置主要以土地为代表的社会资源的合法性所在。[3]溯本清源,社会产权嵌入到基本的社会结构,既会受到政治原则的影响,又会受到市场规则的约束,同时,更会受到社会型原则的支配,即指又从社会的、文化的维度去解释产权,方不偏离。要理解以"祖业权"为代表的家业产权,就必须深入到其产生的渊源、发展的脉络,从历史脉络的机理来进行研究。土地产权规则本质上是人类社会既定存在的"地方性知识"的等价物,中西方迥然相异的社会性质自然会导致土地产权观念的大相径庭。

法律意义上的"产权"是无法与"祖业权"对接的,民间社会普遍存在的以"祖业权"为代表的家业产权观念与西方舶来的产权在本质意义上相去甚远。"制度层面上的变革,并没有从根本上改变农民对土地产权的认知",政策、法律等制度层面的变革的确改变了民间社会中的土地支配形态,但基层民众的土地产权观却始终保持着惊人的稳定性。"祖业权"所反映的传

---

[1] 赵振军:"论农地集体所有制陷阱——基于农地征用视角的分析",载《社会科学》2007年第8期。

[2] 斯科特通过对东南亚农村的研究,认为处于生存经济状态下的小农并不如一些经济学家所想象得那么理性。参见[美]詹姆斯·C. 斯科特:《农民的道义经济学:东南亚的反叛与生存》,程立显等译,译林出版社2001年版。

[3] 吴毅:"记述村庄的政治",载《读书》2003年第3期。

统社会地权分配的发生学原理与传统社会地权的真实历史样态与运行逻辑,均与西方产权概念具有极大的差异性。一个必须注意的问题是,"家"是乡村地权分配的最基本单位,同时其分配亦在以村落社会为原点的生态空间维度中展开,因而将家庭、宗族与村落进行研究的三位一体的整合是必需的。民间社会的地权分配是"中国乡村社会历史进程的'全息元'"[1],其折射了中国民间社会几乎全部有效的信息含量,以此为视野,可以蠡测民间乡土社会甚至整个中国社会的历史变迁。传统社会的种种社会经济关系、家庭乃至家族谱系的嬗变、作为财产的土地继承与流转、土地集中背后的政治问题等诸多隐藏在制度背后的重大问题在此集中展现,民间地权的真实存在状况远非简单的文字条文所能表述清楚的。

而且,新制度经济学理论框架下的产权概念实际上并不能对传统中国特有的产权内涵进行恰如其分的表述,即使从世界范围内来看,传统中国的土地产权依然是最为复杂的多元概念。除去利益分配的调整意义外,其兼具人格和财产的双重属性,概而言之,民间土地产权除了关涉正式的法律制度外,其还涵射了传统中国广泛存在的非正式惯例及融于文化中的传统。其内化于社会资源的配置中,其渐进式演进的观念深深融合于地权分配过程,并最终成为使人们凝聚成共同体的重要变量。在家庭伦理有重要影响的情况下,财产由家庭(或家族)共有,"隐然若为其伦理关系亲者、疏者、近者、远者所得而共享之"。[2]故此,传统社会的"村落共产体"是一个血缘伦理与财产关系

---

[1] 张佩国:"传统中国乡村社会的解释学——以地权分配为透视点",载《东方论坛》2001年第1期。

[2] 梁漱溟:"乡村建设理论",载中国文化书院学术委员会:《梁漱溟全集》(第2卷),山东人民出版社1990年版,第173页。

第四章　历史维度下土地产权中的非正式制度——"祖业权"

"不能辨别地混淆在一起"[1]的宗法社会,从"祖业权"的渊源而言,其自始至终一直存在着浓厚的伦理化倾向。这一点在传统中国的民间土地产权纠纷与收益处理上表现得尤为明显。[2]

第二节　"祖业权"的主体认知
——"祖业观"

既然祖业权是一个完全有别于西方产权的本土问题,要理解这样的一个非正式产权,就必须溯本清源,了解其萌发、生成、发展的机制。

一、"祖业观"的渊源

"祖业权"作为传统的土地产权认知方式,其是主体"祖业观"意识的表现,而中国传统社会的"祖业观"在历史上早已成为普遍现象。在中国东南、华南地区,"族田对于宗族形成具有重要意义,是宗族存在的物质基础"。[3]明代的亲属承嗣、土地占有与家族祭祀的礼仪之间的关系已经相当密切。在中国民间社会中长期存在的"祖宗崇拜"成了"祖业观"产生的一大诱因。同时它也恰恰是地方社会与国家整合历史的缩影。[4]而

---

[1] [英]梅因:《古代法》,沈景一译,商务印书馆1959年版,第147页。
[2] [美]居密:"从各省习惯法和土地契约看清代土地权的特质",载叶显恩主编:《清代区域社会经济研究》,中华书局1993年版,第901页。
[3] [英]莫里斯·弗里德曼:《中国东南的宗族组织》,刘晓春译,王铭铭校,上海人民出版社2000年版。
[4] 北宋官员普遍将祭祀视为官方的专利,兴办学校、推行教化、祭祀圣贤成了官方主持的活动特权,将祭祀权收归于上层社会。南宋时理学高度发展,将礼仪地方化,以广州为中心的广东理学将乡饮酒礼等诸多礼节恢复并推广,以传统儒家礼节为内核的"祖业观"蔚然成风。See Patricia Buckley Ebrey, *Confucianism and Family Rituals in Imperial China*, Princeton University Press, 1991, p. 48.

明初推行的里甲制度，令出中央，行在地方，表面上看是中央集权制度向民间社会的延伸，构成了对乡土社会的侵蚀，但是，只要对《大明会典》中的礼仪与里甲两部分进行比较参照，我们便会清晰地发现：与其将其定位为中央政策在地方的贯彻，反不如将其解读为中央对民间社会拜祭团体的合法性认可。[1]由明初到成化、弘治年，当属"祖业观"的稳定时期，在里甲体制的推行过程中，形成了田产与拜祭、族谱相互促进、协调发展的景象，但此现象是在以里甲为主导、以央地财政税收博弈为中心的。直到嘉靖年间，理学复兴，高层官僚在实质上推进了家庙祭祀的发展，在家庙祭祀与地方宗族的土地控制最终合流后，家庙祭祀的正统地位得以确立。庶人也拥有了同上流社会同样的拜祭先祖的权利，"祖业观"方才趋于正统化，民间社会迎合了国家整合的趋势。[2]

明末是"祖业观"的转折点，嘉靖以后，传统的家庙与宗族"变成一个控产机构，在没有公司法的年代，扮演了一个商业团体的功能"。[3]宗族的功能发生了如此巨大的转变，究其根源在于"祖业观"原本是一个宗教意义的观念，却变成了一个法律意义的观念。这最终导致了"祖业观"的产生，家族变成了在实际上拥有控产权力的独立法人。[4]"祖业观"从一个仅

---

[1] 刘志伟：《在国家与社会之间——明清广东里甲赋役制度研究》，中山大学出版社1997年版，第92~118页。

[2] 阎爱民："'大礼仪'之争与明代的宗法思想"，载《南开史学》1991年第1期。

[3] 科大卫："国家与礼仪：宋至清中叶珠江三角洲地方社会的国家认同"，载《中山大学学报（社会科学版）》1999年第5期。

[4] David Faure, The lineage as business company: patronage versus law in the development of Chinese business, The Second Conference on Chinese Economic History, Taipei, 1989, Institute of Economics, Academia Sinica, 1989.

第四章　历史维度下土地产权中的非正式制度——"祖业权"

为农民信仰的普遍乡土观念[1]转化为了一个能够作为控产合法性的观念,并进入到了法律范畴。所以,实际上祖业权并非改革开放以来才产生的全新问题和独有现象,而是有其长久的历史渊源,其从萌芽到确立恰恰展现了"中国社会步步形成士大夫、国家与庶民共谋的'共主体性'的政治文化"。[2]"祖业观"渊源中的"祠堂之制"（伴随着国家礼仪的士庶化）和"祖先之礼"（伴随着民间礼仪的国家化）,是传统国家的国家礼仪平民化与乡土礼仪官方化的双向进程,其背后是礼法变革的政治文化实践。儒家礼仪的效用是通过让人们参与礼仪、形成共同体,以克服社会差别。[3]

可见,传统社会的"祖先"观念不仅承载了土地与权力的强势资源,同时也是礼仪合法性、礼节正统性与国家话语的重要载体,直接关系国家和个体在地方社会的资源与地位,在本质上是上升为文化的柔性方式与国家正统礼仪相融合,文化本意过渡到宗法意义,最终使"祖先"成了具有国家规范属性的核心概念,从而将国家法度嵌入了宗族建构,完成了国家礼仪"向地方社会渗透过程在时间和空间上的扩展"。[4]"造宗族"是传统社会历史上一场绝非等闲的浩大运动,有学者甚至试图分析以祭祀为核心的"祖业观"形成与"江南经济奇迹"的

---

[1] "祖业观"的产生从一定意义上说与中国农民"祖宗崇拜"的民间信仰紧密相关。参见吉成名:"论祖先崇拜",载《湘潭大学学报（哲学社会科学版）》2015年第4期,第141-144页。

[2] 张小军:"'文治复兴'与礼制变革——祠堂之制和祖先之礼的个案研究",载《清华大学学报（哲学社会科学版）》2012年第2期。

[3] Patricia Buckley Ebrey, *Confucianism and Family Rituals in Imperial China: A Social History of Writing about Rites*, New Jersey: Princeton University Press, 1991, p. 228.

[4] 科大卫、刘志伟:"宗族与地方社会的国家认同——明清华南地区宗族发展的意识形态基础",载《历史研究》2000年第3期。

出现存在着深刻联系。[1]实际上，在国家礼仪士庶化的同时，北宋民间礼仪的国家化始终在同步演进。作为平民运动的"造宗族"，其政治原因在于万民在被纳入国家宏大谱系之时，亟须找准定位从而确立国家的正统性；而其社会学意义在于"祖先"并非仅仅是形式观念，而是作为土地和权力的承载者而出现于国家礼仪与文化传播之中。于是，"造宗族"兼具了宗法意义与文化价值的双重属性，这成了"祖业观"的最直接渊源。

由上可知，"祖业观"的形成过程背后实际上是传统中国的国家正统性确立过程，它是一种大维度的，"呈全息景观的乡村社会历史的整体性"。[2]作为民间社会主体的农民，其与基层政府官吏的"理性交往"是以国家信任为前提的，"视君如父"的价值共识下的"父母"国家便成了民间土地权归属问题的最原初起源。始于明初的里甲造籍举措、摊丁入地、编户齐民，从制度上将地方社会真正纳入了国家统治的治理体系之中，其深远的意义在于中央政权通过赋税管理的方式间接掌握土地的所有权、使用权。[3]如此，从明代到民国这六百年间，契约地权并未在民间社会得到充分展开，反而是国家和宗族作为强势群体拥有了象征意义上的土地产权。而从历史的维度而言，"祖业观"在传统中国民间社会普遍存在，而上层官方对这种现象采取了默示认可的态度。始于明代的里甲制度，在客观上导致了中央、地方之间以财政税收为中心的社会进化，"族谱、田

---

[1] 李伯重："'江南经济奇迹'的历史基础——新视野中的近代早期江南经济"，载《清华大学学报（哲学社会科学版）》2011年第2期。

[2] 张佩国："传统中国乡村社会的解释学——以地权分配为透视点"，载《东方论坛（青岛大学学报）》2001年第1期。

[3] 杨国桢：《明清土地契约文书研究》，人民出版社1988年版。

第四章　历史维度下土地产权中的非正式制度——"祖业权"

产、拜祭的相互发展",[1]最终使宗族成了实际上的控产机构,"祖业观"这一发端于"祖先崇拜"与祖先信仰的朴素民间观念演进成了具有控产合法性的法律概念。

政治经济学的理论认为,资源短缺与产权制度有着内在的天然联系,资源紧张的原因除了显性的人口因素外,还包括社会结构的变化、社会成员理念的发展等隐而不彰的原因。民间社会处理土地纷争最常见的方式是协商,直到彻底无法协调的情况出现,两造才会诉诸县府,由官方赋予其合法性。其中,最为典型的便是宗族墓地、墓山等传统意义上被视为宗族产业的地权。其既承载了传统宗族墓葬的现实要求,又与民众风俗息息相关,属社会观念影响地权的典型例证。民间社会长期存在的象征剩余产权过度膨胀,在局部地域及部分权属层面以压倒性的优势存在,最重要的原因在于国家权力渗透与地方宗族的象征性占有,而更深层的原因在于公共集体携带的象征权力及象征资本生产这种特殊的文化形态。其结果便是在"有增长,无发展"的普遍状态下,历史上的小农经济出现了报酬几乎为零的内卷化经营。[2]

为何南北的地权会有巨大的反差?上述文化经济的进路对理解"祖业观"差异不无裨益。[3]华北大平原的农村社会自古便缺乏庞大的宗族,社会关系相对简单,乡村社会的小农经济

---

[1] 科大卫:"国家与礼仪:宋至清中叶珠江三角洲地方社会的国家认同",载《中山大学学报(社会科学版)》1999年第5期。

[2] [美]黄宗智:《华北的小农经济与社会变迁》,中华书局1986年版。

[3] 贺雪峰曾从村庄社会结构的角度将中国农村划分为三大区域:南方地区农村多由宗族构成,是一种团结型村庄;北方地区多由多个小亲族构成,是一种分裂型村庄;中部地区则多为杂姓村,血缘关联最为薄弱,是一种分散性的原子化村庄。不同村庄社会结构的文化特质也呈现出一定的差异。相关调查研究显示,土地观念的区域差异与村庄社会结构的区域差异有着高度的关联性。贺雪峰:"论中国农村的区域差异——村庄社会结构的视角",载《开放时代》2012年第10期。

呈现出权力分散化的趋向，有史以来始终缺乏强有力的庞大宗族对资源进行垄断。故此，北方乡村的宗族意识相对单薄，而表现为以一家一户为核心的家庭认同。[1]在此基础上，形成了"以'小亲族'为基础的分裂型村庄"。[2]而闽粤地区的民间社会，在历史上均有着浓厚的宗族文化，且其地理位置远离权力中心，[3]宗族传统、宗族组织在社会运动中受到的冲击较小，尤其是在近几十年来随着民间传统的复兴而出现回潮。在福建、广东等地区，宗族依然是民间村落社会结构的主要构成力量，基于宗族血缘关系产生的"祖业观"有着极其深厚的本土渊源与顽强的生命力。渊源于宗族关系而生发的"祖业观"成了根深蒂固的传统观念。"祖业观"因此成为"地方性的共识"，其在现实中往往会消解国家层面上土地政策的合法性认同，地权在现实生活中的运行逻辑也会受到极大的影响。南北之间的村庄社会结构有别，民众自然有着迥然有异的行为逻辑。这种乡土社会结构的差异，最终会反映在诸多法律制度在乡土社会实践过程中的效果差别。[4]

---

〔1〕 ［美］杜赞奇：《文化、权力与国家：1900-1942年的华北农村》，王福明译，江苏人民出版社2004年版。

〔2〕 贺雪峰："论中国农村的区域差异——村庄社会结构的视角"，载《开放时代》2012年第10期。

〔3〕 ［英］莫里斯·弗里德曼：《中国东南的宗族组织》，刘晓春译，王铭铭校，上海人民出版社2000年版。

〔4〕 但这并非是说北方的宗族影响不存在。实际上，华北地区的公共事务在过去的长期历史中多以同一宗族为最基本的参与单位，个人之间由于有着共同的先祖而拥有天然的血缘纽带。所以，从此角度考量，村落组织便同时具有了两大特征：其一，在血缘上是具有共同祖先的血缘集团；其二，在经济上是互助合作的家庭集团。参见［美］杜赞奇：《文化、权力与国家：1900-1942年的华北农村》，王福明译，江苏人民出版社2004年版。

第四章　历史维度下土地产权中的非正式制度——"祖业权"

二、"祖业观"存在于传统社会的价值——"代际反馈"

传统土地产权具有高度的象征意义。有史以来，在民众的观念中，土地不仅仅代表着家庭财富，而且还蕴含着绵延子孙、繁衍生息、兴旺发达的象征意义，被赋予了高度的人格化特征。土地田产来自于祖先的遗赠，继替于"我"，而"我"又以同样的方式传之后世泽惠子孙。所有在当下支配土地的主体都很难说享有真正完整的产权，因为土地这种特殊财产，在人格化特征上有三重意义：已经逝去的"祖先"、活在当下的"我"以及尚未出生的"子孙"，[1]如此便形成了在时间上无限延续、生生不息的连续体。土地当下的持有者不仅要尽力经营，还要尽最大可能为子孙后嗣置办恒产、修建祠堂，使其世代绵延。

传统中国的乡土社会是较典型的父系制度，代际传递家业财产的方式是"单系继承"的社会继替模式。[2]"农民家庭靠一个钱袋子来生活"，[3]同居共财的家庭传统决定了一个家庭只能是一个而非多个会计单位。父代将以"祖业权"为代表的家业财产全部传承给子代，是单系继承最主要的实践表达方式，这也是在数千年"父子一体"的父系家族制历史中"子承父业"家业观的最主要表现。

明确了这一点，就可以明晰家业产权的继承与现代婚姻家庭继承法中所规定的遗产继承、赠与法律行为有着根本意义的区别。现代法律对于遗产赠与行为的规定是基于私人产权的前提，父母可以任意处分自己的财产，当然有赠与任何子女的权

---

〔1〕　陈锋："'祖业权'：嵌入乡土社会的地权表达与实践——基于对赣西北宗族性村落的田野考察"，载《南京农业大学学报（社会科学版）》2012年第2期。

〔2〕　费孝通：《乡土中国·生育制度》，北京大学出版社1998年版，第245页。

〔3〕　[日]滋贺秀三：《中国家族法原理》，张建国、李力译，法律出版社2002年版。

利,即使是不赠与儿子只赠与女儿,抑或是在诸多子女中只赠与给一个继承人,都是符合法律规定和法律精神的。然而,在现实中,中国农村社会普遍实行的是将土地视为祖业的家庭财产继替原则,家长对祖业的处分受到惯习、传统与地方共识的严格约束,最常见的一个体现是中国农村的出嫁女实际上并不会依照法律而主张继承权。以土地为主要表征的祖业,蕴含着对逝去先辈与未来子孙的连带伦理责任,这也是"祖业观"的真正内涵。在"祖业观"的传统观念下,中国家庭以香火延续、绵延子嗣为世代不变的终极关怀,作为家长的父亲所掌握的家业财产并不能等同于他的私产,纵然他通过自身的创造缔造了巨额的商业财富,也并能真正随心所欲地处分。其原因在于,作为家业产权的传递链条中的一环,他不仅是祖先的后辈,还同时作为儿子的父亲、孙子的祖父而存在。在祖业上,他不仅是"守业者",同时也是"传承者"。而且,将祖业完整交诸后代是其义不容辞的责任。由此,祖先作为祖业的间接权利归属者、"我"作为当下祖业的直接管理者、未来子孙作为潜在权能的拥有者,三者之间构成了三位一体的"祖业权"的权利复合体。

故此,在分家析产的过程中,他控制土地继承的权力不是绝对的。中国的家族制度是父子一体,男子先天地拥有祖业的继承权利,同时也被赋予了宗祧责任。子代从父代继承了以土地为核心的祖业,家庭延续的根基便得以保存,其通过自身的经营满足家庭的生活、赡养父代、教养儿孙、祭祀祖先,从而使家族延续。而子代继承祖业后,同父代一样,仍然不具有完全的家业财产处分权,只有当遭逢极为特殊的变故后方能卖掉祖业田产,否则便是会受到宗族、全体村民谴责的最大不孝。"这种'代际反馈'模式实现的关键在于子代继承了土地所型塑的祖业产权。"[1]

第三节 农村土地"私有产权规则"的演进逻辑

一、"祖业权"隐含的权力规则与政治国家的关系

实际上,已经有学者指出,伴随着中国现代化进程中的产权改革,公有制与私有制的产权意义区分价值不大。[2]"长期以来学界对公有制/私有制的讨论,没有切中要害,并掩盖了地权问题的实质。"[3]一个社会学意义的阐释便是,不完全土地产权可以在各种产权形式上存附,而不论是公有制、私有制抑或多种所有制的并存方式。象征地权在实质上占据了土地资源及土地收益,社会转型时期的土地、产权、社会问题由此萌生。

在既往的研究中,有学者采用"象征权力"与"象征资本"的理论分析框架进行学理阐释。其核心论点是:农村土地产权问题一方面表现为农民地权的不充分性,另一方面表现为"过度的象征剩余权"。"这种过渡性多来自国家的政治权力和宗族等公共集体的象征占有,以及他们所拥有的象征权力和象征资本生产。"[4]然而,不容忽视的一个问题是,布迪厄的"象征权力"与"象征资本"学说渊源于"权力—支配—暴力"的传统西方政治学理论框架,此理论显然与传统中国社会民众与

---

[1] 陶自祥:"祖业观视阈下农民家业产权研究",载《广西师范大学学报(哲学社会科学版)》2015年第3期。
[2] [美]华尔德:"中国产权的非私有化道路",沈原译,载甘阳、崔之元:《中国改革的政治经济学》,牛津大学出版社1997年版,第82~83页。
[3] 张小军:"象征地权与文化经济——福建阳村的历史地权个案研究",载《中国社会科学》2004年第3期。
[4] 张小军:"象征地权与文化经济——福建阳村的历史地权个案研究",载《中国社会科学》2004年第3期。

国家关系的规范性思想距离很远。朱晓阳先生指出，对于"象征权力"和"象征资本"理论，一个典型的反证是其并不能解释传统中国的国—民之间"施恩—报答"的核心范式在民间地权配置的重大影响。

不过，一个颇应注意的问题是，上述分析进路所依赖的布迪厄"象征权力"和"象征资本"理论尚缺乏足够的说服力。布氏的理论源于西方政治学"权力—支配—暴力"的理论分析框架，这套理论分析框架运用于跨文化研究时，"我族中心主义"的局限性便随之凸显出来。布迪厄的理论范式与中国农民与国家二者关系的规范性想象之间实际上存在着较大的距离，它更不能理解中国式的国家与底层农民之间关系中"恩—报"这一对固有的核心概念，也就无法理解这一核心概念对农民在地权的处分、收益与分配上的实质影响。实际上，"象征权力"和"象征资本"的理论预设依然带有霍布斯式的个体主义色彩，将其嫁接到传统民间地权之上仍不是尽善尽美的。在民间地权真实的收益分配全过程中，收益的计算往往是基于一种动态性和实质性考量而得到的共识。更为重要的是，民间土地产权始终存在着"有意的制度模糊"，这导致了拥有强大公权力的地方政府能够在现有法律范围内极为容易地征收、征用土地，而宪法、法律上的"合理补偿"又是一个相当宽泛的概念，征地补偿之上的"溢出效益"，往往理所当然地属于地方政府。[1]实际上，不仅是在某些边界模糊的产权上，即使是在土地产权清晰的层面，"国家"依然享有完全的话语权，而究其根本原因，绝不能忽略的一大缘由便是农民关于地权"差序格局"式的想象。

---

[1] [荷] 何·皮特：《谁是中国土地的拥有者？—制度变迁、产权和社会冲突》，林韵然译，社会科学文献出版社 2008 年版。

第四章　历史维度下土地产权中的非正式制度——"祖业权"

从法律制度史的角度蠡测，近代中国契约意义上的地权发育远非充分，国家、同姓宗族及基于血缘关系聚居的村落群体成为常态。国家所拥有的土地所有权更多地具有主权意义与象征意义，为了保证足够的税赋财源，只能"通过'授田'的方式，将所有权和占有权分离"，[1]将土地田产分配给民众耕作。在此过程中，"国家逐渐弱化对土地所有权的绝对控制"[2]成了一条颠扑不破的定律，家业产权因此进入了村落共同体与个人的实践层面。

从国家治理的高度俯瞰农村社会，民间社会实际上呈现出一幅繁密复杂的图景。当现代国家和法治话语嵌入国家制度层面并享有高度权威后，传统的地方"父母官"与作为子民的民众之间的互补、互惠关系日趋式微，而民众依然以传统观念来理解个体与国家的关系。观念错位引发的后果则是个别地方会与利益集团形成合谋，在攫取民众利益上形成共识。

二、农村土地"私有产权规则"的演进逻辑

农村土地的性质是集体所有的产权，这在法律制度上毫无疑问。然而，文本规则远未囊括真正的民间地权的现实运行逻辑。既往大量的调查研究表明，民间社会的土地私有权观念相当浓重，"农村土地的私有产权规则也越来越成为农民所认可并积极主张的基本产权规则"，[3]而市场化因素是民众对于集体土地认知带有私有产权观念倾向的重要原因。农村社会的土地使

---

[1] 王昉：《中国古代农村土地所有权与使用权关系：制度思想演进的历史考察》，复旦大学出版社2005年版，第234~236页。

[2] 黄鹏进："中国传统农村土地产权性质的三重认知及其贯通理解"，载《南京农业大学学报（社会科学版）》2014年第6期。

[3] 黄鹏进："农村土地产权认知的三重维度及其内在冲突——理解当前农村地权冲突的一个中层视角"，载《中国农村观察》2014年第6期。

用权，始终呈现出显性与隐性市场交错的局面。其结果是在提高土地经济价值、实现土地资源优质整合的同时，也加深了民众对土地观念的认知，在其看来，土地除了作为生存资源的属性外，还是代表了个人、家庭财富的财产。而这种土地产权观念意味着土地的公共资源属性至少在隐性运行机制上发生了变化，即在一定程度上转向了个人财产属性。这在一定程度上成了农村集体土地私有产权观念的催化剂，农民对旧有法律、政策的制度性内涵认同发生了动摇，成了当下农村土地产权冲突与农村土地纠纷的一大诱因。例如，在现实中，在国家规定土地承包经营权允许有偿流转的情况下，农村集体土地使用权市场呈现出一片繁荣景象，在诸多农民享受到了土地流转带来的丰厚收入后，农地承包经营权的经济价值便得以彰显，这一点在以山地、林地为主的农村进行土地确权的过程中表现得尤为明显。[1]与此极为接近的是农民对宅基地的认知，责任田属于集体、宅基地归属个人[2]是一个普遍的共识。二十年来，农村宅基地的买卖交易日益频繁，现有法律框架禁止宅基地在非本集体成员之间转让，而在诸多受制于法律规定无法办理宅基地使用权证的购买者看来，宅基地使用权转让是个人之间你情我愿的公平交易，属于个人财产，是天经地义的事情。

　　农村土地私有产权规则最终被形塑，主要有两方面的原因：

---

〔1〕　调查研究发现，农民对于"四荒地"的产权界定具有了明显的私有产权观念。现实中，虽然登记在册，但基本是自由耕种的"四荒地"均不享有粮食补贴。但在土地确权时，往往是村集体主张集体经营权，而耕种"四荒地"的农户往往主张对"四荒地"的土地承包经营权，从而导致纠纷不断。尽管根据现行法律，"四荒地"的所有权、经营权均属于集体所有，然而在农民的认知中，"四荒地"是农民自身开垦劳作才产生了价值，显然不再是集体共有，其性质完全不同于一般意义上的承包地。

〔2〕　参见张佩国：《财产关系与乡村法秩序》，学林出版社2007年版。

第四章　历史维度下土地产权中的非正式制度——"祖业权"

其一，改革开放以来，农村土地使用权市场化的步伐加快，土地产权成了一种带有"可转移性"特点的权利；其二，国家对于农村土地政策的不断调整，最终导致了农村土地私有产权规则的萌生。从形式上看，20世纪80年代以来的家庭联产承包责任制，虽然从形式上没有改变农村集体土地的所有权性质，却在实质上"开启了'共有与私用'的土地使用权私有化的改革方向"。[1] 而近十年来，国家从政策层面推进了农村土地使用权有偿流转的改革、制定了土地征收征用补偿制度，而且在法律层面将农民土地使用权明确规定为用益物权，这一系列举措无不显示出国家层面在土地制度改革中始终遵循的改革逻辑：其一，强调渐进式的土地制度改革；其二，坚持农地承包关系的明晰化、固定化及长期化；其三，"赋予农民更多、更丰富的土地使用权权能"。[2] 就法学理论而言，明晰的产权界定能够保证私人对财产的排他性占有，从而为市场自由交易创造良好前提，国家政策与国家制度的调整为农村土地产权的出现、发展与繁荣提供了坚实基础。我国的《土地管理法》规定："农村和城市郊区的土地，除由法律规定属于国家所有的以外，属于农民集体所有"；"农民集体所有的土地依法属于村农民集体所有的，由村农业生产合作社、村农业集体经济组织或者村民委员会经营、管理"。现有法律明确了农村土地公有产权具备社区共有这一特征，"而对社团或社区之外的人员具有排他性"。[3] 但是，农村土地的"公有产权"从本质上看显然与民法意义上的"共有产权"之含义相去甚远。民法意义上的"共有产权"指的是

---

[1] 参见赵阳：《共有与私用：中国农地产权制度的经济学分析》，生活·读书·新知三联书店2007年版。

[2] 参见蒋省三、刘守英、李青：《中国土地政策改革：政策演进与地方实施》，三联书店2010年版。

[3] 党国印："论农村集体产权"，载《中国农村观察》1998年第4期。

平等主体间的私人合约,而中国民间土地产权则带有鲜明的国家控制性。现实中往往是国家通过总体规划严格限制农地规划,而基层政府出于地方经济发展和现实利益的考量往往会做出多种变通。

"主权者可以终结法律的持续性,可以用'超法律'的手段来维护'法律'。"[1]市场契约行为的先定条件是私有产权同时具备"排他性"与"可转让性",国家通过创制法律规范、交易规则保护私有产权。"土地的私有产权性质其实才是当前主流经济学家讨论土地产权问题时的主要落脚点",[2]私有产权规则实质上是人们对产权的经济维度认知在社会制度上的完整映射。经济收益是产权私有的最主要影响因素,在民众看来,土地就是财富,而且是可以转让的私人财产,所以,违背现有政策、法律规定的宅基地交易行为十分常见。

新中国成立后的相当长时期内,社会民众对土地产权的认知始终保持着相对稳固的状态。由于公有化"大锅饭"的产权形式带来的低效率引发了整体性社会危机,国家在20世纪80年代初做出了全方位的改革,对产权形式也作出了相应调整,市场化转轨自此启程。中国在市场化经济改革过程中选择了产权制度变革先行的策略,而产权制度变革又进而将土地产权制度的改革作为了体制改革的突破点,以"共有与共用"为特点的旧有集体共耕制全面转化为以"共有与私用"为特征的新式家庭联产承包责任制。这场改革在保留了集体所有权的同时也赋予了农户相对广泛的土地使用权。但是,作为社会基本意识形态的集体土地所有权认知,与出于生产效率提高而赋予农民的

---

〔1〕 张旭东:《文化政治与中国道路》,上海人民出版社2015年版,第206页。
〔2〕 谢晖:"论民间法与纠纷解决",载《法律科学(西北政法大学学报)》2011年第6期。

诸多土地使用权二者间,在本质上存在着张力。在这场史无前例的制度改革和社会大转型背景下,各级土地政策的形塑和经济利益的驱动,最终让农民"完成了土地产权的私有化想象,习得了土地的私有产权规则"。[1]在经济体制改革突飞猛进的同时,去政治化的社会转型也在悄然进行。去政治化的结果是整个社会的意识形态有了相对宽松的环境,多元意识交错、多元文化共存的局面逐渐形成。更为关键的是,国家权力在社会领域的退出制造了罅隙,几千年来根深蒂固的传统意识在新中国成立后多次政治运动的冲击下长期蛰伏,而在社会全方位转型时,村落共同体价值、家业产权观念迅速回归。于是,在与国家法律制度的长时间复杂博弈后,"祖业权"最终呈现出了"准私有制"的特殊性质。[2]

第四节 农村土地产权的双重维度认知

产权的多重属性和复杂性是学界的共识。产权概念的意涵远非单纯的经济属性所能概括,这个看似简单的概念实质上"是经济产权、社会产权、文化产权、政治产权和象征产权的复合体"。[3]一方面,源于传统根深蒂固的"集体共享的惯例与公正观"[4]在新时期与国家推进的土地物权化改革间隐含着剧烈冲突;中国农村当下实行的土地集体所有制以及由土地而衍

---

[1] 黄鹏进:"农村土地产权认知的三重维度及其内在冲突——理解当前农村地权冲突的一个中层视角",载《中国农村观察》2014年第6期。

[2] 参见赵晓峰:《公私定律:村庄视域中的国家政权建设》,社会科学文献出版社2013年版。

[3] 张小军:"复合产权:一个实质论和资本体系的视角——山西介休洪山泉的历史水权个案研究",载《社会学研究》2007年第4期。

[4] 张静:"村社土地的集体支配问题",载《浙江学刊》2002年第2期。

生的诸多惯习,实际上反映了"宗法社会的身份界定规则"的顽强生命力。[1]

产权内在逻辑意涵有着多重维度,而多重内涵影响着人们的认知,也就出现了不同的产权界定规则。公有产权、私有产权及家业产权恰恰与民众对土地产权在政治、经济、文化上的认知一一对应。传统中国的土地产权是集多重维度于一体的复合所有权。从横向结构来看,其与完整的产权并无二致,各项权能也基本符合完整产权的特征,然而,"它的纵向结构,却并存着国家的、乡族的和私人的三个不同层次的权利"。[2]具体而言,国家层面上的权利是基于土地产权的政治属性,私人层面上的权利是基于土地产权的经济属性,而乡族层面则是基于土地产权的社会属性和文化属性。在传统社会中,土地产权正是在不同属性的价值指引之下并行不悖地运行于一个社会的不同情境之中而未曾发生抵牾,多重属性的产权最终和平共存于民间社会土地产权的日常实践。

而从法学角度来理解,我们至少可以从如下两个维度来理解"祖业权"嵌入乡土社会的表达进路。

一、国家法角度的诠释

无可否认的是,产权界定的支配性原则首先应归属于国家政治权力。国家通过政策、法律等方式运用公权力直接影响到土地产权的界定。而在普通民众的产权观念中,土地的最终所有权人是具有高度权威的国家,农民自身能对土地拥有权利,

---

[1] 陈端洪:"排他性与他者化:中国农村'外嫁女'案件的财产权分析",载《北大法学评论》2003年第0期。

[2] 黄鹏进:"中国传统农村土地产权性质的三重认知及其贯通理解",载《南京农业大学学报(社会科学版)》2014年第6期。

第四章 历史维度下土地产权中的非正式制度——"祖业权"

是来自于国家的赋权。历史上私有产权虽然存在，但其弹性较大，被牢固限定在"国家是最高产权"的预设框架之下。[1]尤其是传统中国，数千年来土地均成为国家、民众最重要的生产资料，土地的授予是国家统治正当性的重大前提。在税赋作为国家主要收入的情况下，国家在将土地"授予"民众后，自然要严格掌握农民的一切土地权利，国家终极所有便成了一个颠扑不破的真理。产权高度政治化的后果是权力与官吏的法外收入形成合谋形成暴力侵害，[2]带有特权色彩的土地兼并成了传统社会地权转换的本质。[3]由此，土地产权与政治权力二者间形成了一套极其复杂的隐性关系，甚至可以说，传统中国农村地权的转换历史，实际上是以政治权力为基础的土地兼并持续上演的政治史。国家所有权观念的深入人心使得民众从观念上将农村土地看成是公共资源，那么国家以管理者的身份介入土地事务、干预农民的土地使用权也就理所当然了。

实际上，无论是成文法还是判例法，"总会出现调整不能（法律规定与社会事实相冲突）或法律空缺"，[4]所以民间法就填补了这个空白，二者间呈现出此进彼退的消长态势。尽管现代社会的理念对民间法进入正式秩序并不友好，但法律实践却通过认可或授权"使民间法能够被结构在国家正式秩序体系中"。[5]在过去的历史中，在相当长的时间内，国家法与民间法

---

[1] 贺雪峰："土地问题的事实与认识"，载《中国农业大学学报（社会科学版）》2012年第2期。

[2] 杨国桢：《明清土地契约文书研究》，人民出版社1988年版，第3页。

[3] 程念祺：《国家力量与中国经济的历史变迁》，新星出版社2006年版，第41页。

[4] 谢晖："论民间法与纠纷解决"，载《法律科学（西北政法大学学报）》2011年第6期。

[5] 谢晖："论民间法结构于正式秩序的方式"，载《政法论坛》2016年第1期。

处于"和平"状态,共同维系了农村法治秩序的平衡;而在"土地财政"的社会转型期,农村土地价值呈几何状倍增,民间习惯法与现行土地法律制度的矛盾便凸显出来,民间法与国家法之间呈现出巨大张力。诸多农村地区的普遍意识是,以坟山、山林等代表的非农土地产权属于"祖业权",个人拥有完全的支配权利。以"祖业观"为代表的"地方性知识"直接影响了农村土地产权的现实界定。在南方农村尤其是闽南、潮汕一带,民众认为,宗族的祠堂、庙宇、坟山以及坟山上的林木均是祖辈遗给子孙的祖业,在现实中更带有祭祀的功用。而一些颇有见识的年长村民甚至认为,古代社会即使由于犯罪查没家产,查抄范围也不及于义庄、祠堂等祖业,当今法治社会弘扬正义公平,更不应将私有财产公有化。对于历史上原属于家业财产的林地、坟山,尽管现行法律将其划为集体所有权范围,但这并不影响原宗族成员安葬于此,死后葬入祖坟山是认祖归宗的主要体现之一,民间文化中只有犯下大逆不道令家族蒙羞的罪行方才会被剥夺安葬入祖坟的权利。所以,以祠堂坟山代表的祖业,首要的定位是其独特的社会文化内涵,其次才是财产权利。对于国人而言,身份界定规则的重要性并不逊于国家法,因为"宗族的整合性和纯洁性,乃至其存续的可能性取决于宗族自我身份的界定能力和排他能力"。[1]例如,上文分析的以坟山为代表的"祖业权",其"共享"是以宗族的成员身份权为前提的。这些祖先遗留的财产,"不独非个人有,非社会有,抑且非一家庭所有",[2]而是由伦理关系中的同一姓氏、同一宗族所有。以福建闽南地区的土地确权为例,诸多由于历史问题未

---

[1] 陈端洪:"排他性与他者化——中国农村'外嫁女'案件的财产权分析",载《北大法学评论》2003年第0期。

[2] 梁漱溟:《中国文化要义》,上海世纪出版集团2005年版。

第四章　历史维度下土地产权中的非正式制度——"祖业权"

曾分包到户的山地、林地需进行量化、确权，而在此过程中，国家法律规定的"村籍"并非是农民取得股权资格的全部条件，而是否为宗族成员却成了极为重要的判断标准。诸多原住民认为，村庄的新户、"外嫁女"等特殊家庭属于身份待定的群体，不能享有等同于原住民的村庄"祖业权"。可见，在相当程度上，农村土地的"家业产权规则"实际上是根据"祖业观"而建构和发生的。

民间法并非新近产物，其存在是一个旷日持久的历史现象，为何在现代社会才与出现了激烈冲突？就国家法与民间法冲突的渊源而言，古代社会的司法与行政并非泾渭分明，地方"父母官"即使熟悉当地民俗，传统社会"双轨政治"的架构也要求他们避免直接诉诸民间习惯法或者对此表现出浓厚兴趣，尽管有个别地方官吏会留心地方风俗，并以此来推定案件事实，但在司法审判这个从上而下的领域中，他们要避免与民间社会形成直接的互动，从而避免"双轨政治"变为一轨。[1]"民间习惯法只在民间起作用。"[2]而现代社会"双轨政治"已经消失，而"传统规范的核心原则与社会主义规范在村落社会中共存"，[3]国家法与民间法的多元规则在社会转型时期又并行存在，在城镇化导致土地增值的背景下，其便成了民间土地产权纠纷的主要因素之一。

"实际上非正式规范和实践正是社会控制的基础和主要形

---

[1] [日] 滋贺秀三等：《明清时期的民事审判与民间契约》，王亚新、梁治平译，法律出版社1998年版。

[2] 赵晓力："习惯法研究与对应性调查——评《黄岩诉讼档案及调查报告》"，载邓正来主编：《中国书评》（第2辑），广西师范大学出版社2005年版，第18-29页。

[3] 朱晓阳：《罪过与惩罚：小村故事1931-1997》，天津古籍出版社2003年版，第286页。

式",[1]民间法利用自身的乡村合法性认知与国家法的高度权威性承认一直进行着极为复杂的博弈。关涉土地纠纷的诸多调研表明,当下农村社会具有"祖业观"认同的宗族对抗的是国家的政策与法律。在司法实践中,法院审理该类型案件的依据自然是国家法,判决结果也彰显了国家法以压倒性的优势战胜了民间法。然而,在实际的基层实践中,"祖业权这一民间法却胜过国家法,从而直接导致当代法制建设的困境"。[2]而在较为偏远地区或民族聚居区的乡村,当下宗族对划分资源共享的边界诉求更为强烈。[3]"祖业权"的民间合法性认同有着极其浑厚、扎实的伦理基础,在民间地权冲突的实践中占据了道义优势。对民众而言,"祖业观"是传统与历史的产物,国家通过法律手段界定土地产权仅仅是一种"分配的正义",而远非"交换的正义"[4]。对此,国家对于农村土地产权的法律调整应审慎而行。

国家法是带有普遍适用、采用同一调整方式的规范,在法制统一的前提下对地方社会的民间法是压倒性的优势。然而,所有法律最终都是在乡土社会的层面实现的,其真正走向民众生活受民间社会运行机制逻辑的限制,于是,两种价值理念的纠葛与碰撞在土地权属的纠纷中得以淋漓尽致地展现。中国民间以"祖业权"为代表的传统土地产权制度,本质上是国家之

---

[1] R. C. Elickson, "Coarse and Cattle: Dispute Resolution Among Neighbors in Shasta Country", *Stanford Law Review*, 38/1986, pp. 623~687.

[2] 谢小芹、简小鹰:"'祖业权':作为一种非正式产权的地方表达与实践——基于对广西宗族性村落的调查",载《广西师范大学学报(哲学社会科学版)》2014年第1期。

[3] 李翠玲:"市场化背景下彝汉杂居村落湖村的宗教信仰与族群认同",载《云南社会科学》2013年第1期。

[4] [英]冯·哈耶克:《哈耶克论文集》,邓正来选编译,首都经济贸易大学出版社2001年版,第411页。

第四章　历史维度下土地产权中的非正式制度——"祖业权"

法与乡村之法遭遇后的冲突、博弈、妥协与共存。

二、产权建构的理解进路

中国古代绵延数千年的"家国天下"传统、以宗法制为主要代表的国家组织形式，其特点正是家、国的合一。宗族化社会首先要保持自身的高度内聚性，而其方式一是共同的祖先认同，二是基于"祖业观"而建构的"家业产权规则"，这套独特的产权规则反映的正是宗族子孙对土地等祖业财产独占和共享的"祖业观"，这也构成了传统社会运行、发展的前提。

社会结构是"在由制度上即社会上已确立的行为规范或模式所规定或支配的关系中，人的不断配置组合"，[1]以预先假定的范式来套用中国土地产权显然忽略了中国民间土地产权复杂性的缺失与民众财产观念的考察。[2]传统社会的土地产权，其边界并非像今日人们想象得那么泾渭分明，只有在不同村落、不同宗族之间才有明确的产权界限，而同一姓氏、同一宗族等村落共同体之间的产权边界并不十分清晰。因而，传统社会的土地，于农民而言是自己的、家庭的，但同时也携带了宗族共有的属性，如农民买卖、典押土地按照惯例只能在同一村落或者同一宗族内进行，其完全受到宗法关系的约束。土地交易成了带有伦理人情的典型"人格化交易"，"同族四邻先买权"成

---

〔1〕[英] A.R. 拉德克利夫-布朗：《社会人类学方法》，山东人民出版社1988年版，第148页。
〔2〕费孝通先生曾撰文严肃批评过南京国民政府行政院的农复会所做的云南省农村调查，其将农村土地的永佃权与"一田两主"完全混同。费孝通先生指出，当时农复会的调查出发点是根据租佃关系来把农户分类，继而考察农村土地产权的分配。然而，以禄村为代表的村落，其土地制度是雇佣关系而非租佃关系，故而国民政府的调查出现了巨大漏洞，其调查结果也就很难说准确了。参见费孝通："禄村农田"，载费孝通：《费孝通文集》（第2卷），群言出版社1999年版，第310~311页。

了民间土地交易必须遵循的基本原则。[1]故此,土地更多地被赋予了一个宗族繁衍子嗣、生生不息的保障性资源的价值取向,承载了家族共同体个体成员的生存权利。祭坛和义庄是全体宗族的共有财产;社仓、学田及义仓等是乡党之间的共有财产。[2]传统社会伦理经济的道义性表现在:诸多族田不仅作为鳏寡孤独的保障,[3]而且形成了一套惜寡怜贫、爱护弱势群体的原则,如地主由于佃农欠租而单方解约,则不得主张所欠租金,[4]而农户将土地出典后有双重选择:经济宽裕时有随时回赎的权利,地主不得拒绝;无力赎回时亦可根据市值主张"加找"地价。[5]而当下农村集体土地所有制虽然依据国家政治逻辑而建立,但其从传统社会就始终携带的"共享""均平""济困"等民本价值和道德理想并未完全消失。而这恰恰是农村土地的集体所有制得以存续的道德"合法性"基础,更深远的影响在于其同时也构成了农村基层政权得以在现有秩序下良性运转的社会治理基础。正是在此意义上,我们可以理解为什么有学者认为改革现有农村土地的产权制度,将极有可能导致农村基层社会政治生态急速溃败。[6]

---

[1] 赵晓力:"中国近代农村土地交易中的契约、习惯与国家法",载《北大法律评论》1998年第2期。

[2] 梁漱溟:《中国文化要义》,上海世纪出版集团2005年版,第74页。

[3] 参见李文治、江太新:《中国宗法宗族制和族田义庄》,社会科学文献出版社2000年版。

[4] [美]步德茂:《过失杀人、市场与道德经济:18世纪中国财产权的暴力纠纷》,张世明、刘亚丛、陈兆肆译,张世明、[美]步德茂审校,社会科学文献出版社2008年版,第112页。

[5] 黄宗智:《法典、习俗与司法实践:清代与民国的比较》,上海书店出版社2003年版,第75页。

[6] 参见贺雪峰:《地权的逻辑——中国土地制度向何处去》,中国政法大学出版社2010年版。

第四章　历史维度下土地产权中的非正式制度——"祖业权"

由此，至少从社会结构角度而言，产权蕴含着极其丰富的社会文化内容，而且传统中国的财产制度与伦常社会性质极为密切。以"祖业权"为代表的农村土地"家业产权"呈现出"同居共财"的显著表征。分家析产在表面上是家庭财产的清晰分割与分配，然而现实却是这种方式"并不能使新立户的小家确立一个完全独立的财产边界"。[1]这种财产权界限的模糊，原因在于虽然分家析产后每个儿子都获得了祖业的一部分，但每个子代家庭所继受的家产均是从同一祖先处取得的，子代家庭的家长并非完全的家产所有者。故此，即使分家析产后，子代家庭之间仍有一定的互助责任，不过这仅是基于家庭伦理道义而衍生的义务，而且其责任的大小会因为不同区域类型和父权文化的强弱程度不同而有差异。基于血缘关系而聚居的同姓宗族有着共同的祖先，而对于"祖业"共享的权利依据血缘亲疏相应地呈现"差序格局"，从而呈现出一套相应的集体共有的惯例与公正观念。家族并非国家的对立物，独立于政治国家的中间阶层也始终没有产生。家族与国家相生共存，演进成一个相对封闭的完整系统。"家国同构""家国一体"，社会整体的价值观趋一，以五伦为出发点的伦理身份规则构成了民众人际关系的模式，同时也是国家生活的主要规范，国家、社会都成了家庭、家族的放大效应。"同居共财"成了传统社会家庭的主要模式，以土地田产为主要家庭财富的共有、共享也成了传统中国"家"的概念的重要表征。[2]由此，身份意识高度发达，身份认同溢出了家庭、宗族的范围而扩展至"家国天下"，这构

---

〔1〕　张佩国："制度与话语：近代江南乡村的分家析产"，载《福建论坛（人文社会科学版）》2002年第2期。

〔2〕　[日]滋贺秀三：《中国家族法原理》，张建国等译，商务印书馆2013年版，第77~96页。

成了整个社会关系的基本要素。于是,财产权利便与家族权利、身份权利纠葛在一起,民间财产的交易、流转便受到了多种习惯法的束缚,最终导致了财产观念的先天不足。梁治平先生指出这种早熟的国家形态,"它所带有的种种'先天不足'对中国文化传统的形成和发展影响至深,于社会关系方面尤甚"。[1]

以"祖业观"为代表的产权认知,其逻辑上的自洽性反映了传统产权界定规则在民间依然有着较为广泛的存在基础,也能够得到较普遍的社会认同。土地公有产权规则将土地界定为一项供农民使用的社会性资源,这在作为生产资料属性的耕种用途的农地上没有任何争议(尤其是平原地区)。但对于边界的模糊地带,民众的产权观也发生了变化。农村土地的家业产权规则虽然独立于国家法之外自发生成,但其更多地承载了社会与文化的意涵。由于"四荒地"、宅基地具有经济价值,因此农民将其作为个人财富来看待,产权界定遵循了私有产权的规则,而界定的标准是基于是否"实际占有";而祖坟山、堰塘、祠堂等祖先遗留的家族财产深受民间传统的影响,更多地具有身份认同的意义,界定的标准是传统惯习,其更多地体现出宗族承继、文化传承的意涵。传统中国长期停滞是一果多因,其缘由错综复杂,"但人际关系的普遍的'身份化'绝不是一个无足轻重的原因。甚至可以说,这种'身份化'的社会状态正是中国在近代落伍的重要标志之一"。[2]以身份认同为主要价值基础并未出现大的问题,因古代社会整个体系相对封闭静止,身份化

---

[1] 梁治平:《法辨:中国法的过去、现在与未来》,贵州人民出版社1992年版,第40页。

[2] 梁治平:《法辨:中国法的过去、现在与未来》,贵州人民出版社1992年版,第40页。

第四章　历史维度下土地产权中的非正式制度——"祖业权"

恰恰契合了社会状态和社会发展；而随着世易时移，当代社会是一个开放的、以经济发展为第一要义的时代，身份化无法与一个开放的现代社会相匹配，最终导致了尖锐的冲突。

"祖业权"这一关涉传统与现代的宏大叙事绝非单一学科的技术化路径所能解决，对于这个颇为繁复的历史疑难问题，我们首先需要消除政治意识形态与西方研究范式先入为主的"概念化书写"，而必须彻底从"建构"历史真正转向到对历史"真实"的获得。[1]"祖业权"，这一特殊的产权现象只有在中国农村地区才存在，农民对宗族性村庄内部的宅基地、山地、林地等非农用地享有占有、使用的支配性权利。显然，"祖业权"远非人们所认为的简单公有意义上的产权规则，但也远不是现代法律意义上兼具"独立性"与"排他性"的私有产权规则。究其本质而言，我们可以将其定位为是一种建构于传统"祖业观"之上的非正式产权，"蕴含了家族（宗族）成员及其子孙对祖业（主要是土地）的独占与共享观念"。其在当下的研究价值在于，"同时从文化史和社会经济史的角度来考虑法律制度"。[2]"客观地理解历史过程发生、发展的逻辑性，要比简单地进行定性分析更为重要。"[3]既往的研究中，主流的进路是将"祖业权"单纯作为土地产权来看待，而未能对中国农村的土地产权所隐含的深层社会历史原因做出更剀切的理论阐释，总体而言，对中国乡土社会的土地产权实践中的产权界定规则所共

---

[1] 张佩国："建构历史抑或再现历史———质疑近代中国乡村史的概念化书写"，载http://www scuphilosophy.org/Scholars Library_ display. asp? userid =752&art _ id = 7312，访问时间：2014年5月9日。

[2] 黄宗智："中国法律制度的经济史、社会史、文化史研究"，载《北大法律评论》1999年第1期。

[3] 张佩国："传统中国乡村社会的解释策略"，载http://www.snzg.cn/article/2006/1112/article_ 1847.html，访问时间：2006年11月12日。

有的一般意义上的特征尚未做出理论意义上的提升，也就未能将其作为理解中国社会内在机理与总体结构的切入点。而在方法论上，对于这个深藏于乡村社会史中的问题，应力图避免两大误区：其一，避免狭隘的学科本位研究方法将真实的民间社会分割化、碎片化，学科本位的后果是直接以片面的、微观的、零碎的部分代替呈全息景观的真实民间社会；其二，也应杜绝导致人历史主体性缺失的片面强调历史学科学化的追求，"圈地"式的研究根本无法展现地权分配的真实动态历史。对于这个属于深重社会、历史旨趣的法学问题，我们只有在多角度的跨学科视野下，方能够全方位地进行剖析探查，避免单纯从概念到概念、从史料到史料的堆积，从而在人文关怀的基础上重塑民间社会的真实世界，提升对中国民间社会土地产权分配实态的追索力度，达致对民间社会真实而准确的理解。

"祖业观"认知下的"祖业权"实质上是当下农村地权冲突的产物。对于这个关涉到历史学、社会学、政治学、法学的极为复杂的现象，学术讨论还只能止步于大致宽泛的逻辑推理，而尚未将"祖业权"背后所反映的社会转型时期多元因素间的复杂博弈完全展现出来。平心而论，诸多学者基于个案的调查研究和理论探讨亦难以说完全能够支撑这一宏大叙事。追溯"祖业权"的渊源，透过其发展演进的历史脉络，梳理家业产权背后的"祖业观"之形成谱系，可知"祖业权"有着客观的历史必然性与合法性。其实质上是当下整个中国社会对历史与现代农村土地产权认知的大转型，这一转型过程的诱因、所携带的诸多问题远非单纯经济学视角或"不完整产权"能够简单概括。要解决这一宏大叙事，需寻求国家层面的政策导向与高度的社会认同。由此，对于"祖业权"的探讨，将是一个远未终结的深沉话题。

第五章
土地制度变革的法治进路

在上一个经济发展黄金机遇期，中国利用独特的土地制度保障了经济的高增长和工业化、城市化的快速推进。但是，也形成了以土地支撑的经济发展存在不协调、不健康、不可持续的问题。中国传统发展模式高度依赖土地的推动。高投入、高消耗的要素投入方式主要表现为土地的宽供应和高耗费；地方政府的竞争主要依托于以土地招商引资；高速的工业化依赖于低成本的土地供应；快速的城市化依托于政府主导的土地资本化。因此，要转变传统经济发展方式，必须转变土地利用方式。

第一节 土地制度改革的主要走向

一、改革方向

土地制度改革决定着土地利用方式和经济发展方式转变的成败，也是能否利用好下一轮发展机遇期、促进国力再上一个台阶的关键。土地制度改革的根本目标是为经济发展转型和可持续的城市化提供制度保障。基本方向是：按照宪法多种所有制共同发展和平等保护物权的精神，建立城市国有土地与农村集体土地两种所有制权利平等的土地产权制度；建立城乡土地平等进入、公平交易的土地市场；建立公平、共享的土地增值收益分配制度；建立与现代社会发展相适应的土地财产税制度；建立公开、透明、规范的国有土地资产经营制度和土地融资制度；建立以权属管理和规划与用途管制为核心的现代土地管理体制。

二、总体思路

以土地制度改革为突破口，推进消除城乡土地二元体制改革，促进生产要素在城乡的优化配置与流动，实现城乡发展一体化和可持续的城市化；构建两种所有制土地权利平等的产权制度，实现不同主体平等参与和分享经济发展机会；实施确权和不动产登记，为保障土地权益和农业现代化、人口城市化提供基础制度保障；推进征地制度改革和用地模式改革，促进土地收益的公平分配，实现全社会对土地增值收益的共享；通过集体建设用地进入市场和加大城市化地区土地市场化配置，实现不同主体平等进入市场和稀缺土地资源的集约利用；完善土地经营、融资和税收制度，为可持续的城市化提供资金保障。

第二节　土地制度改革的主要内容

现行土地制度的主要弊端是权利二元化、市场进入不平等、价格扭曲和增值收益分配不公。土地制度改革的根本目标是，以权利平等、放开准入、公平分享为重点，深化土地制度改革。建立两种所有制土地权利平等、市场统一、增值收益公平共享的土地制度，促进土地利用方式和经济发展方式的转变。

1. 完善农村土地产权制度

落实土地承包关系长久不变制度，明确集体土地承包时点，在法律上明确农户长久承包土地制度。完善政策和相关法律，建立土地承包权与土地经营权可分离的制度，依法平等保护土地承包权和经营权。完善土地流转制度和办法，遵循自愿、依法、有偿原则，地租归原土地承包权农户，土地流转必须与原承包者签订合同。完善土地权能，设置土地承包权处置权和经营权可抵押权。

2. 承包经营权的"长久不变"

党的十七届三中全会以后，四川省成都市双流区瓦窑村率先实行农村土地承包经营权"长久不变"，开创了"全国先河"。瓦窑村的具体做法是：以村社议事会组织实施，形成相关制度规定：

第一，固化集体经济组织成员。一是集体经济组织成员以社为单位、以2008年确权时确认的户为准，以户为单位享有本社农村土地承包经营权。二是以社为单位，将2008年确权以后至2009年确定长久不变固化实践过程中新增的人口确认为集体经济组织特殊成员，可享有集体资产收益的分配。三是以社为单位，分别确定固化时间。固化之后的新增人口不再被确认为集体经济组织成员。

第二，落实农村土地承包经营权长久不变。一是以各社确定的土地承包经营权长久不变的起始时间为准，不再进行土地承包经营权调整。农户享有土地承包经营权抵押、流转等方面的权利。二是针对因自然灾害（水灾或滑坡等）造成承包地损毁的，社集体不再划拨土地给受灾承包户。三是农户在确权前占用承包地建房的，原宅基地复耕后，以与建房面积相当的面积作为承包地发包给建房户，多出的面积计入集体建设用地，不足的部分扣减建房户的承包地面积。

第三，明确土地收益分配方式。一是河滩、荒坡等未分配到户的土地收益归集体所有，以社为单位，股权量化到人。股份可继承、转让和赠与。二是集体公益事业需占用社员承包土地时，采取"谁受益、谁出钱"的办法，由受益户按照同期国家征用补（赔）偿标准出资进行补（赔）偿。三是对"五保户"去世后的土地承包经营权和收益权的处理，在得到村委会和本社议事会同意并报镇政府和县级相关部门备案后，采取"谁供养，谁受益"的办法。四是以社为单位，计算人均承包地面积、户实测面积与第二轮承包台账面积的差异，其多出平均部分的由原承包户耕种，不足平均承包地面积的户，以协议的方式补足其差额面积，耕种截止日期以国家征、占用或项目流转该土地时间为准，耕种收益归现耕种农户；国家征、占用或该土地流转时产生的收益归确权时确定的承包经营权人；耕保基金及国家对农民按土地面积计算发放的各种补贴由确权时确定的承包经营权人享有。

第四，提供保障土地产权的制度基础。中国的土地产权基础保障存在一些缺陷，土地集体所有主体不明、权力界定不清、保障强度不够。土地、房屋及自然资源的登记和权属管理仍然按部门分置。登记机关不统一，权证不符，既不利于土地权利的保护，也不利土地的管理。对此，中央政府必须下决心完成对农村所有土地资源的权属、登记和证明。将所有土地资源确权到每个农民手中，为下一阶段的农业转型和人口城市化提供基础制度服务。按照《物权法》的要求，我国应尽快出台不动产统一登记法，推进实施以土地为基础的不动产统一登记制度，统一法律依据、登记机关和权属证书等。

第三节　土地改革的"他山之石"
——西方土地用途分区管制和登记制度

土地用途分区管制的原理是把土地分成不同的用途区域，在不同用途区内规定不同的土地管制规则：在同一用途区内实行完全相同的管制规则。土地用途分区管制制度始于1692年，自20世起50年代开始成为大多数国家和地区规划管理土地的手段。

一、土地登记制度的目的与分类

1. 土地用途分区管制的目的

（1）排除不当的土地利用，避免土地利用"外部不经济"。通过土地用途分区管制排除因为私人占有市场造成的土地资源浪费、错误分配或土地利用"外部不经济"，并可以通过减少不当的土地利用来保护和改善人们的生活环地，保护已有建筑和自然遗产，保护农村景观，从而提高人们的居住和生活环境水准，确保健康、安全等目标的实现。

（2）有效、有序地控制土地利用及开发进度，保障公共设施服务水平。土地用途分区管制不仅规范了土地利用和开发活动的区位与类型，还可限制土地使用的规模、强度及控制人口密度，从而使整个土地利用以及经济发展得到有效控制，也能使公共设服务水准得到有效保障。

（3）节省政府财政支出，土地用途分区管制可通过指定发展地区的方式控制土地开发，把工厂以及相应的服务设施（如学校、道路的建设）等必要的建设活动引导到适当的地方，从而充分发挥土地效益、降低公共服务成本，达到节省政府财政支出的目的。用途管制的常见类型是计划单元开发制。它是一种同平均密度紧密相关的分区制，也是一种综合开发分区制或群集分区制。开发者可以把不同用途和不同密度的建筑混合在一起，遵照一定的整体密度和使用规定进行土地利用。

2. 世界各国和地区的土地登记制度

（1）契据登记制。土地权利变动当事人双方只要意思表示一致，订立了契约便发生土地权利变动的法律后果，以契约为生效要件。土地登记只是对抗第三人的要件，即未登记的土地权利不得对抗第三人。土地登记机关对土地登记申请不进行实性审查，而只进行形式审查，完全按照土地登记申请人提交的文件给予审查，而不过问土地权利是否真实。土地权利变动事项是否登记，依事人双方意愿，政府无强制要求。土地登记机关只在土地登记簿上登记，不向土地权利人颁发权利凭证。

（2）权利登记制。土地登记是土地权利变动的生效要件，土地权利的取得或变动，不登记便不发生效力。土地登记机关不仅审查土地登记申请人提交的文件资料等登记所必备的形式要件，而且对土地权利变更的原因和事实以及是否符合有关法律规定等进行实质性审查。土地权利一经登记即具有法律效力。一切土地权利的发生和变更均必须登记。登记机关只在登记簿上登记，不向土地权利人颁发土地权利凭证。

（3）托伦斯登记制。不强制要求一切土地都必须登记，但任何一块土地只要经第一次登记，其后的每一次土地权利的转移或变动都必须经过登记，非经登记不发生效力。土地权利一经登记，便有不可推翻的效力。土地登记后产生的不可推翻的效力是由国家保证的，即国家专门从收取的土地登记费中提取一定比例资金作为保全，以便弥补由于错登而使土地权利人遭受的损失。土地登记簿填写两份，登记机关保留正本，权利人取得副本，正副本内容完全一致，副本是土地权利人享有土地权利的凭证。

二、土地用途管制制度的发展历程及现状

（一）土地用途管制制度的发展历程

土地用途管制制度源于19世纪，随着工业化进程的推进，

一些工业化国家将城市土地划分为工业区、住宅区和商业区，这便形成了土地用途管制制度的雏形。第二次世界大战以后，随着资本主义市场经济的发展、城市规模的扩张，欧洲国家逐步认识到土地资源利用的有限性，后来便从城市土地转向农村土地，这便形成了各具地区特色的土地用途管制制度，如德国、法国、英国。我国幅员辽阔，土地资源相对丰富，且经济发展起步晚，城市化进程晚于西方发达国家，因此土地用途管制制度的起步也比较晚。

《土地管理法》于 1986 年 6 月 25 日审议通过，1987 年 1 月 1 日实施，相比于西方资本主义国家晚了近六十年。随着改革开放的逐步推进，我国市场经济快速发展，经济实力不断增强，城市化进程加快，越来越多的农用地逐步转化为建设用地。这期间，《土地管理法》及相关法律制度与现实情况出现了诸多问题。此后，《土地管理法》经过了 4 次修改，不断地提高土地资源的利用效率，推动着我国土地资源的可持续发展。虽然我国的土地用途管制制度针对实践中出现的问题已经进行了许多完善，但由于我国起步晚，致使目前的土地用途管制制度还不十分成熟。

（二）土地用途管制制度的现状分析

早在 20 世纪初，美国就从德国引进了土地用途管制制度，并不断根据本国的地区特色进行调整，现已形成体系，趋于完善。日本、法国虽不及美国起步早，但都形成了完善的土地管制法律体系、土地利用规划体系、弹性政策指引。而我国虽然对土地制度有所完善，但在法律上、政策上、经济措施的指引上，仍还有所欠缺。

三、土地用途管制制度法学理论分析

(一) 土地用途管制的权力本质

土地用途管制制度的实质是国家作为土地的所有权人,对土地占有权、使用权及收益行为实行强制性的管理。土地用途管制是对土地所有权的规划,本质上属于国家统治权,国家统治权的表现形式就是行政管理权,行政管理权属于公权力。在我国,行政管理权来源于国家宪法和法律,没有宪法和法律的确认和规定,行政管理权就失去了行使和存在的法律基础。

政府通过土地用途管制来行使行政管理权,提高土地资源的利用效率,维护社会秩序,在行使行政管理权的过程中,既要行使行政权,也要履行行政主体应负担的义务。也有学者提出,对于土地用途管制权,既要看到它的强制性,也要看到它的经济性,管制权实际上是公权与私权的结合体。[1]但是,究其权力来源的根本,其私权依然是来源于国家授权,而国家的权力又是民众所赋予的。

国内也有学者提出,土地用途管制权力的法权基础是国家财产所有权,这实际上混淆了所有权与行政管理权的概念,也有悖于我国的法律现实。我国的土地所有权并非完全由国家所有,而是存在农村集体所有和国家所有两种形式。在我国社会主义市场经济改革的潮流下,国家所有权与行政管理权的分离是大势所趋。如果把所有权作为土地用途管制法律的来源,这实际上是要求"土地所有者给自己加上枷锁",这也与现代法学思想中的"对立牵制"原则相违背,土地用途管制法律维护公共利益的基本宗旨就得不到制度上的保障。

---

[1] 郜永昌:《土地用途管制法律制度研究:以土地用途管制权为中心》,厦门出版社2010年版,第88~90页。

(二) 土地用途管制制度中的法律原则分析

政府在进行土地用途管制过程中，逐步完善土地用途管制法律制度，依据相关法律法规进行，依法定程序开展，这充分体现了合法性原则，其内容包括法律优先原则和法律保留原则。法律优先要求土地用途管制法要受到宪法的直接约束，也要受到其上位法的约束，其立法不能违反法律优先的审查机制。法律保留则要求土地用途管制及其分区立法，必须要有法律的授权，不得有违背法律的行为，否则其用途管制行为便是无效的。在现代宪政法治体制下，为保障公民的权益和公共利益，要求一切国家行政权的作用都应具有合法性，即土地用途管制权力的存在、行使必须依据法律，符合法律，不得和法律相抵触。这表明，土地用途管制所依据的必须是法律，或者只有经过法律的授权才有权行使。

政府在土地用途管制中，即使是为了公共利益而进行，但是也要把对公民的合法权益的损害降到最低，这便体现了比例原则。行政立法应能实现授权目的或至少有助于目的的达成，并且用正确的手段，也就是要求土地管制法律的规定和内容与其目的之间的关系是恰当的、相关联的。立法机关或者行政机关为了达成同一目的，可以在多种选择中，选择对公众利益损害最小的手段。比例原则主要是关于侵犯公民具体权利的合法性与适度问题，在土地用途管制的立法及司法上都具有相当重要的意义。

在土地用途管制过程中，政府的行政管制行为一旦做出便不得随意更改，这体现了诚实守信原则。诚实守信原则是私法关系领域的一项基本原则，源于私法关系的"契约应该严守"，但它同样可以成为公法甚至行政法的法治原则之一。诚实守信对于土地管制法的具体要求是：其一，土地管制法必须具备明确性和可预测性。依据法的安定性原理，在一个法治国家，行政行为必须具有明确性、可预测性、可度量性，这样才能维护法的安定性。其二，法律不溯及过往。法治国家要求行政法律秩序具有"连续性"，行政法规作为约束公民行为的规范，溯及过往不利于对公民利益的保护，不溯及过往实际上是对公民利益的保护，维护信赖保护，维护政府公信力。

（三）土地用途管制法律法规产生的法理探索

土地制度是各个国家和地区自然、历史、社会、经济、政治和文化等多因素共同作用的产物。土地用途管制制度也是如此，其形成和发展也有其经济、政治制度背景。在市场经济发达的国家，土地用途分区管制并不意味着在土地资源配置中以计划机制取代市场机制，这些国家的土地配置方式仍是以市场机制为主，政府实行计划机制的目的主要在于提供公益和纠正市场失灵，其实质就是政府通过土地用途管制这类行政或者计划手段去干预土地利用，以补充市场调节作用的不足，从而达到合理、有效配置土地资源，促进社会整体协调发展的目的。

法律根源于一定的经济基础，属于上层建筑，经济基础决定上层建筑。与此同时，法的产生的物质条件和社会因素是复杂多样的，远不能单以经济的必然性说明。在对待法与经济关系的问题上，我们不能片面地理解二者之间的关系。土地用途管制法律也是如此，但并不是具有一定的经济基础就可以自发地产生法，而是还要通过人们或国家共同努力。社会基本矛盾是法律起源的根本动力，如果没有生产力与生产关系、经济基础与上层建筑的矛盾运动，法律也不会产生。

随着社会生产力的发展，社会分裂为利益不同的阶级，统治阶级需要一种特殊的社会规范来维护自身利益，在经过国家的选择与认可之后，习惯会逐渐演变成习惯法，随着社会的进步，习惯法又会演变成成文法，土地用途管制法律法规便是成文法，具有国家命令的性质，由国家的强制力保证实施，政府通过自身的公权力实施土地用途管制也是同种道理。

(四) 土地用途管制制度法的价值分析

政府在实行土地用途管制的过程中，应注重法的价值，充分调节好法的价值之间的平衡。法的价值具有指导、预测、教育等功能，重视法的价值对于法律的真正落实具有重要意义。

在对城市和农村的土地用途管制过程中，应注重法的平等价值。平等并不是平均，现实意义上法的平等也是相对的，只有实现法律上的平等，才能达到社会公平。平等对土地用途管制法律的具体要求是：对于同一土地用途的土地，对所有的土地权利人都应使用相同的管制制度；对于不同的土地用途分区，因地制宜，可以适用不同的管制规则。在立法方面，平等并不要求立法者无条件地、平等地对待每一个人，而是容许通过客观的衡量，合理地加以区别。平等不意味着绝对的形式上的相同处理，它必须以正义的理念作为判断是否违反平等的标准。所以，在制定土地用途管制执行法律法规的过程中，也要注意各个团体利益的平衡，注重平等，保证社会公平，否则会加剧社会矛盾。

开展土地用途管制的最重要的目的是实现土地资源的优化配置，提高土地资源的利用效率，在法律的实行过程中，效率价值也是不容忽视的。现代法律必须包含有利于提高效率的资源分配方式，并以具体的规定充分保障双方权利的实现和义务的履行，保证资源的优化配置。当代中国经济运行的最优模式是社会主义市场经济，我国应在社会主义市场经济条件下，不断完善相关法律法规，使得土地资源得到合理利用，运用所得收益促进社会公平正义，依法进行环境资源保护，防止和惩罚破坏自然环境以及滥用有限资源的行为，确保经济的可持续发展，追求和实现持久的土地发展权。

(五) 土地用途管制立法法理分析

我国土地用途管制制度的开展，必须基于土地利用规划的启动，而我国的土地利用规划存在着立法技术障碍。目前，我国除了"土地利用分区管理"与"土地用途分区管制"这些部分较为接近具备较完备的立法条件外，其他部分都带有很明显的计划经济色彩。

法律创制是整个法律动态运作的重要环节，对一国的法制建设、权力运行都具有重要意义。法律创制首先要遵循民主立法、科学立法等基本原则，土地用途管制法律法规的创制也是如此，要形成完备的土地用途管制法律体系。土地用途管制立法的核心是用途法定原则，用途法定原则虽然衍生于"法律保留原则"，但又不限于此，包含更为广泛的内容，它既是土地用途管制的基本立足点，又是用途管制法制化的核心总结。"用途法定原则"是相对于市场经济环境下针对土地权利人的广泛权利而提出的，是约束个体行为、保证土地利用不损害公共利益的对等设置。

随着我国法制建设的发展，行政机关制定了大量的行政规章，规章的制定工作已经形成了制度。土地用途管制法从实体内容上看是关于对地权的限制，从行政法角度，它调节的不是内部行政关系，而是外部行政关系。另外，规章的影响力与涉及面较小，对于土地用途管制法的制定应在规章之上。土地用途管制法的内容分为实体和程序两部分，程序部分适用规章无可厚非，但是实体部分直接涉及土地权利人的切身利益和公共利益，影响面较广，适用规章恐怕调整力度不够。

以上便是笔者对土地用途管制的法理学分析，通过法学理论基础分析，能对土地用途管制制度法学方向有一个大致的、方向性的了解，并可通过以上的理论分析对我国土地用途管制制度中所现存的问题提出建议，从而使我国的土地用途管制制度更为完善。

四、对于完善我国土地用途管制制度的建议

近代以来，西方学者对土地增值进行了大量研究。一个基本的共识是土地增值与区位高度相关。也就是说，一块处于城市化区位的土地的价值与一块处于传统农区的土地的价值不具有可比性。因此，当一块处于传统农区的土地被征收时，只能是按土地农用时的市场价格进行赔偿。同样，当一块处于城市化区位的土地被征收时，也得按其市地的市场价进行赔偿。土地增值收益的来源与分配是西方学者研究的重点。土地增值收益的来源可归结为：①土地所有权收益；②城镇拓展引起的土地区位的变化；③人口增加引起的土地价值的增加；④土地使用条件的变化，如容积率的提高等；⑤公共基础设施的建设。从理论上讲，土地增值收益应按照其来源予以分配，即土地所有者从土地增值收益中获取土地所有权收益；政府和社会获得由城市扩展和公共设施投资等引起的土地增值收益。但事实上，分离由不同原因引起的土地增值收益，以及如何在相关利益方之间公平分配土地增值收益成了西方土地增值收益分配理论的难题。

在西方社会，由于实行土地私有制，土地所有者获得的土地增值收益部分是有法律保障的，困难在于土地增值收益归社会的部分如何实现。为了避免来源于社会贡献的土地增值收益被地主无偿占有，将归社会的土地增值收益归于社会，西方学者以亨利·乔治的理论为基础，提出了土地价值捕获理论。该

理论认为,虽然某些私人土地业主的直接行为也可以提高土地的价值,但是,土地价值的增值大部分来源于公共部门(相对于私营部门而言)的行为。比如授予对特定用途及容积率的土地的开发许可,或是来源于基础设施投资,或是来源于城市人口增加等。在上述情况下,不动产所有人显然没有对土地增值做出贡献,因而将土地增值全部或部分归于公共部门是一种社会需要,也能为城市更新、基础设施建设和环境改善提供资金来源。这些学者还发展出了一整套利用土地增值收益捕获进行城市建设和公共产品提供的政策工具,即在法定规划下,将私人土地所有者的土地拿出一部分用于相关公共产品的提供,一部分在土地市场上变现用于基础设施建设,使人们从城市更新和土地价值提升中受益。诺贝尔经济学奖获得者斯蒂格利茨将之归纳为"亨利·乔治定理"。随着规划主义的兴起,城市规划对土地价值和土地增值收益的影响增强。城市规划不仅意味着通过约束个人财产权的自由行使来建立土地开发的公共秩序,也意味着通过对土地开发收的调整和重新分配,实现公共利益的基本追求。霍华德为了实现其"田园城市"理念,提出由政府对土地使用权转让进行限制、将开发收益中的一部分作为社会发展基金予以保留。英国著名的"尼思沃特报告"提出,城市规则在使某些土地获得增值利益的同时,其他土地也会因规划控制而遭受利益损失,必须在这两者之间建立补偿机制和利益平衡机制。解决方案是由政府向现有的土地业主支付补偿后统一征用土地的开发权,补偿金额由政府制定,以达到控制土地投机、减少政府与公众之间利益冲突的目的。进入20世纪以后,城市化快速发展对公共服务的需求增长,城市规划对于开发利益的形成和分配的影响更为显著,开发利益分配中的社会公平问题更为突出。基于此,西方学者提出了开发利益公共还原理论。所谓开发利益，是指由公共投资建设引发的土地增值收益，如何对这部分增值收益进行合理的分配，对利益受损者进行合理的补偿，是开发利益公共还原理论的核心内容。其政策工具是公共项目的"受益者负担"，即将公共投资项目的成本合理分担和收益公平分配相联系，根据产权人的受益程度确定其应承担的成本，以实现开发利益的社会还原。

（一）完善土地用途管制规范的管制权运行机制

政府应做好城市土地与农村土地的土地规划。国家应出台土地规划法协调土地利用规划和城市规划之间的关系，确立土地利用规划的基础地位，并且要求城市规划必须要服从于土地利用规划。同时也要完善规划保障制度，强化规划的稳定性与权威性，通过制定系统的规划法律制度，确定土地规划的编制原则、编制机关、编制程序、规划的法律效力及违反规划制度的法律责任。另外，也要完善土地开发利用许可法律制度，管制权的行使必须以许可制度为中心，对于违反规划许可的行为可以通过许可权的行使而限制公民对该财产权的取得或者转移该财产权，落实违反管制的法律责任。任何权力的运用均必须遵循严格的实质与形式要件，否则，该权力的滥用将会使既得利益的保护受到影响。

我国土地用途管制行使的实质要件：在管制目的上，一方面是基于公共利益，维护社会秩序的稳定；另一方面是通过管制权力的积极行使，从而实现追求社会最大福利，提高资源可利用率。政府应该在法律保留的管制依据下，在土地用途管制过程中坚持比例原则、平等原则，实现信赖保护原则的管制后果，即在法律所确定的利益发生变化时能够保证信赖该法律的当事人的合法利益得到保护。同时，如果人民基于合理信赖而投资，那么在其期待落空时，应当给予适当的补偿，这种信赖应该得到法律的保护。

我国土地用途管制行使的形式要件：对于限制人民基本权利的财产权管制法律的制定与实施，必须坚持人民参与原则，如此才能充分地体现管制法令的权威性和合法性。在管制决定作出之前，应该充分考虑民众的意见；在管制决定作出之后，应该充分赋予人民申诉权、复议权、诉讼权，并针对一些管制行为实施补偿。

具体而言：一是建立两种所有制土地权利平等的制度，改变同一块土地因所有制不同而权利设置不同的格局，赋予集体所有土地与国有土地同等的占有权、使用权、收益权和处分权，对两种所有制土地所享有的权利予以平等保护，实现宪法和相关法律保障下的同地、同权。以用途管制为唯一的准入制度。在用途管制下，农民集体土地与其他主体土地依法享有平等进入非农使用的权利和平等分享土地非农增值收益的权利。明确规划的主要作用是落实空间和功能布局，改变地方政府通过规划修编将农民集体所有土地变为国有、政府经营的格局。打破因城市和农村的边界区隔，对圈内、圈外土地按不同所有制准入的政策，除圈外可以用于非公益性的非农建设外，国内农民集体所有土地在符合用途管制的前提下，也可不改变所有制性质进行非农建设。二是明确限定城市土地国有为建成区存量土地属于国有，新增建设用地用于非农经济建设的，除为了公共利益目的征用外，可以保留集体所有。对于建成区内的集体所有土地，可以采取"保权分利"或"转权保利"方式，保障农民的土地财产权益。三是重构平等交易的土地市场，建立公开、公正、公平的统一交易平台和交易规则，实现主体平等、市场交易决定供求和价格形成的土地市场。打破地方政府独家供地的格局，实现同一交易平台、不同主体平等供地的局面。只要符合相关法律，遵守交易规则，无论是政府、农民集体，还是国有土地用地单位，都可以在统一的土地交易市场从事土地交易。进一步加大国有土地市场配置改革，逐步缩小划拨用地范围，不断扩大有偿使用覆盖面，最终取消土地供应"双轨制"。对具有竞争性、取得经营收入、改革条件成熟的基础设施、市政设施以及各类社会事业用地中的经营性用地，先行实行有偿使用。建立统一土地市场下的地价体系。完善土地租赁、转让、抵押二级市场。在集体建设用地入市交易的架构下，对已经形成的"小产权房"按照不同情况补缴一定数量的出让收入，妥善解决这一历史遗留问题。

通过上述对土地用途管制行使要件的分析可知：我国土地用途管制的实现需要以规划权作为管制权行使的依据，许可权作为管制权的中心，处罚权作为管制权行使的保障。

(二) 协调我国土地产权的三重分割

第一重分割：全民所有与国有土地产权的分割。我国实行的社会主义公有制，包括全民所有和集体所有。全民所有是一个政治性概念，其产权具有不可替代性、不可分割性，全民所有的表现只能是国家所有；集体所有是部分劳动人共同占有、支配生产资料的社会公有制形式，但集体所有制产权在法律上如何解释存在问题。

第二种分割：土地所有者与管理者的分割。国家既是土地的所有者，也是土地使用的规划者。国家要实现土地可利用效益的最大化，还要使公共资源的使用效益最大化。作为土地的所有人，很可能将土地的使用成本转嫁，导致成本与收益不集中，从而造成效益的损失。作为管理人，政府必须重视土地资源利用的长久性，对于土地资源的利用，必须遵循公共目标，提高资源的利用率，保护耕地。

第三重分割：中央与地方政府土地产权的分割。基于土地资源的分级管理体制，同时授权地方政府对土地进行管理与分配，各级政府的土地管理业务均有明确的职责划分，这就产生了中央与地方政府共享土地所有权和宏观管理权的问题。[1]应弱化地方政府违反管制规则的经济动因，但地方政府的"经营性"特性在短期内很难被改变。中央政府应通过提高土地资源的使用效率，规范土地出让程序，降低地方政府土地供给，通过提高农村土地征收补偿标准、城市土地的规范出让，控制地方政府的土地收益价差。地方政府应该集中供应公共性住房，控制房地产市场价格虚高，保护房地产消费者的合法权益。

以上三重土地产权的分割，充分要求建立完善的第三方监督机制，要强化民意监督，遵循民众参与并实现由民众同意的原则，完善民意的表达机制，改善上下级政府之间信息不对称的问题。在制定过程中，应融入听证和公告程序，接受来自公众的意见，同时增强管制行为的公开性与合法性，以发挥民众的监督作用，提高土地管制的可接受度和可行性。

（三）完善土地征收征用补偿机制

2004年之前，我国的法律中没有土地征收制度，只有土地征用制度，这种不区分征收与征用的立法受到了梁慧星等学者的批评。所以，其在2004年修宪时被修改为：国家为了公共利益的需要，依照法律规定对土地实行征收或征用并给予补偿。但我国现有的土地征收制度表明，在国家法律的制度框架内，征收是我国土地所有权进行交换的唯一途径，也是农地转用的唯一途径。

从行政补偿司法实务来看，必须以法律明文规定才能获得

---

[1] 张先贵："我国土地用途管制改革的法理求解"，载《法学家》2018年第4期。

行政补偿救济，只要人民认为其财产权因管制规范受到限制，就可以提起行政补偿之诉来保护自己的合法权益。一方面，要约束管制权，从实质要件和形式要件双重角度进行限制，这也是对土地限制的"再限制"；另一方面，还要采取解决管制权与财产权冲突的替代机制，改革管制手段，在现有基础上增加弹性调整机制。

建立完善的土地征收、征用补偿法律体系，理顺行政征收、行政征用之间关系，[1]做到有法可依，遵循依法补偿、公平补偿、及时补偿的基本原则，明确规定土地征收、征用的法律程序，重视土地行政补偿制度的发展与研究，保障相对人的合法权益，同时把司法救济作为土地征收、征用以后重要的救济手段。政府应该依据管制权的行使条件，满足行使管制权的构成要件，否则将被视为是对人民财产权的"非法侵害"，不属于国家权力的合法行使，应该由国家进行赔偿。这就要求政府在行使土地管制权时，要依据相关法律法规程序进行合法管制，事后及时进行补偿、开展激励机制，发生对相对人不利条件时，能够提供有效的救济途径，从而保护公民财产权，维护社会秩序稳定，推动法治国家建设的顺利进行。

（四）协调土地用途管制与耕地保护

由于我国人口基数大，可用的土地资源紧缺，随着城市化进程，耕地土地面积红线逐步逼近，尽管将耕地转为非农业用途增加了 GDP 的产出水平，但这是以耕地过度的非农化、耕地的快速消失为代价的，这种经济增长不是良性的。政府提出土地用途管制和相应的土地征收征用补偿机制，充分考虑了土地征收征用过程中所产生的问题，通过土地用途管制和相应的补

---

[1] 高明、冯文钊："浅析行政征用补偿制度"，载《今日科苑》2006 年第 6 期。

偿机制的完善,可以达到提高土地利用效率和保护耕地的目的。

在市场经济条件下,政府也要科学、合理地评估耕地的综合价值,树立针对耕地的全面且科学的价值观,重视耕地的非市场价值和外部效益,把耕地的社会生态效益,保证后代发展的社会价值都纳入现在的耕地市场收益之中,建立一套完善的耕地价值评价机制,对耕地的非市场价值进行合理评估,对耕地的非市场价值进行补偿。[1]同时,政府要建立耕地资源开发利用责任制,逐步建立激励与约束相结合的、赏罚分明的土地用途管制制度。此外,管制中应重视土地规整和标准农田建设工作,实现耕地总量平衡,完善占补平衡制度,划定基本的农田保护区,以耕地保护为目标。

---

[1] 参见王雨濛:"土地用途管制与耕地保护及补偿机制研究",华中农业大学2010博士学位论文。

第六章 中国农村土地变革的制度创新

中国的农村土地在新中国成立以来的制度安排上,以"两权分离"为代表的既往农地法律制度建构,着重"分"而忽略"统",在发展中与宪法预设的轨道出现了偏差。在此背景下,旨在回应现实需求、推进农地流转的"三权分置"改革应时而出。"三权分置"的制度设计最重要的核心功能是将原来并不具有经济属性的农地承包权价值化,将具有强烈身份色彩的农地承包权转化为个体所占有集体所有权份额的权利。农地"三权分置"的试点实践中,出现了诸多现实难题。因此,在未来的制度设计中,应警惕"日本陷阱",在宪法和法律框架内落实土地集体所有权,在法律、法规以及实施办法上进一步做出细化,健全农村土地产权制度,以化解"三权分置"在现实实践中所遭遇的诸多难题。

第一节 "三权分置"的改革背景

始于20世纪70年代末的中国农村土地改革确立了以家庭联产承包责任制为核心的"两权分离"制度设计。家庭联产承包责任制在最初推行之时,农户的土地承包周期仅仅是2至~3年。[1]

---

[1] 温铁军:《"三农"问题与制度变迁》,中国经济出版社2009年版,第305页。

实践证明,"两权分离"的模式极大地提高了农民与农业的收益,故而国家在提升农村土地利用效率为首要目标的前提下,通过推进"两权分离"政策的法制化来建构中国农村土地的法律制度。在近四十年来的农地改革框架下,作为全面推进的制度安排,土地改革实质上与土地承包经营方式相关联,其得到了物权法的确认而在法律上被确定为用益物权。在历时近四十年的实践中,家庭承包经营的诸多问题已经在市场化的进程中逐渐显露,最为典型的便是农村的人地矛盾加剧问题。21世纪初农业税被免除后,作为土地集体所有权主体的村集体便不再能够从土地上获取任何地租收益,这就从根本上制约了土地所有权的收益权能。[1]本应属于村集体所有的土地收益转而被作为承包经营者的农户享有。这在实际上强化了农村土地承包经营权人,承包经营权人虽然在名义上是土地承包经营权的权利人,但在现实中却同时享有着土地带来的双重收益———一部分是基于土地承包经营而产生的全部收益,另一部分则是作为成员而分享的土地所有权产生的收益。然而,不享有土地承包经营权的农村失地民众却沦落为"双无"人员,他们既无法享有土地承包经营权带来的收益,也不能分享土地集体所有权的收益。故此,"两权分离"的农地制度存在着效率优先于公平的价值取向。这实际上构成了对整个社会发展目的性的重大误解,"将效率、物质财富而不是人本身作为社会发展的终极目的性",[2]不仅成了制约农民实现土地权利的藩篱,客观上也成了影响民间社会分配公平的重要原因。从制度设计的初衷而言,根据《宪法》第8条规定的双层经营体制,"两权分离"下的土地所

---

〔1〕 邵彦敏:"'主体'的虚拟与'权利'的缺失———中国农村集体土地所有权研究",载《吉林大学社会科学学报》2007年第4期。

〔2〕 高兆明:《政治正义:中国问题意识》,人民出版社2014年版,第237页。

有权和土地承包经营权应当处于齐名并价、比量齐观的地位，然而，国家政策与法律却长期侧重于健全土地承包经营权，而对集体土地所有制仅仅采用坚持不变的原则。这种对土地承包经营权制度关怀备至的政策与立法导向，其最重要的出发点仍然是经济效益。八二宪法对集体土地所有权制度进行规定后，历经4次修改，其中1988年、1993年及1999年3次宪法修正均涉及对土地承包经营权改革的确认，但却没有任何一次提及土地集体所有权。在部门法中，事关土地制度的调整如《民法总则》《土地管理法》及《农村土地承包法》畸轻畸重的情况也就更明显了。国家不断通过法律对既存的农村土地权利结构加以确认，"不是为了保证集体土地所有权制度和土地承包经营权制度的平衡发展，而是希冀通过加强土地承包经营权制度建设使农村土地的利用效率达到一个新的高峰"。[1]显然是偏离了现行宪法所确立的"统分结合的双层经营体制"，实际上是"完成了一半的改革"。[2]以"两权分离"为代表的既往农地法律制度建构，在发展中与宪法预设的轨道发生了偏差，着重"分"而忽略"统"，不仅权利内容的发展完全不同步，而且权利主体的利益也明显失衡。在社会大转型、城乡统筹协调发展的大背景下，需回溯历史，反思农地制度的效率与公平，"把公平放在优先的位置上"。[3]"三权分置"便是为了弥补之前"两权分离"的改革疏漏才应时而出的。

　　三十余年来，在国家的体制改革推进中，经济学界一直发

---

〔1〕　高飞："农村土地'三权分置'的法理阐释与制度意蕴"，载《法学研究》2016年第3期。

〔2〕　张路雄：《耕者有其田：中国耕地制度的现实与逻辑》，中国政法大学出版社2012年版，第104页。

〔3〕　王常柱、武杰："试论现阶段公平对于效率的优先性———对'效率优先、兼顾公平'原则的反思"，载《伦理学研究》2010年第1期。

挥着极为重要的作用，即用"三权分置"的理论来重塑农村土地权利，建构一套土地所有权、承包权与经营权分置的全新权利体系，便是经济学界首创。十八届三中全会《关于全面深化改革若干重大问题的决定》明确提出："赋予农民对承包地占有、使用、收益、流转及承包经营权抵押、担保权能，允许农民以承包经营权入股发展农业产业化经营。"这就明确了国家对"三权分置"的改革基调——在先行先试之后将全面推行。经济学界对此的解读是中央的政策旨在将"承包权"与"经营权"进行分权设置，[1]土地经营权从承包经营权中分离出来以后，虽然作为物权的土地承包权禁止抵押，但土地经营权从此可以抵押、担保。[2]延续此思路，2014年的中央1号文件即《关于全面深化农村改革加快推进农业现代化的若干意见》首次作为官方文件正式使用了"土地经营权"概念，而2016年的中央1号文件则明确了土地承包权、经营权的改革框架，"三权分置"的改革方针至此形成。具体言之，"三权分置"的具体演进如下表：

年份	文件	表述
2013	十八届三中全会《关于全面深化改革若干重大问题的决定》	赋予农民对承包地占有、使用、收益、流转及承包经营权抵押、担保权能，允许农民以承包经营权入股发展农业产业化经营。

---

[1] 刘守英："中共十八届三中全会后的土地制度改革及其实施"，载《法商研究》2014年第2期。

[2] 冯华、陈仁泽："农村土地制度改革，底线不能突破——专访中央农村工作领导小组副组长、办公室主任陈锡文"，载《人民日报》2013年12月5日。

续表

年份	文件	表述
2014	中央1号文件《关于全面深化农村改革加快推进农业现代化的若干意见》	鼓励有条件的农户流转承包土地的经营权,加快健全土地经营权流转市场
2016	中央1号文件《中共中央、国务院关于落实发展新理念加快农业现代化实现全面小康目标的若干意见》	落实集体所有权,稳定农户承包权,放活土地经营权,完善"三权分置"办法。

但是顶层设计中有两个必须引注意的重要问题:

其一,制度设计时要充分考虑制度变迁的路径依赖性。路径依赖理论认为,制度一旦形成,便具有了潜在的影响和惯性,会在一段时间内持续发挥作用而且潜移默化地影响后续的制度选择。[1]制度变迁中,历史是最为重要的变量之一,"人们过去做出的选择决定了他们现在可能的选择",[2]既往的历史强化了当下体制的惯性,与现在的制度有着极为重要的渊源。回归于中国的社会转型期,"这一理论对于正在进行重大制度变革的中国具有极为重要的意义"。[3]新中国成立至今的历次土地产权变革,每一次土地制度的变化都可以被理解为是对前一制度的否定与继承。土地产权制度的路径依赖,使得农地产权实现国有化的制度转换成本很高,甚至可以说代价极大,是得不偿失的;而农地私有化的可能性在宪法上已经被完全否决了。这就决定

---

[1] [美]道格拉斯·C.诺斯:《制度、制度变迁与经济绩效》,刘守英译,格致出版社2014年版,第12~18页。

[2] [美]道格拉斯·C.诺斯:《经济史中的结构与变迁》,陈郁、罗华平译,上海人民出版社1994年版,第1页。

[3] 吴敬琏:"路径依赖与中国改革——对诺斯教授演讲的评论",载《改革》1995年第3期。

了未来农地制度的改革必然是朝着完善农地集体所有制的大方向进行。在这种隐性的社会条件下,"三权分置"改革在坚持农地集体所有的前提下,又将农地土地的所有权、承包权及经营权进行有序的分化、落实,这实际上既是对过去数十年农地产权制度的继承,又是回应现实需求的创新,使这种制度设计可以向产权明晰的方向良性发展。

其二,经济逻辑与法学逻辑是有所区别的两种进路,在经济逻辑上成立的方案在法学上未必理所当然地无需证成。"经济政策在上升为法律制度之前必须接受法学理论的检视",[1]关涉亿万民众权益的"三权分置"设计自然也概莫能外。

新中国成立以来,我国土地制度均是自发的实践探索在前,试点铺开后,再在经济学界与管理学界的主导下进行总结、论证,之后启动法律的出台或修改,法学界并未成为重大法律的主导,[2]这也是数十年来中国农村土地制度的演进规律。对于事关民众重大利益的农村土地法制变革,法学界不应置身事外,更应提供智识贡献从而使之彰显公平正义,契合法理逻辑。"三权分置"作为一个新事物,在理论与实践中都面临着诸多始料不及的难题。例如,土地承包经营权与"土地经营权"并存的问题在法律上如何回应、"三权"中土地经营权的法律属性是否清晰、是否有利于土地的有效流转,以及"三权分置"是否与现代农地法律制度日渐规范化构造的趋势相吻合等一系列重要的法学理论命题。对此,需要从法学理论深入剖析、解读"三权分置"的制度设计,继续探讨土地承包经营权困境所应遵循

---

[1] 单平基:"'三权分置'理论反思与土地承包经营权困境的解决路径",载《法学》2016年第9期。

[2] 高圣平:"新型农业经营体系下农地产权结构的法律逻辑",载《法学研究》2014年第4期。

的法律逻辑，寻找其在转型社会变革中的出路，从而寻找符合法律逻辑和现实国情需要的法理进路，为农村土地制度变革及法律规范设计的科学性提供理论供给。

始于20世纪改革开放初期的土地制度改革曾在很长一段时间内实行"集体所有，农户承包"的"两权分离"模式。这种基于集体成员身份而出现的制度在长达四十年的历史中曾极大地推进了农业的发展，而在经济新常态的大环境下，农业收入比例不断降低，"两权分离"的土地制度已不能满足土地灵活流转这一城镇化进程的要求。现代社会产权制度的最核心价值便是通过明确的利益分配来激励权利主体去主动创造价值，当市场交易因为交易成本过高被限制时，"权利应赋予那些最珍视它们的人"。从法学理论而言，通过制度安排将权利配置给最能发挥其效用的人，方是现代契约社会的要义所在。2014年至2016年，中央1号文件所出台的"三权分置"政策，便是在制度上突破农地"两权分离"的瓶颈，回应民众的利益诉求，进而提高农村土地流转的速度。可见，"'三权分置'显然是破解现行土地承包经营权流转难题、实现农业规模化经营的一种策略"。

第二节 "三权分置"的法理解读

"三权分置"并非将原有的土地承包经营权简单地切割成承包权和经营权两种新的权利并重新配置。其实质上是在重塑农民集体所有权的同时，重构农民集体经济的实现途径。一方面，"三权分置"改变了农民承包经营权的性质；另一方面，这一做法也完全颠覆了集体土地所有权的实现方式，它让农村土地可以通过市场化的渠道进行高效配置，从而"实现集体利益与成员个人利益的双赢"。[1]

"三权分置"的创新在于,在权力属性上保留村民集体的土地所有权,而废除了过去由村集体直接发包给农户的发包制,其将过去以农户为单位的农地承包权改进为集体成员所占有农村集体土地份额的权利,而将所有农业用地转为由集体统一经营,土地的实际经营者不仅可以是专业合作社,也可以是具有土地经营权的公司甚至农户。而土地的实际经营者不再与农户直接发生权利义务,经营者向村集体给付土地使用费,而集体则在扣除必要的开支后,按照农户土地所有权的份额进行分配。从法理而言,"三权分置"除了对农民土地承包经营权加以改造外,在权利构造上也做出了更进一步的创设。其同时摒弃了旧有的农民集体所有权体制和基于集体成员而产生的土地承包经营权体制,从而实现了农民的土地权利与社会规制的融通,"将改革寓于立法之中的基本原则条件下"[2],做出合理、科学的探索。

可以看出,"三权分置"最重要的功用便是将原来并无经济属性的土地承包权价值化,将具有身份属性的土地承包权转化为所占有集体所有权份额的权利。这样的益处是显而易见的。"三权分置"的制度安排让集体土地所有权在现实生活中得以真正贯彻,并让农民作为土地所有者的收益权利得以体现,由集体对土地统一进行管理、经营,从而将农民从土地的束缚中解放出来,实现农业产业化、集约化经营,真正提高生产效率。从制度内涵而言,"三权分置"构成了对农民集体所

---

[1] 耿卓:"农村土地财产权保护的观念转化及其立法回应——以农村集体经济有效实现为视角",载《法学研究》2014年第5期。

[2] 邹秀清:"现阶段农地产权制度创新的战略思路与政策选择",载《农村经济》2010年第11期。

有权的权能再造。长期以来，农民集体所有在现实中的表现是经由家庭联产承包而达致"实物"分配，每个成员依据"份额"取得土地的支配性权利。在这种情况下，承包经营权以土地使用权的方式落到了实处。在经历了"三权分置"的改造后，原有的土地使用权转换成为具有财产价值的收益分配，农民让渡了土地的使用权，而土地则通过集体配置给实质经营者统一运营。从理论上而言，"三权分置"改革后，土地经营权兼有了对土地占有、使用和收益的权利，成了真正的法律意义上的用益物权，农民保留的仅仅是根据所有权份额取得收益的权利，而土地所有权依然属于集体共有。当然，这种共有显然区别于民法上普通的共有，其是以共同生活在村集体中而拥有的身份为存在前提的。而当法律允许成员份额可以流转的时候，农村土地的集体所有权的特色便发生了变化，成了去身份化的改造。

一、农地所有权的法理解读

在新中国成立后一段较长时期内，农村土地属于生产队、生产大队、人民公社"三级所有"，始于20世纪70年代的改革一方面将经济组织从行政组织中剥离出来，将"三级所有"演进成了村集体所有；另一方面则实现家庭联产承包责任制全面覆盖，土地所有权属于集体，而土地的用益物权属于农民。这项制度在学理上成了一个长期有所争论的议题。但旧有的土地制度的积极意义在于创设了一项全新的具有物权性质的土地承包经营权，从而赋予了土地承包经营以土地资源市场化的功能，但农民的土地集体所有权依然是计划经济色彩浓厚的农民集体所有制，并未依据现代市场需求对农民集体所有进行法律化重构。"农村土地集体所有制主要是一种政治上的产权安排，更多的意义在于意识形态而非实际的经济利益。"[1]虽然《物权法》已经出台十年,但时至今日,如果用物权法思维来分析土地集体所有权的话,依然存在着诸多疑难。对土地集体所有权的主体,从八二宪法到现行的《物权法》是三种表述并存:一种是"村农民集体";一种是"村内农民集体";一种是"乡（镇）农民集体"。这也说明在法律框架下,农村土地的集体所有权依然由三个主体、三个层次构成,其依然由三个层次的集体来代表,其在根本上依然保留着新中国成立后的"三级所有"体制的痕迹。其不仅导致"村农民集体""村内农民集体"与"乡（镇）农民集体"各自所拥有的土地所有权的边界难以厘清,而且导致了三个层次中每一个层次内部集体成员的范围也不足够清晰。这就使得"谁最终拥有土地的所有权"也就成了一个难以回答的问题,"还权于民"的理想制度设计初衷实际上难以被完全落到实处。"三权分置"的体制在权力归属的问题上理清了这个现实难题。农村土地实行"三权体制"后,土地所有权有了一个明确的权利归属——农民拥有依据土地所有权份额而分得的集体所有权。由于成员是确定的,而每个成员所占有的土地份额是明晰的,因此这个集体所有权也是明确的特殊共同共有,即具有成员身份的农民按照份额享有。

对此,农民的集体所有权是否就可以直接适用物权法上的关于共有的规则呢？"三权分置"下的土地所有权显然与民法意义上的所有权相去甚远。农村土地的共同共有处于特殊地位,所适用的规则也与普通法律上的权利义务迥然有别。其原因在于农村集体构成的特殊性及农村集体所承载的社会责任。农民与村集体的身份认同,其"包括了该权利、责任和忠诚存在的

---

[1] 赵阳:《共有与私用:中国农地产权制度的经济学分析》,生活·读书·新知三联书店出版社2007年版,第67页。

合法化理由",[1]也只有具备了社员的身份认同,农民方不会对村集体的运行置身事外。农村土地制度改革事关农民的根本利益,必须坚守社会兜底的最基本功能。土地改革的初衷是保障农民的财产权,但将土地财产化,进入财产制度体系,必须经过深入推敲和反复论证。

当下土地改革的导向是将其财产化,从而赋予农民对土地具有明晰的排他性权利,能够对土地自由处置。实际上,农村承包地、宅基地及集体建设用地都存在着同样的改革导向。从更宏观的角度而言,国家当下启动的《土地管理法》和《土地承包法》两部法律的修改,都无法完全脱离《物权法》。然而,出台在《物权法》之先的《土地承包法》(2003年),却已经明确贯彻了物权的基本原则,该法通过对土地承包关系进行法定化,将土地承包经营权赋予了用益物权的法律性质。在土地承包经营权物权化得以实现之后,实践中又出现了土地承包经营权物权化产生的地权错位配置等诸多难题,为化解这些现实问题,政策智库界主导的农地"三权分置"改革正如火如荼地推进。毋庸讳言,回溯立法史我们可以看出,"三权分置"改革"实属为之前改革填坑"。[2]法学界在极力推进土地承包经营权物权化改革之后,便转向了论证土地经营权物权化的合理性。

土地改革财产化的推进,预示着《土地管理法》的修订势在必行。不过一个必须明确的问题是,相对于民法等私法,《土地管理法》所具有的公法色彩明显更浓厚。《土地管理法》与

---

[1] 张静:"身份:公民权利的社会配置与认同",载张静:《身份认同研究》,上海人民出版社2005年版,第4页。

[2] 桂华:"集体所有制下的地权配置原则与制度设置——中国农村土地制度改革的反思与展望",载《学术月刊》2017年第2期。

《土地承包法》的修订,所面临的重大问题是关于土地基本法的空白。在土地基本法缺乏的情况下,《物权法》实际上承担了土地基本法的角色,这种替代实际上存在着理论上的疑难。虽然《物权法》在保护财产权上拥有高位阶的法律效力,但我国土地制度具有非常复杂的多元内涵,远非单一的民事法律所能完全覆盖。土地制度改革的导向便是财产化,未来为顺应经济发展不必然会在保障私权上提出更高的要求。但《物权法》并非事关土地制度的基本法典,其原因在于,土地制度的改革、土地财产全的完善,绝不能突破现行《宪法》所确立的国家政治体制和根本制度的基本原则。农村土地制度的改革,绝不能脱离国家土地制度的宪法秩序安排孤军奋进,"具体改革措施必须符合集体所有权的本质,不得改变集体所有权的性质"。[1]

《宪法》是一切土地制度体系的出发点,既然作为最高法、根本法的《宪法》已经明确规定了国家土地制度的基本框架,那么按照物权导向推进的土地改革则必须在宪法规定的限度内展开,所有关涉土地制度变革的问题均需回溯《宪法》规定的"社会主义公有制"检视,只有经过宪法检视的变革方具备制度合法性。"劳动是财富之父,土地是财富之母。"土地的根本属性与基本功能是生产资料,土地资源的配置直接影响着整个社会的发展;在土地参与农民生产的过程之中,其占有状态对社会财富的分配具有决定性意义。"制度价值就是体现制度之所以为制度、制度之所以应该是制度的进步理念。"[2]法律作为社会治理的最重要制度,在调整土地结构中体现出的价值便是公平与效率。法学介入土地制度的修改,一方面需要推进社会财富

---

[1] 韩松:"坚持农村土地集体所有权",载《法学家》2014年第2期。
[2] 辛鸣:《制度论:关于制度哲学的理论建构》,人民出版社2005年版,第221页。

的分配进一步趋于公平、合理,另一方面需要提高土地资源效率的有效配置。回归到我国现行《宪法》第6条第1款,[1]在土地制度上的反映便是国家所有与集体所有并存的二元制度,杜绝土地的私人所有,从而让由土地私有化产生的剥削行为不再可能。

如此,"三权分置"下的土地集体所有权,显然区别于传统私法意义上的所有权。那么,对此该如何理解呢?首先,这种共有的所有权不可分割,也不得分割。土地的集体所有权依然基于农民的成员身份而存在,成员具有的共有财产份额,实际上是按份共有的所有权,以不得解除共有关系为前提,而且也不得请求分割。这与宪法上的生产资料公有制所具有的含义是一脉相承的。其次,这种土地集体所有权不得转让、不得处分,作为集体成员所能处分的只是土地使用权。虽然为了实现农地的集约化经营、保障成员取得经济收益,土地的使用权能够以出让或设定的方式产生,但土地集体所有的性质没有任何改变。长期以来,土地制度始终坚持稳定土地承包经营权的政策导向,这实际上是由土地承包经营权代替土地所有权,导致现实生活中土地所有权与承包经营权二者间出现了紧张关系。"三权分置"实际上是力图通过权能构造对此进行调试,贯彻土地集体所有权,将原来社员个体的土地使用权收回,再进行统一支配,通过经济效益的最大化进行资源的最优化配置,最终达致农村土地集约化规模经营。在此情况下,"三权分置"后农民土地集体所有权被进一步落实,具有了准私法的效力。

---

[1]《宪法》第6条第1款规定:"中华人民共和国的社会主义经济制度的基础是生产资料的社会主义公有制,即全民所有制和劳动群众集体所有制。社会主义公有制消灭人剥削人的制度,实行各尽所能、按劳分配的原则。"

二、土地承包权的解读

"三权分置"改革之前,农民的土地承包经营权是以成员为前提,对集体土地所享有的占有、使用和收益权利,而且这个权利可以依法转包、出租、互换、转让、作价入股。由于法律明确规定了土地承包经营权人可以在村集体内部转让、变现,这就说明农民在直接支配土地用益物权的同时,土地也具有了财产化的属性。可以看出,在旧有的制度安排下,农民的土地集体所有权并非是实化的,但作为集体成员的土地承包经营权却是实实在在的,土地集体所有权的实现前提是作为成员的农民对集体土地承包直接经营。而土地集体所有权的全部价值则依托于农民的土地承包经营权,作为权利主体的村集体唯一可以行使的权利仅仅是调整土地的承包经营权。

由于《农村土地承包法》对承包经营权作出了详尽规定,[1]土地承包关系经国家保护而长期稳定便是意料之中了。但上文已经论证,集体调整承包经营权具有法律上的正当性,这样便形成了一个矛盾的结局:农村土地的承包经营权长期固定不变,集体调整经营权的权限受到了法律制约,集体的所有权实际上被弱化了。土地承包法制定的初衷是通过构造一个权利清晰、内容明确而且可以流转的权利——土地承包经营权——来达致农村土地资源的合理配置、合法流转和有效利用。但在实践中,由于土地经营权流转的范围被严格限定在村集体的内部,因此这种流转范围的严格限制成了土地流转的巨大瓶颈。在原来的制度环境下,农村土地承包经营权市场化流转的现实需求与稳定农民集体所有权的制度规范呈现出明显的张力。原有的体制

---

[1]《农村土地承包法》第21条规定:"耕地的承包期为三十年。草地的承包期为三十年至五十年。林地的承包期为三十年至七十年。"

仅仅在某种程度上解决了特定土地的分散利用，而土地的市场化依然没有完成。"三权分置"后，土地的承包经营权由使用权演进为共有的所有权份额，实际上是从用益物权变成了财产权，收益方式由原来的以户为单位的直接劳动变成了间接的资本化收益。映射到法律关系上，土地承包权的客体不再是土地，而是可量化分配的资本收益。土地价值的产生也不再以身份为前提，农民所拥有的以户为单位的地块变为抽象共有下的土地收益份额，土地流转到最需要的实际经营者手中，进而完成了市场化配置。值得注意的是，土地承包权本身就具有可流转的属性，"三权分置"后，土地承包权的流转被明确化为带有所有权份额的收益权转让，从而避免了既往的土地承包经营权在流转过程中出现流转土地的异化现象。

三、土地经营权的阐析

土地经营权从最原初的经济学概念演进成政策用语，其实质上是"以土地承包经营权为客体而设立的'次级土地承包经营权'"。[1]"三权分置"下的农村土地经营权，权利主体能够对农地直接处分、使用，这是对农村土地产权的全新建构。"所有权被限缩为主要具有终极归属意义的权利，而土地承包经营权在具有私权归属功能的情况下可以因农地流转而发生'承包权'和'经营权'的分离。"[2]从权利属性来看，土地经营权显然可归属于用益物权范畴，是土地使用权；而就其渊源而言，其产生于土地的集体所有权，只是这种土地经营权并非像

---

[1] 朱继胜："'三权分置'下土地经营权的物权塑造"，载《北方法学》2017年第2期。

[2] 李国强："论农地流转中'三权分置'的法律关系"，载《法律科学》2015年第6期。

之前的以农户为单位的地块转让承包,而是由集体出让。在土地经营权被设定并经过法定登记之后,在性质上就变成了用益物权,受让人的身份不再作为考虑的因素,农业经济也完成了"从身份到契约"的历史转变。由此,在脱离特定身份限制的情况下,土地方能在市场规律的支配下完成效益最大化的流转,而且受让人也得以在法定条件下自由流转。故此,"三权分置"后,权利人可以参照建设用地使用权进行构造,赋予土地经营权以自由流转的属性。集体土地所有权、村民的成员权及农村土地使用权在法权构造上的三权并立,是国家实现农村集体经济以及农村集体经济组织成员权利的高度战略性举措。可见,"三权分置"让农民集体经济从根本上完成了与现代市场经济的接轨,实现了农村土地资源的优化配置。同时,必须从重构农民集体所有权的高度来理解"三权分置"这一重大的体制变革。旧有的土地制度的法权结构中并不能寻找到"三权"的定位,"三权"变革并非土地经营权体制的实质变化,而是通过对承包经营权的有机改造来达致对农村土地产权制度的重塑。

第三节 "三权分置"的实践困境

然而,"理论反对实践"。[1]农村土地的新制度创设在实践中必须面对土地承包经营权在农村社会的现实困境。"三权分置"的理论创新在进行试点推进时,须接受农村社会实践的检验,更须寻找其背后的法律逻辑。当下,农村土地承包经营权的主要难题主要有二:其一,"农民离开土地。农业劳动力占农

---

[1] 龙宗智:《理论反对实践》,法律出版社2003年版,第2页。

第六章 中国农村土地变革的制度创新

村劳动力的比重下降"[1]已是不争的事实,农业劳动力在我国总劳动力中所占百分比已从 1978 年的 70.5% 下降到了 30%[2],从事非农产业以及离开农村长期居住于城镇的农民依然是土地承包经营权的权利主体,但这些新型农民实际已不再从事农业生产,成了名与实严重脱节的群体。随着农业科技的飞速发展,农业适度规模经营是大势所趋,土地承包经营权流转成了刚性需求,而曾长期施行的土地承包经营权流转制度在实践中逐渐显露出"权利形态单一、权利效力弱、权利期限短、权利缺乏抵押功能等缺陷"。[3]但如果允许农村土地承包经营权完全自由流转,那么土地高度集中便是意料之中的结果,失地农民的社会基本保障将成为更为棘手的难题。为了追求"三权分置"在理论与实践上的圆融,法学理论的解释是将流转、抵押的权利客体解读为"土地经营权",而"土地承包权"则依然在农民手中,农民未来也得以"土地承包权"以便再次主张法定权利。[4]可见,国家在进行制度设计时首先是在宪法框架内进行考量,[5]顾及了失地农民的生存保障。可以说,"三权分置"在现实中的所有实践难题都可以被概括为"如何在确保失地农民生存保障的前提下,使土地承包经营权得以顺畅流转,进而为适度规模

---

[1] [加] 托马斯·罗斯基:"中国农业劳动力数量的研究",载《经济研究参考》1997 年第 85 期。

[2] 赖平耀、钟甫宁:"中国的人口变动:1978—2012",载《南京农业大学学报(社会科学版)》2014 年第 1 期。

[3] 朱广新:"土地承包权与经营权分离的政策意蕴与法制完善",载《法学》2015 年第 11 期。

[4] 冯华、陈仁泽:"农村土地制度改革,底线不能突破——专访中央农村工作领导小组副组长、办公室主任陈锡文",载《人民日报》2013 年 2 月 5 日。

[5] 朱庆育:《民法总论》,北京大学出版社 2013 年版,第 464 页。

化的农业经营提供条件"。[1]上文已经分析指出,农地"三权分置"实属为之前的错位改革填坑,但农地流转却又是整个社会的强烈现实需求,"三权分置"的产生实属无奈之举。而在试点实践中,其所面临的现实困境也就是情理之中了。

首先,"土地公有制性质不改变、耕地红线不突破、农民利益不受损"是我国农村土地法制变革的三条底线。[2]在这三条底线之下,"土地承包权的新制度安排是为农村剩余劳动力的利益服务的,或者说就是为农民工的利益服务的"。[3]从法理意义上来审视"三权分置","土地承包权"及"土地经营权"都很难构成法学意义上的独立用益物权类型,也并不契合物权的法律概念;而土地所有权则是标准的法学概念,三个权利并不属于同一逻辑框架,其间存在着明显的张力。从法律的秩序价值而言,将农村土地的承包经营权分置为"土地承包权"与"土地经营权",实则损害了作为制度核心的秩序价值。而就实际效果而言,政策上的频繁变迁也容易让民众对政策的认知理解有所模糊。

其次,农村土地制度变革的指导思想应审慎看待"家父主义立法"模式,尊重农民的主导地位,坚持农民的权利本位。由于中国社会的现状以及现行宪法规范的价值指引,历史上在一些领域坚持法律家父主义的立法指导原则是无可厚非的。而且,在特定时期,这种立法模式也确实促进了我国农村社会在较长时间内的稳定发展与农民生活水平的极大提高。在社会转

---

[1] 单平基:"'三权分置'理论反思与土地承包经营权困境的解决路径",载《法学》2016年第9期。

[2] 韩俊:"农村土地制度改革须守住三条底线",载《人民日报》2015年1月29日。

[3] 张守夫等:"'三权分置'下农村土地承包权制度改革的战略思考",载《农业经济问题》2017年第2期。

型期的大环境下,农村社会的基本结构也发生了剧烈变化。[1]农民进城,脱离农业生产,加速了传统宗族结构的解体、传统家庭结构的改变,不仅提高了民众的收入,也让长期封闭的村庄结构受到了冲击而愈见开放,由此以血缘关系为纽带的传统结构便难以维系了。在这种大背景下,"家父主义立法"已经不再契合农村社会变革而产生的法制变革诉求。国家通过立法的方式将土地承包经营权强行分置为"土地承包权"和"土地经营权",同时将"土地经营权"设立为用益物权,在实际效用上否定了现实中农村土地流转方式的多样性和多元化。国家法主动介入民间社会,立法机关积极承担"监护人",实际上未必能够达到保护农民权利的初衷,乡土社会有其自发生成的一套自治逻辑。农民群体有着非同小可的生存智慧,立法机关不必越俎代庖。[2]

最后,土地流转面临着复杂的现实困境。《中共中央办公厅、国务院办公厅关于完善农村土地所有权承包权经营权分置办法的意见》指出,推行"三权分置"要尊重农民意愿,不搞强迫命令、不搞"一刀切",把选择权交给农民。然而,这一项原则性的规定,在各地的实践效果却大相径庭。"三权分置"的政策初衷是将农村土地经营权经由土地产权交易市场进行优化整合,从而将土地从分散经营的农户手中流转到具备集约经营能力的新型经营者手中,但这在实践中的成本是相当高的。土地产权交易市场化优化配置的前提条件是意愿自由,但这在现实操作中是很难实现的。一个村庄无论大小,农民耕作的意愿

---

[1] 贺雪峰:"新时期中国农村社会的性质散论",载《云南师范大学学报(哲学社会科学版)》2013年第3期。

[2] 韩世远:"宅基地的立法问题——兼析物权法草案第十三章'宅基地使用权'",载《政治与法律》2005年第5期。

总是难以统一，越是大的村落差别越大。在耕种意愿有所差别的情况下，土地产权交易市场是绝难将所有农户的意愿进行统一的，流转有需求的农业经营者更可能是镜花水月。农民的土地权利得到强化后，对其加以整合成了极具挑战性的难题。农民除了是否流转的意愿各异，流转范围、流转时间都会有所差别。比如，有的农户只肯部分流转，而留下一部分土地自种，而有的则愿意全部流转；有的农户希望长期流转、一劳永逸，而有的农户则只愿意短期甚至是季节性流转。所以，在土地细碎化经营的条件下，让有需求的经营者去挨家挨户地签约、做工作是不切实际的，交易成本会大幅度提高。可见，土地的集约化、规模化经营在实际操作中存在着四大障碍：一是承包者（农业经营大户）需要与诸多分散的农户一一谈判，以达成土地的承包租赁；二是现行制度下，农村土地租赁期限最长不得超过土地剩余的承包期限，这在客观上对规模化经营也形成了掣肘。高交易成本制约了土地的集约化经营，而且集约化经营又不得不借助地方基层政府与村委会的支持与介入，这又带来了土地流转带有强制性的难题；三是农地流转合同存在着随时被某一方撕毁的可能性，这为土地流转增加了极大变数；四是对未来可能出现的"新型地主"需保持警惕。

尤其是这一点，可能是未来土地流转后的隐性难题。"三权分置"后，落户到城镇的农户虽然在事实上已经将土地流转出去，但在法律上依然是农村土地承包权的享有者，而土地的实际经营者则按照协议将租金或其他收益给付给已经不再经营土地的"地主"。当这种新型的租佃关系出现后，农民也就分化为了利益对立的不同群体——种地农民和不种地的所谓"农民"。这就对这种新型租佃制度的评价提出了挑战，在两个阶层的权利都是合法的时候，到底是该保护哪个阶层的权益呢？据统计，当下我国在籍农民近65%,保守估计未来最多剩余10%从事农业生产,那么会有55%在城镇居住的人口享有土地承包权,这部分人将依靠土地承包的权利来获取租金、收益。[1]一个必须明确的问题是,农业的天然属性决定了它绝不会成为高盈利行业。世界上绝大多数国家的农民均为自耕农,欧美国家在自耕农的基础上实现了家庭农场,若我国未来农民的属性是佃农,必将存在生产成本上的明显劣势,将难以参与国际农业市场的竞争。

第四节 土地承包经营权困境的突围

作为中国特色农地制度的重大创新,农地"三权分置"政策已充分证明在清除农村土地流转障碍、激活土地的财产价值、释放土地的融资功能等方面具有重大意义。从法理而言,"三权分置"改革既破解了土地对农民身份限制的掣肘,又提升了农村土地被赋予的社会保障功能。[2]在改革的深水期,"应当以坚持农地集体所有权为前提,以稳定农地既有法权关系为基础,以农地权利财产化为指向"。[3]最终破解土地所有权产权治理中主体虚位这一重大问题,持续拓展农村土地权能配置,扩大农地交易主体的范围,界定农村土地发展的产权归属,明确农村土地的收益分配方向。

---

[1] 樊明:《工业化、城镇化和农业现代化:行为与政策》,社会科学文献出版社2014年版,第225页。
[2] 李方方、许佳君:"农村土地'三权分置'政策的法理规制逻辑",载《山东社会科学》2017年第7期。
[3] 蔡立东、姜楠:"农地三权分置的法实现",载《中国社会科学》2017年第5期。

一、警惕"日本陷阱"

在人们的认识中，农业现代化是现代农业的同义词，这不仅"忽视了农业现代化与中国国情之间的关系，也忽视了农业现代化的目标是什么的问题"。[1]这种认识反映到土地制度中便是，其认为只有在赋予农民土地流转权的前提下，方能实现农业现代化。实际上，农地流转仅仅是一个必要条件而非充分条件，回溯与我国农业发展历程高度相似的近邻日本的土地制度发展历程，可以使我们做到未雨绸缪。

日本在20世纪70年代步入发达国家后，迅速推进农村土地制度的改革，将土地所有权与使用权分离，以扩大经营规模；创设了旨在解决农民养老问题的农业人养老金制度，奠定了农业土地流转的经济、政治基础，将农民作为独立的土地权利主体来推进土地流转市场化。[2]在一系列的改革措施后，历史上长期实行的"耕者有其田"的自耕农制度走向消解，土地使用权流转成了日本农地产权制度及农业经营制度的根本。日本的改革策略是让土地不再承担农民就业与社会保障的功能，同时，国家投入大量财政资金推进土地使用权流转。然而，农村土地的分散化现状给土地连片流转制造了困难。究其根源，日本实行的是土地私有权制度，在农村人口基本实现了非农转移的前提下，脱离农业生产的农户依然享有小块土地的所有权，严重制约了日本的农业现代化。这种土地流转中出现的"日本陷阱"，也是所有实行土地私有的小农经济国家土地改革的必然结果。

---

[1] 贺雪峰："谁的农业现代化"，载《开放时代》2015年第5期。

[2] 张尧智："战后日本农地制度的变迁及其启示"，载《山东财政学院学报》2004年第6期。

总结日本土地改革的经验教训：在农地被划分成小型地块、分散占有的情况下，过于强化土地的私人财产权利属性，反而有可能妨碍土地经营权的流转。土地经营权的流转并不一定以做大农户承包权为前提，所以"三权分置"将不断提升农民土地承包权的产权强度作为改革的发力点，在实践贯通中可能会存在疑难。土地权利被逐渐私人财产化后，会出现两个完全不同的趋向：农民或是由于惜土情结将农地作为保值增值手段而不愿将土地流转，何况城镇化时期土地剧烈升值给农民带来了极高的征地补偿预期；或是凭借被强化的土地承包权而迅速提高租金，要求附带权利，甚至提出为其安排工作、提供养老保险等要求，导致出现了"地租侵蚀利润"的奇异现象。如此，保护土地实际耕种的经营者权利、促进农业集约化经营的愿景便落空了。

故此，"三权分置"后，最终的出路是在宪法和法律框架内落实土地集体所有权。只有通过落实宪法上集体所有权的路径，方能实现土地连片流转、集约化经营的目标。比较合理的方式便是由农民通过集体表决来选择是否进行土地流转，具体可根据当地实际采用多数决或绝对多数决，村集体则根据农户意愿的表决结果进行流转。在土地流转后，村集体可以每 5 年~10 年进行一次调整，重新统计农户土地流入、流出的意愿，根据实际情况来调整。此种做法的根据在于农户耕作土地的意愿是有可能变化的，根据其意愿进行流转调整恰是保护了农户的土地权利。《宪法》规定，农村土地集体所有权的价值在于使其承担了社会保障的兜底功能，在"农业劳动力转移与非农就业岗位创造压力趋于缓和但仍将长期存在"的新时期社会结构背景下，[1] 进

---

〔1〕 卢锋、杨业伟："中国农业劳动力占比变动因素估测：1990—2030 年"，载《中国人口科学》2012 年第 4 期。

入城镇的农民在谋生不利之时可以有返乡耕种的退路。在这个前提下将灵活性与农户个体的差异性统筹考虑，有农业运作需求的经营者得以获得连片土地并可以流转，而进城谋生的农户通过土地承包权的价值化途径而获得租金补偿，同时不丧失承包权，可以在未来返乡后继续耕种原承包地。

如此，农村土地经营权便被真正激活了，农村土地的实际经营者也就取得了多方面的益处。土地经营者不再需要与农户一一交涉，而只需与村集体商谈，可以极大地降低土地流转成本；村集体统筹土地资源，解决了土地流转的分散化；将流转期限定为5年～10年，实际上也达到了土地经营者的生产预期，保护了其经营的权利，实现了效率与公平的统一。实施新的土地流转方式的重大意义在于将农村土地集体所有权所具有的配置土地资源的属性有效地落到实处：依据公平原则对土地承包权进行分配，耕种土地的权利由作为集体成员的农民享有，而其在进城务工时能够通过流转土地而取得租金，在实现土地合理、公平分配的同时保证了农村的稳定；依据效率原则对土地经营权进行分配，通过市场化配置的方式将闲置土地流转，提高土地的有效使用率，而农村土地集体所有制能够有效地解决农村人地分离的难题，可以在农村尚未达到大规模非农化转移的前提下仍然达到承包地连片流转的目标。通过确权登记、还权赋能、规范交易，农民在"三权分置"的改革中增强获得感、主人感、幸福感、信任感。[1]

二、对"三权分置"做出进一步的细化规定

在国家层面的"三权分置"意见出台后，需在法律、法规

---

[1] 杨璐璐等："农村土地'三权分置'催生的农民获得感"，载《改革》2017年第1期。

以及实施办法上进一步做出细化,健全农村土地产权制度,以化解"三权分置"在实施中出现的诸多实践难题。

(1)厘清三权之间的逻辑关系,对农村土地所有权与土地承包权二者的权利进行清晰界分。"法律上集体概念内涵的模糊,导致集体经济组织虚置。"[1]在现实的农村社会中,村干部成了村民集体权利的实际掌控者。[2]对此,未来应在实施细则上厘清农村土地集体所有权与农户的土地承包权二者间的关系,落实宪法规定的土地集体所有权,维护村集体在农村土地承包中的发包、回收、调整等法定权利。但同时应对以集体名义损害农户权利的行为保持警惕。这就要求未来在农村基层组织进一步建立健全民主议事规则,真正落实集体成员的决策权与监督权。

(2)明确农村土地承包权与土地经营权的权利关系。城镇化迅速推进的一个明显结果是农村土地流转到新型农业经营者的总量不断提高。因而,土地流转需要平衡土地承包者与实际经营者间的权益,调试好土地承包户与实际经营主体的利益。现实中,一些土地承包户契约意识羸弱、法治观念淡薄,单方毁约的情况时有发生,严重损害了土地经营者的权利。[3]土地流转双方违约的主要原因之一是程序规范性的缺失。在未来的法律实践中,应对农户的土地承包权、土地经营权二者的权利关系做出进一步的详尽解释,健全土地流转市场的实施细则。

(3)促进农户土地承包权的有序退出。一方面,坚持中央政策,坚持农户的农地承包权长期不变,保护农户的切身权益。

---

[1] 王亚华:"农村土地'三权分置'改革:要点与展望",载《人民论坛·学术前沿》2017年第6期。

[2] 阮建青:"中国农村土地制度的困境、实践与改革思路——'土地制度与发展'国际研讨会综述",载《中国农村经济》2011年第7期。

[3] 李伟伟、钟震:"维护承包者权益还是经营者权益?——保护耕作权以放活土地经营权的日本经验与启示",载《管理世界》2016年第2期。

未来在农村土地确权登记逐步推进后,通过颁发权属证书来确认农户独立的土地承包权,当前土地产权制度改革的主要发力点便是进一步稳定农村土地承包关系。在城市化进程中,部分农村地区尤其是东南沿海经济飞速发展,很多农民已经成为大企业家,在这种情况下承包地对其已无任何意义,所以在特殊情况下考虑农村土地承包权的推出机制有重要意义,能够加速农民的市民化进程。[1]未来在"三权分置"的推进中,应针对极富地区的承包地建立有偿退出机制,促进农村承包权的有序退出,助力城镇化进程的健康发展。

(4)通过土地利用的市场监管,为资本下乡创造更宽广的渠道。社会转型期的农村尤其是中西部的农村,政府与企业合力对农村进行"经营"与"再造"成了主流方式,这也是地方政府在依托弹性土地政策以及中央下拨的财政专项拨款的前提下,"经营城市"策略在农村的延伸。"如何有效地利用下乡的资本、防止村庄为资本所吞噬,是城乡统筹发展的关键。"[2]推进"三权分置"在未来更深层次的影响在于为资本下乡开辟道路,资本下乡的结果必然是"农民上楼"与"土地流转",改变农村基层治理的基础,从而缔造出一套全新的村庄治理结构。现实中,资本具有天然逐利性,一些农村在进行土地流转后出现了非农化、非粮化的个别现象。具体而言,我国在鼓励资本下乡的同时,在工商资本租赁土地的风险防范机制上要进一步完善、[3]加强农村土地流转的监管制度,使其服从国家粮食安

---

[1] 刘同山、孔祥智:"参与意愿、实现机制与新型城镇化进程的农地退出",载《改革》2016年第6期。

[2] 焦长权、周飞舟:"'资本下乡'与村庄的再造",载《中国社会科学》2016年第1期。

[3] 韩俊:"推进中国特色新型农业现代化若干问题",载《当代农村财经》2014年第9期。

全的重大战略。

从宏观而言，一个国家的物权法律体系，除了具有完整性、与现实的契合性外，"还应该是一个和谐统一的整体"。[1]在当下的农地使用权体系中，土地承包经营权长期以来一花独放，在整个农地法律制度中举足轻重，而其他农村土地使用权的法律规定却不甚详尽，远未达到回应现实需求的高度。这种制度现状显然与农村土地使用权法律制度体系化的建构目标差之千里，"缺乏体系化意味着作为一种可识别的秩序模式的私法的消失"。[2]"三权分置"是建构农地法律制度体系的现实回应，在未来进一步的深化改革中，不仅仅要将改革局限在农村土地经营权交易的市场建构上，更应充分考量集体建设用地使用权、宅基地使用权的流转、优化配置等事关民众切身权利的事项。只有运用体系化的思维来思考"三权分置"的改革举措，在未来的农村土地制度体系中，将建构集体建设用地使用权制度、农村宅基地使用权制度以及土地承包经营权制度等量齐观，将农村土地改革放在"三农"的大环境下考量，真正推进农村产权流转向公平公正的规范化运作，方能让农村土地制度嵌入社会变革的进程之中，进而达成体系化的目标。

中国的农业已经处在全面转型的关键时期，要解决农村产权的一系列问题，我们必须从"三农"的高度来理解以"三权分置"为代表的国家政策。解决问题的关键还是在农村法治化的进程中，协调好国家、土地承包者（农户）与土地经营者（企业）之间的关系。"三权分置"改革面对的一系列难题依然需要法律的细化、规范以及政府的引导、治理和监督。国家、

---

[1] 孙宪忠：《中国物权法总论》，法律出版社2014年版，第130页。
[2] Ernest J. Weinrib, *The Idea of Private Law*, Oxford University Press, 2012, p. 9.

政府的决策、行为是农村土地制度变革中的最重要变量之一。在城镇化进程中，农村土地法律制度体系尚在建立和健全的过程中，"三权分置"改革的推进依然面临着诸多复杂的不确定因素。最根本的解决方式是将"三权分置"改革嵌入中国社会的法治进程，使之进入法治轨道，健全、完善农村土地的法律法规体系，确保农业收益，让广袤的农村真正成为现代化的蓄水池。

从经济社会形态来看，中国的现代化须经历三个阶段：乡土中国、城乡中国、城市中国，而非从乡土中国直接抵达城市中国。城乡中国之所以成为一个独立的经济社会形态和发展时期，是因为其具有一些特征：不同于乡土中国和城市中国的稳定状态，城市和乡村因经济、社会与制度变迁而不断变化；将经历一场由人口迁移的代际差异引发的城乡结构革命，第二代农民工的离土离农、出村不回村，导致农业功能与形态发生变化，乡村产业和业态变化。将发生城乡形态的巨变，村庄高度分化，大部分村庄的衰败与少部分村庄的活化并存。一部分小镇的成长，成为连接城市与乡村的驿站；一部分城市因要素集聚、知识扩散与创新活力而胜利，城市的生与死并存。技术与制度的重大变迁将推动这一阶段的历史转型，人口迁移、要素相对价格变化将创造大量新的获利机会，诱发技术变迁，促进农业、制造业与服务业的转型升级，带来经济和政治行为主体的互动，促进制度变迁。城乡互动将取代单向城市化，人口在城乡之间对流，资本在城市寻求获利的同时加快下乡，土地在城乡之间的配置和资本化加快。城乡中国之转型成功并进入城市中国阶段，打通城乡的制度改革是关键，土地制度的系统改革是关键之关键。

第五节　宅基地"三权分置"的法律构造与实现路径

宅基地"三权分置"的实现，需要完成从政治表达到法律术语的转换，形成新的法律制度表达范式。从现行法律规定与制度改革政策探析"三权分置"中的资格权与使用权法律性质，对构造法律制度表达具有重要启示：最为可行的方式是取消原有宅基地使用权，建立全新的资格权与使用权，其中使用权包含宅基地法定租赁权与宅基地经营权。未来的法律制度构建路径，应通过建立由集体成员多数决的资格权确认程序；建立资格权人监管宅基地利用制度和有偿退出制度；完善资格权人宅基地征收补偿制度等途径实现。在微观制度的完善上，使用权可考虑通过确立无须集体经济组织同意的设立宅基地使用权备案制度，完善宅基地使用权流转的登记制度，确立宅基地使用权的法定租赁模式，同时设置宅基地使用权转让的保障金制度等配套措施。

一、宅基地当前的法律制度规定与改革内容

1. 现行法律法规中相关宅基地规定的法律分析

宅基地一词为中国法律所独有，是指农村住宅用土地，由农村的农户或个人占有、使用所属集体所有而用作住宅基地的土地，具有"集体所有、农民使用、一宅两制、一户一宅、福利分配、免费使用、无偿回收、限制流转、不得抵押、严禁开发"等几方面的特征。[1]我国现行法律将宅基地分为宅基地所

---

〔1〕 张云华：《完善与改革农村宅基地制度研究》，中国农业出版社2011年版，第2页。

有权与宅基地使用权,即"两权分离"的立法构造。宅基地的所有权与使用权主要被规定于《宪法》《物权法》《土地管理法》。此外,宅基地的法律属性及其管理还由《村民委员会组织法》《民法通则》《城乡规划法》《担保法》以及国土资源部《关于加强农村宅基地管理的意见》、国务院办公厅《关于严格执行有关农村集体建设用地法律和政策的通知》等行政法规和部门规章等规定,由此形成由行政管理、基层自治与法律规范相互配套的综合性制度体系。

规定土地所有权,《宪法》第10条与《土地管理法》第9条均规定,城市市区的土地属于国家所有。农村和城市郊区的土地,除由法律规定属于国家所有的以外,属于集体所有;宅基地和自留地、自留山属于集体所有。由此可知,立法者是按照土地所在地域进行城乡分置,即城市土地归国家所有,农村土地及城市郊区土地归集体所有。此外,应结合《宪法》第6条所规定的"中华人民共和国的社会主义经济制度的基础是生产资料的社会主义公有制"理解,这是国家基于基本经济制度对宅基地土地在所有制层面作出具有管制权性质的规定,而其中"生产资料的社会公有制"正是宅基地两权分置的基础。

宅基地使用权在《物权法》第三编"用益物权"编中首次明确将"宅基地使用权"作为法律术语表达,由此形成具有中国特色的用益物权。《物权法》第十三章专章规定了宅基地使用权,但只是规定了权利内容,宅基地灭失后重新分配,变更登记和注销登记,对于宅基地使用权的取得、行使和转让仅规定转引适用《土地管理法》和国家有关规定。可以看出,虽然将宅基地使用权规定为用益物权,但其用益物权的性质并不完整,如《物权法》第184条严禁宅基地使用权抵押,仅允许在集体内部流转并可依法继承。

第六章　中国农村土地变革的制度创新

分析宅基地相关现行法律可发现，现行法律呈现出宅基地管理的三元主体参与，即国家管制权行使、集体所有权实践与农民宅基地使用权实现三个维度。[1]其中国家管制权包括土地所有制层面的管制权与土地用途层面的制度管制权。国家在一定条件下有征收和征用集体所有宅基地土地的权力。农村宅基地经过征收程序转为国有土地的城市建设用地使用，是国家对宅基地的土地所有权转化的垄断，也是对宅基地用途转化的垄断。而禁止农村宅基地使用权转让只许内部流转的规定是对宅基地使用权合法性的限制。与国有土地出让价格相比征收补偿差距甚远。因而，对于国家征收征用农村宅基地合法性存在质疑，认为征收所获补偿属于"不公正补偿"。笔者认为，国家基于该土地为保障农民生活的生产资料而非商品进行征收征用的相关补偿。通过国家确定的征地补偿规定可知，其补偿为"土地补偿费、安置补助费以及地上附着物和青苗的补偿费"三大项，且其中土地补偿费和安置补偿费按照原产值倍数方法确定。此外，集体所有土地转为国有土地的城市建设用地产生的增值收益，系社会整体经济发展所产生而非个人因素产生，当归属于社会全体。[2]对此，国家将集体所有土地转为国有建设用地产生的增值收益转化为公共财政由社会整体共享。在政府土地用途层面的国家管制权方面，《宪法》第10条第5款规定"一切使用土地的组织和个人必须合理地利用土地"，以及《土地管理法》与《城乡规划法》等具体规定了土地用途管制与合理利用宅基地的具体方式，替政府行使一般行政权力。

---

〔1〕　桂华、贺雪峰："宅基地管理与物权法的适用限度"，载《法学研究》2014年第4期。

〔2〕　孙中山指出："地价高涨，是由于社会改良和工商进步……由众人的力量经营而来的；所有由这种改良和进步之后，所高涨的地价，应该归之大众，不应该归之私人所有。"参见《孙中山文集》（上册），团结出版社1997年版，第619页以下。

关于宅基地集体所有权实践方面,须先明晰"集体所有"的性质。"集体所有"原属于政治经济学概念,法律上有规定但并未明确"集体"及"集体所有"的性质。《民法通则》第74条第2款规定"集体所有的土地依照法律属于村农民集体所有";《土地管理法》第9条第2款规定"农村和城市郊区的土地,由法律规定属于国家所有的以外,属于农民集体所有;宅基地和自留地、自留山,属于农民集体所有";《物权法》第59条第1款规定"农民集体所有的不动产和动产,属于本集体成员集体所有"。上述法律规定集体所有权主体为"集体",但关于"集体"的性质,学界存在包括"抽象的集体所有形态""总有说""法人和个人共同说"与"共有说"等几种观点,笔者支持"总有说"。总有理论是日耳曼法意义上的所有权制度,"集体"的性质体现于总有关系之中。所谓总有理论,即在保持固定或长久财产权总有前提下根据成员的团体身份来对团体财产权进行实质意义的分割,团体或集体作为土地所有权主体管理或支配土地所有权的特殊性与复杂性。农村集体与成员之间的基于集体土地权利的归属和利用关系,就是一种总有关系。[1]而集体所有权的行使主体,根据《土地管理法》第10条与《物权法》第59条的规定,主要有"集体经济组织""村民委员会""村民小组"和"乡(镇)农民集体经济组织"四类。"集体经济组织"系农村基层组织演变的产物,当前仅有少数农村还保留。作为主要行使主体的是基层群众性自治组织"村民委员会",按照民主原则"村民自治"管理宅基地分配、调整、收回及使用限制等事项。

宅基地制度的关键环节在于农民宅基地使用权的实现,宅

---

〔1〕 孙建伟:"宅基地'三权分置'中资格权、使用权定性辨析——兼与席志国副教授商榷",载《政治与法律》2019年第1期。

基地的取得与使用是实现宅基地对农民提供基本生存保障,满足居住需求等社会保障目的的重要环节。《土地管理法》第62条规定了农村村民可依法申请使用宅基地,一户一宅,修建住宅,出卖、出租住房后再申请宅基地的不予批准。[1]在《物权法》上将宅基地使用权规定为用益物权,依据民法理论,用益物权人对他人所有的不动产或者动产,依法将享有占有、使用和收益的权利。因此,宅基地使用权人也应享有占有、使用集体所有宅基地并获得收益的权利。[2]尽管宅基地使用权只是农户所依法享有、利用农村宅基地的用益物权,但法律上还允许宅基地使用权人无偿并且无期限地使用宅基地。[3]永久的存续期间是所有权的属性之一,而他物权以及知识产权都具有一定的存续期间,期间届满则权利失去效力。就此而言,宅基地使用权又具备"所有权"的属性。[4]尽管宅基地具有如此的属性,但宅基地被禁止在集体外部流转、抵押显然是立法者对农民宅基地使用权的保障性与财产性之间的选择与平衡。

综上,基于宅基地对农民生存保障的价值选择而对宅基地的流转予以限制,以及基于国家管制权对宅基地实行所有权层面及用途转化层面的垄断,并由此所构成有限用益物权性质的宅基地法律制度,使得城乡分置中的农村发展出现了困境。此外,现行法的规范框架内无法形成禁止宅基地使用权流转的逻

---

[1]《土地管理法》(2019年修订,2020年实施)规定:"农村村民一户只能拥有一处宅基地,其面积不得超过省、自治区、直辖市规定的标准。人均土地少、不能保障一户拥有一处宅基地的地区,县级人民政府在充分尊重农村村民意愿的基础上,可以采取措施,按照省、自治区、直辖市规定的标准保障农村村民实现户有所居。"

[2] 龙翼飞、徐霖:"对我国农村宅基地使用权法律调整的立法建议——兼论'小产权房'问题的解决",载《法学杂志》2009年第9期。

[3] 王利明:《物权法》,中国人民大学出版社2015年版,第285~286页。

[4] 杨立新:《物权法》,中国人民大学出版社2013年版,第54页。

辑自洽。[1]因此，在乡村振兴战略背景下，需要对原有的宅基地制度进行改革，从整体出发，在原有法律制度上作合理调整，以适应农村改革的发展。

2. 宅基地"三权分置"的改革政策分析

自党的十八大以来，政策趋于对现有宅基地制度进行改革，以应对新背景下农村宅基地制度出现的问题。2012年的《党的十八大报告》指出"要节约集约利用资源，推动资源利用方式根本转变，加强全过程节约管理，大幅降低能源、水、土地消耗强度，提高利用效率和效益"。显然，我国农村一户多宅、面积超标、闲置粗放利用等不合理利用土地资源的问题成了优化土地资源配置和统筹城乡协调发展的主要障碍。[2]2013年中央1号文件——《中共中央、国务院关于加快发展现代农业进一步增强农村发展活力的若干意见》提道，"必须健全农村集体经济组织资金资产资源管理制度，依法保障农民的土地承包经营权、宅基地使用权、集体收益分配权。加快农村宅基地在内的农村集体土地所有权和建设用地使用权地籍调查，完成确权登记颁证工作。改革和完善农村宅基地制度，加强管理，依法保障农户宅基地使用权"，由此开启了农村宅基地制度改革的相关探索。

党的十八届三中全会报告指出"健全城乡一体化体制机制；保障农户宅基地用益物权，改革完善农村宅基地制度，选择若干试点，慎重稳妥推进农民住房财产权抵押、担保、转让，探索农民增加财产性收入渠道。建立农村产权流转交易市场，推

---

[1] 程秀建："宅基地资格权的权属定位与法律制度供给"，载《政治与法律》2018年第8期。

[2] 关江华、黄朝禧、胡银根："不同生计资产配置的农户宅基地流转家庭福利变化研究"，载《中国人口·资源与环境》2014年第10期。

动农村产权流转交易公开、公正、规范运行"则显示了农村土地制度改革触及了宅基地这一制度核心,[1]进一步确立了改革方向并提出了更有针对性的改革试点与相关举措。

2014年中央1号文件——《关于全面深化农村改革加快推进农业现代化的若干意见》提出"完善农村宅基地管理制度。改革农村宅基地制度,完善农村宅基地分配政策,在保障农户宅基地用益物权前提下,选择若干试点,慎重稳妥推进农民住房财产权抵押、担保、转让。有关部门要抓紧提出具体试点方案,各地不得自行其是、抢跑越线。完善城乡建设用地增减挂钩试点工作,切实保证耕地数量不减少、质量有提高。加快包括农村宅基地在内的农村地籍调查和农村集体建设用地使用权确权登记颁证工作",进一步对试点准备工作进行指导,并且强调了宅基地的分配政策。

2015年的《关于农村土地征收、集体经营性建设用地入市、宅基地制度试点工作的意见》提出,根据全国人大常委会授权在部分地区暂停实施《土地管理法》的相关规定,改革宅基地审批制度,完善宅基地使用权取得方式,探索一户多宅、超标占用有偿使用制度,探索集体内部宅基地自愿有偿退出。同年中央1号文件——《关于加大改革创新力度加快农业现代化建设的若干意见》提出:"依法保障农民宅基地权益,改革农民住宅用地取得方式,探索农民住房保障的新机制。统筹推进与农村土地有关的法律法规制定和修改工作。抓紧研究起草农村集体经济组织条例。加强农业知识产权法律保护。加强农村改革决策与立法的衔接。农村重大改革都要于法有据,立法要主动适应农村改革和发展需要。实践证明行之有效、立法条件成熟

---

[1] 刘守英:"最需要突出的就是宅基地制度",载《财新新世纪周刊》2013年第32期。

的，要及时上升为法律。"针对改革中出现的问题，要求不得将农民进城落户与宅基地使用权相挂钩，并要求做好农民住房财产权抵押担保贷款试点工作。

2016年中央1号文件——《关于落实发展新理念加快农业现代化，实现全面小康目标的若干意见》进一步提出"加快推进农村宅基地使用权确权登记颁证工作"，"完善宅基地权益保障和取得方式，探索农民住房保障新机制"。国务院六部委联合颁发《农民住房财产权抵押贷款试点暂行办法》，标志着宅基地改革试点进入统筹推进阶段。而2017年中央1号文件——《中共中央、国务院关于深入推进农业供给侧结构性改革，加快培育农业农村发展新动能的若干意见》则强调落实宅基地集体所有权、维护农民宅基地占有和使用权，增加农民财产性收入。

2018年中央1号文件——《中共中央国务院关于实施乡村振兴战略的意见》提出："完善农民闲置宅基地和闲置农房政策，探索宅基地所有权、资格权、使用权'三权分置'，落实宅基地集体所有权，保障宅基地农户资格权和农民房屋财产权，适度放活宅基地和农民房屋使用权，不得违规违法买卖宅基地，严格实行土地用途管制，严格禁止下乡利用农村宅基地建设别墅大院和私人会馆。"这一规定正式提出了宅基地的"三权分置"，并将其表述为"所有权、资格权、使用权'三权分置'"。由此，农村宅基地"三权分置"理论应运而生。这是一次重大的农村宅基地机制体制创新，是对农村宅基地权能属性的全新阐述，为乡村振兴战略，人、地、产成为有机整体提供了全新的思考角度及途径。[1]

2019年中央1号文件——《中共中央国务院关于坚持农业

---

[1] 刘宇晗、刘明："宅基地'三权分置'改革中资格权和使用权分置的法律构造"，载《河南社会科学》2019年第8期。

农村优先发展做好"三农"工作的若干意见》提出:"稳慎推进农村宅基地制度改革,拓展改革试点,丰富试点内容,完善制度设计。抓紧制定加强农村宅基地管理指导意见。研究起草农村宅基地使用条例。开展闲置宅基地复垦试点。"继续深化的农村宅基地制度改革,对新一轮农村改革作出部署,强调处理好农民和土地的关系是改革主线。

通过上述梳理十八大以来关于宅基地文件政策,我们可以总结出国家在农村宅基地法律制度改革的特点:①坚持以国家管制权下的农村宅基地集体所有制与集体经济组织为宅基地所有权主体。农村土地集体所有制属于宪法层面的国家土地所有制管制权,国家未选择宅基地所有权理论改革方案而选择农村宅基地使用权改革方案,一方面是基于我国社会主义资料公有制下的基本经济制度,宅基地所有权结构与之是相适应的;另一方面,对宅基地制度在用益物权方面进行解释、发展与完善即可适应改革的需要。②坚持以农村宅基地对农民社会保障的居住功能为前提,改进宅基地利用方式,以激发宅基地资源利用效率与效益,增加农民财产性收入。从十八大报告强调资源的合理利用到每年的中央1号文件,党和国家始终强调改革宅基地制度使土地资源得到合理利用以及尽可能以多元的方式利用、发挥宅基地的财产属性,以此构建宅基地稀缺资源与市场供求关系相协调的法律制度。③坚持城乡发展一体化,统筹城市与农村发展,从宏观视角进行顶层设计并统一、有序推进改革各环节。在城乡一体化发展的背景之下,明确以宅基地产权制度为基础,建立宅基地产权交易市场。从上述的文件中我们可以发现,中央1号文件始终是以顶层设计为出发点,来推动宅基地制度改革及"三农"整体问题的解决。宅基地"三权分置"的正式提出,在为新宅基地制度顶层设计奠定基础的同时,也为城乡生产要素的平等、自由流动创造了相关条件。④坚持依法授权改革试点，推进制度改革，立足试点经验，推动宅基地制度灵活适用。从改革试点的提出到在全国 33 个区县进行试点实施，党和国家强调在底线原则上允许试点地区积极探索有效途径。宅基地"三权分置"理论的提出，尽管属于政治政策表达而非法律表达，但其对地方试点突破原有"两权分离"具有原则性的指导作用，进而使我们可以在该框架下总结试点经验，为新宅基地制度顶层设计提供实践方案。

二、宅基地"三权分置"下资格权与使用权的法律性质探讨

追溯了宅基地"三权分置"政策后，在提出相应的法律制度构造前，我们须先理清"三权分置"中的权利构架模式及背后的法理。从宅基地"两权分离"模式到宅基地"三权分置"，"所有权"并未变动，因而不再赘述。在后文中，笔者将就新宅基地制度顶层设计中的"资格权"与"使用权"的法律性质及构架模式选择进行学理上的论证。

(一) 资格权的法律性质探析

关于"资格权"的法律性质，目前学界有三种不同学说，分别为成员权说、宅基地使用权说、剩余权说。

成员权说认为，资格权作为一种分配资格，不属于实体财产权利。资格权作为成员权的组成部分，只要在法定条件下，拥有成员分配资格权的农户就可申请一定面积的宅基地。资格权属于土地所有权行使方式的范畴，且有资格分配权并不代表该农户实际享有宅基地使用权。在农村集体经济组织实际分配宅基地却无地可分时，该农户无法实际享有宅基地使用权而在该阶段内只享有宅基地的分配资格权。此外，农户根据实际分

配资格取得宅基地使用权,并足额行使该权利(例如分配面积达到法定标准),那么其分配资格权也就归于消失,如果之后其转让了宅基地使用权,也不再享有宅基地分配资格。[1]

宅基地使用权说认为,资格权为宅基地设立次级使用权后的宅基地使用权。由宅基地使用权派生的次级使用权实现宅基地的市场化配置。初级使用权不是法定物权而属于"债权型利用权"。宅基地使用权本权仍属于农户,一旦次级使用权的本权期限届满或满足终止条件,宅基地使用权的行使限制便会自动消失,该权利会恢复到圆满的状态。[2]从而延续"两权分离"制度下宅基地使用权所具有的身份性、封闭性特点,使得使用权的流转受现行法律和政策的限制。

剩余权说认为,资格权是宅基地使用权人让渡一定年期的使用权后对原有宅基地的剩余权。母权利的权利人在事实上取得对特定土地的支配权,但受制于身份性限制而无法流转。[3]

从政策制定的目的与合理性角度探析宅基地资格权的法律性质:首先,资格权的成员权说,从文义出发似乎具有一定的合理性,但若资格权只是农户基于集体成员身份取得宅基地使用权的资格,则无法形成对特定物的支配,进而"三权分置"设立资格权并无意义。从宅基地改革制度的目的上看,提出宅基地三权分置是为了在保障农民依法取得宅基地用益物权的基础上进一步探索宅基地使用权的财产属性,进而平衡农民生存保障利益与宅基地财产性收入利益。成员权说将无法解决除了

---

[1] 宋志红:"宅基地'三权分置'的法律内涵和制度设计",载《法学评论》2018年第4期。

[2] 刘国栋:"论宅基地三权分置政策中农户资格权的法律表达",载《法律科学(西北政法大学学报)》2019年第1期。

[3] 李凤章、赵杰:"农户宅基地资格权的规范分析",载《行政管理改革》2018年第4期。

能够基于资格权恢复其转让一定年限使用权届满后权利没有其他的途径予以恢复的问题。而剩余权说能够解决上述问题，但基于宅基地资格权而收回剩余权利缺乏论证其依据的法理，只是笼统的表达。而宅基地使用权说实际上将原有的使用权分为初级使用权与剩余使用权，而无法体现改革中对资格权赋予的居住保障的特殊性质。

笔者认为，应当从宅基地分配、取得使用、交易以及回收或处分等各阶段中综合探析宅基地资格权的法律属性。结合政策目的来看，宅基地资格权应是一项综合性的权利，具有综合财产性、身份性和居住保障性等属性。宅基地资格权的内容应包含宅基地分配过程中集体经济组织对农户资格的认定、农户对资格相关权利的享有、资格权的表现形式及农户对宅基地剩余权利的行使。此外，资格权还涉及农村集体与农户对集体所有财产与成员利用关系的处理和对养老、居住等非财产权关系的处理。在宅基地分配阶段，资格权是法定条件下农户有向集体申请获得一定面积的土地用以建造住宅建筑的身份资格权利，但该资格权利可为虚拟性的分配权利。因为在特殊情况下，例如宅基地基于法定事由全部收回后进行集体转让使用权，农户的资格权只能体现为虚拟性的分配权。在宅基地取得、使用、交易阶段，资格权可以表现出其居住保障性与财产性。在宅基地的回收或处分阶段，集体经济组织基于法定事由将农户已经分配使用的宅基地收回或者集体处分时，资格权体现为一种财产性的权利，同时基于资格权的居住保障性，集体在收回或者处分后应当给予相应的居住保障。

（二）宅基地使用权的法律性质

宅基地"三权分置"下的使用权不同于"两权分离"下的使用权。对于宅基地使用权的法律性质探析，须建立在"三权分置"的构造模式上,并结合资格权法律性质去理解宅基地使用权。基于现有的试点与相关政策性文件规定可探析宅基地使用权的法律性质。当前,学界存在以地上权解释"三权分置"中的使用权的理论,即在宅基地使用权上再设定一定期限的具有用益物权性质的地上权。通过地上权,宅基地财产性功能得到充分发挥,以便在市场上进行自由流转。[1]持法定租赁权观点的学者认为,当发生房地冲突时,即成员依据其身份或资格获取的宅基地使用权数量超过规定的标准而非集体成员在该宅基地上建造房屋时,应当适用法定租赁。地上权与法定租赁权皆是从实际出发且具有合理性。结合上述,笔者认为,宅基地使用权应当是一项能够同时满足多种适用模式的权利。在"三权分置"的改革政策中,国家始终是在宅基地的居住保障功能上探索多元方式,以发挥宅基地财产性功能。宅基地资格权在很大程度上已经承担了宅基地的居住保障功能,因而在设计宅基地使用权时应充分考虑宅基地使用权的用益物权、法定租赁权等财产性质。

笔者认为,宅基地使用权应当是受让人通过民事契约约定获取的对方"集体成员"依其身份或资格获取宅基地使用权中一定期限的使用权。正如上文所述,宅基地的原始分配取得使用权更多地体现宅基地的居住保障功能性,因而将此种原始分配获得的宅基地使用权纳入资格权的范畴之中,由使用权专指民事契约等法律事实所获得的宅基地使用权。根据民事契约的性质来具体判断是用益物权、担保物权还是具有物权性质的债权或单纯的债权。如此的"三权分置"构造模式有利于不使宅基地最主要的身份性权利、居住保障性权利与财产性权利过分

---

[1] 刘锐:"乡村振兴战略框架下的宅基地制度改革",载《理论与改革》2018年第3期。

分离，且能够适应宅基地根据市场需求发挥其财产性权利。并且，此种方式的选择能够将"两权分离"的使用权与"三权分置"下的使用权很好地区分开，不至于产生混淆。

三、宅基地"三权分置"法律制度构造建议

在宅基地"三权分置"制度权利构造模式有如下三种可能性。"一是将原来的宅基地使用权拆分成两项独立的权利，分别为资格权与使用权。二是取消原有的宅基地使用权，重新设计两项全新的权利———资格权与使用权。三是在维持原有的'宅基地使用权'的基础上，再创设一个新的权利。"[1]正如上文所探析的资格权与使用权的法律性质，这显然是两项不同于原有的权利。因而，笔者认为，应选择第二种构造模式，重新设计两项全新的权利，即资格权与使用权。

（一）关于改革的政治表述与法律表述的对接

宅基地三权分置政策在法律上表达为：宅基地所有权分置出宅基地资格权与使用权。资格权作为独立的法律表达与宅基地使用权并列。由于集体土地所有权是农村土地权利体系的原权利，其他土地权利均由其派衍，[2]所以资格权与使用权由其分置。关于资格权，则是由享有宅基地资格权的集体经济组织成员在法定条件下有权申请获得一定面积用以建造住宅的土地或同等面积土地的分配权利凭证，并依据资格权设置宅基地使用权进行流转，且在流转期限届满后依据资格权回收剩余权利。而宅基地使用权中包含宅基地法定租赁权、宅基地经营权，以

---

[1] 席志国："民法典编纂视域中宅基地'三权分置'探究"，载《行政管理改革》2018年第4期。

[2] 刘征峰："农地'三权分置'改革的私法逻辑"，载《西北农林科技大学学报（社会科学版）》2015年第5期。

适应宅基地改革中对于非本集体成员参与宅基地流转的需要。所谓法定租赁，即基于法律规定产生的租赁关系，农村宅基地的权利不依土地所有人或宅基地使用权人的意志而以法律规定直接设立。农村房屋买受人在取得房屋所有权的同时，对于房屋的宅基地并非取得作为物权的基于村民身份的"宅基地资格权"，而是取得作为债权的"宅基地租赁权"。此外，对超过资格权规定的数量标准面积和宗数的宅基地上建造的建筑物也依法适用宅基地法定租赁。虽然《合同法》第214条规定了租赁期限不得超过20年，鉴于保护建筑物所有权的需要，宅基地法律租赁存续期间不应受此期限限制，以充分保护私人不动产财产权。[1]因而应规定建筑物存在期间其享有宅基地法定租赁权，直至建筑物损毁灭失后由集体经济组织收回该土地。宅基地经营权则是明确宅基地的经营性用途，实现直接流转并进行经营性活动，而无须转化为集体建设用地。由于宅基地的特殊属性，因而经营性须受到部分村庄规划、土地用途管制的限制。此外，也要符合相关部门对住宅商用消防、环保、安全等方面的相关规定。对于该经营权的性质，可以是一种基于合同约定而形成的债权。这个新设立的经营权可以转让、租赁、抵押、担保融资，依照合同在一定期限内对原农户的宅基地使用权构成限制，于期限届满后自动消灭。[2]宅基地经营权人对依法取得的宅基地使用权享有在一定期限内占有、使用并获取收益、有权再流转或抵押的权利，同时也要承担支付流转费用、维持用途以及履行合同特别约定的义务。在期限届满后，宅基地经营权人享

---

〔1〕 张建文、李红玲："宅基地使用权继承取得之否定——宅基地'法定租赁权'的解释路径"，载《河北法学》2016年第12期。

〔2〕 吴爽："农村宅基地退出实践的法律反思"，载《学习与实践》2019年第8期。

有优先受让权、添附取回权，以及征收时其地上物和宅基地经营权残值补偿权。

（二）法律构造与制度设计

宅基地三权分置制度的实现，既包括解释论层面的对既有规范性文件进行适应性解释，又包括立法层面的新型权利塑造。[1]宅基地的所有权、资格权与使用权仍应遵循由《宪法》《民法典》《土地管理法》《村民委员会组织法》《城乡规划法》《担保法》以及行政法规和部门规章等规定所形成的共同构成行政管理、基层自治与法律规范相互配套的综合性制度体系。在所有权不变的情况下，对于资格权与使用权的规定将主要在《民法典》（物权编）与《土地管理法》中予以规定，具体的操作与管理办法则由其他不同层级效力的法律法规政策予以规定。

从《民法典》（物权编）中的规定可以发现该规定与此前物权法中的相关规定并无差异，并未对宅基地制度的改革进行立法回应。由于资格权的法律性质是一项具有综合性的法律权利，因而其需要在各相应的法律中规定。对于三权分置下的宅基地使用权中的法定租赁权与宅基地经营权，当前《民法典》（物权编）中并未对宅基地使用权的收益功能等予以规定，因而应从《土地管理法》中予以进行完善。此外，如学者高圣平所指出，为反映宅基地制度改革的成果，《民法典》（物权编）应允许宅基地使用权抵押[2]，而民法典第399条之相关规定并未予以突破，但其规定"法律规定可以抵押的除外"也为宅基地使用权抵押留有一定的空间。进而从《土地管理法》等法律中

---

[1] 陶钟太朗、杨环："论'三权分置'的制度实现：权属定位及路径依赖"，载《南京农业大学学报（社会科学版）》2017年第3期。

[2] 高圣平："宅基地制度改革与民法典物权编编纂——兼评《民法典物权编（草案二次审议稿）》"，载《法学评论》2019年第4期。

对宅基地使用权抵押的例外情形予以变通式规定,是较为可实现的路径。

四、宅基地三权分置的具体实现路径

(一) 关于资格权的实现路径

1. 确立由集体成员多数决原则的资格权确认程序

没有成员,就没有所谓的集体,就无法形成集体的财产权;相反,没有集体,成员身份也就无从谈起。两者相辅相成,不可分割,互为依托。[1]因而资格权的确认主体应由集体经济组织承担,并由其集体经济成员按照多数决原则予以确认,根据户籍、生活来源以及该申请人与村集体之间的权利义务关系等作为资格权确认标准进行综合判断,而不能按照统一的标准进行确认,在确认后应当进行确权登记。由土地管理部门或者某一机关作为统一不动产登记机关专门履行宅基地资格权登记。进行登记的宅基地资格权可以虚拟化,即可不以具体实地宅基地登记,而以权利凭证予以确权。宅基地资格权虚拟化有利于农村宅基地使用权的市场化流转。此外,对于具有高市场化和土地优势条件的村庄,如城市郊区的村庄、宅基地分配过程所涉及区位分配公平问题,可设置土地收益调节金制度予以解决分配公平问题并起到社会保障作用。即实行宅基地择位竞价进行分配,竞价所得收益归农村集体经济组织。由于资格权的确认问题涉及资源利益的分配,容易形成纠纷。因而应对资格权确认结果有异议的成员提供权利的救济,即赋予相关异议者向人民法院提起重新确认或者申请撤销的权利。

---

[1] 陈小君:"我国涉农民事权利入民法典物权编之思考",载《广东社会科学》2018年第1期。

2. 建立资格权人监管宅基地利用制度

由于宅基地对农民起到居住保障功能，因而此前其用途受到国家限制，受让主体也仅限于本集体经济组织成员。为盘活宅基地市场，宅基地制度改革后使得受让人身份突破本集体经济组织成员的限制，扩大到本集体经济组织成员以外的人。但由于宅基地的特殊性，因而对二级市场不能完全放开，对于集体经济组织成员外的人购买宅基地上的建筑用途予以限制，禁止从事房地产开发。转让宅基地使用权后的资格权人享有监督受让人对宅基地维持用途的权利。当资格权人发现该受让人有违反该维持用途的情况发生时，资格权人有权要求其恢复原状并提供保证。

3. 建立资格权人有偿退出制度

宅基地资格权退出，将使其全部权利消灭。不同于宅基地使用权转让，其只是使用权主体发生变化，资格权中的部分剩余权仍存在。同时也不同于宅基地收回，收回是在法律规定为了公共利益需要、改变宅基地用途、迁移停止使用、长时间闲置、房主死亡没人继承、房屋坍塌 2 年未在建房等特定条件下将已经分配的宅基地重新回到集体组织中。宅基地制度改革的初衷之一即解决部分已经进城且身份发生变化的农民，其宅基地上的建筑物及附属设施空置造成资源浪费问题，因而有必要设立宅基地有偿退出机制。对于宅基地退出补偿安置标准，应参照当地同期集体土地房屋拆迁补偿安置标准执行，宅基地产权人不再享有申请取得宅基地的权利。

4. 完善资格权人宅基地征收补偿制度

占有使用宅基地并建造住宅的资格权人有权基于宅基地资格权、房屋所有权与集体经济组织成员身份获得宅基地和房屋相关的征收补偿款及增值的收益。在宅基地租赁模式或者宅基地经营权中受让房屋的情况,由于非集体成员已经取得了房屋所有权,因而资格权人只能获得与宅基地有关的区位补偿费和与身份有关的安置补助费等。

(二) 关于宅基地使用权的实现路径

1. 确立无须集体经济组织同意的设立宅基地使用权备案制度

当前国家对宅基地的征收、征用行为所产生的宅基地所有权流转,由所在集体经济组织所行使。现实中集体经济组织往往由村集体的管理干部行使其权力,由于监督不力与制度设置的不足使得操作过程中容易发生侵吞农民土地权益的情况。当前我国村集体管理干部作为集体经济组织代表的现状并未发生变化,且宅基地使用权更多直接涉及资格权人的利益而非土地所有权的利益,因而宅基地资格权人进行设定宅基地使用权时,无须经过村集体或集体经济组织同意,但须向其备案。且宅基地使用权的设定必须建立在资格权已经进行确权登记。此外,集体经济组织作为管理方,依据相关规定,在村庄规划和土地用途管制等方面对流转后宅基地使用权人使用宅基地的用途范围和方式予以监督管理。

2. 完善宅基地使用权流转的登记制度

建立相应宅基地使用权流转备案审查制度、农村宅基地使用权登记公示与异议救济制度。宅基地使用权流转前需要进行权属审查公示,由农村集体经济组织进行公示。有异议者可提出异议申请,仍无法解决则提请法院裁决。由上述登记资格权确权的土地管理部门或者某一机关的统一不动产登记机关履行宅基地使用权流转登记职责。双方在宅基地使用权发生流转后,应立即办理向不动产登记机关进行变更登记手续。且宅基地流转登记的权利证书与登记簿记载不一致的,以登记簿为准。权利自登记之日起，一经登记就取得了权利效力。

为了防止农户由于宅基地使用权的流转而使其居住权无法得到保障，进而导致农村的不稳定，农户应满足相关条件才可进行宅基地使用权流转，需要流转的农户证明其另有其他稳定住所和稳定的收入。为防止"圈地"情况的出现，对于受让宅基地面积或者宗数已经达标的同一主体不许其再次取得宅基地使用权，因此在备案审查时应予以特别关注。此外，处理目前房地多头登记、管理混乱的局面，在流转中还要加强宅基地的变更登记工作。[1]

3. 确立宅基地使用权的法定租赁模式

当宅基地资格权人与集体组织成员外的受让人签订宅基地上房屋买卖合同或者在该地上建筑房屋后，依据法律规定房屋买受人与宅基地的关系适用宅基地法定租赁权利关系，即受让人获得宅基地法定租赁权，从而获得占有使用该宅基地的权利。宅基地法定租赁使用权的客体为宅基地，法律关系的当事人为集体经济组织。宅基地法定租赁使用权人对宅基地享有占有、使用、收益等权利，并负有根据法律法规规定或合同约定的数额履行交纳土地租赁费的义务。宅基地租赁期限与房屋使用期限一致。此外，对于法定租赁的适用情况，宅基地的使用权上房屋转让、继承、赠予、抵押等处分行为均适用宅基地法定租赁制度。

4. 设置宅基地使用权转让的保障金制度

我国农村并未普遍建立社会保障制度，属于农民集体所有的农村土地是农业最基本的生产要素，是农民基本的生活保障。[2]

---

[1] 陈国进. 宅基地使用权制度："现状、缺陷与改革"，载《人民司法》2013年第19期。

[2] 蔡立东："宅基地使用权取得的法律结构"，载《吉林大学社会科学学报》2007年第3期。

由于当前农村社会保障体系仍不够完善，因而需要加强社会保障目的设置保障金制度。保障金制度是以宅基地使用权转让形成的增值收益为基础建立的。宅基地使用权转让保障金除集体组织可收取一定管理所需的合理费用外均由转让人所有，但根据保障金制度转让人需要从宅基地使用权转让价金中提交一定比例，用于该农民的失业保险金和农民廉租住房保障金等缴纳。[1]以此将保障金作为保障宅基地对于农民转让后的社会保障。

总体而言，对农村土地制度改革的复杂问题之求解，需要仔细理清一下党的十一届三中全会以来的土地制度改革策略和路径，也就是要反思中国土地制度变革的逻辑是什么，这套逻辑现在遇到了什么问题，是否还行得通。这些年来，改革的推进一直在寻找折中办法，现在可能已经触碰到根本问题。经过20世纪70年代末80年代初的包产到户改革以后，支配中国农村产权制度变迁的力量已发生了重大变化。传统体制下中央政府对土地所有制构造的控制与利益格局的支配，让位于社区结构，包括各个利益主体的实际力量和利益的影响。因此，在改革以后，农村社区经济结构差异的拉大以及整合能力的强弱，表现为土地产权安排结构变化的多样化。在制度安排演进中社区的力量增强以后，土地制度的演进就取决于这些结构因变化对包产到户所形成的新集体土地权利结构的影响。具体而言，经济结构的变化会影响土地对农民收益的重要性，从而势必引起农民对集体土地成员权观念的变化。这种变化将构成中国集体所有制变化路径的主线。也就是说，中国集体所有制的归宿到底是什么样的，将取决于未来经济和社会结构的变化所引起的农民土地成员权的观念的变化和行动。因此，这就留下了一

---

〔1〕 参见张炼："农村宅基地使用权流转的民法规制研究"，西南财经大学2011年博士学位论文。

个具有共同所有权性质的资源如何进一步演化的极有意义的个案。

　　新时期的土地制度改革激发了农民参与乡村振兴战略实施的积极性。农民作为土地的直接使用者，其对土地承包、经营工作是否有足够的积极性，直接影响到土地使用的效果，进而关系到乡村振兴战略实施的结果。乡村振兴战略背景下的土地制度改革除了遵循制度、政策的要求以外，还兼顾了各地区农民在土地经营使用方面的实际情况，以优化解决农民在土地资源使用方面遇到的各种问题为出发点和落脚点来进行制度的改革，使广大农民能够更安心、更自信、更积极地从事农业经营管理工作。同时，土地制度改革使农民切身感受到乡村振兴战略实施带来的各种利好，并积极实践落实乡村振兴的各项要求。土地制度改革释放了农民在乡村振兴战略中的主体性。乡村振兴是一项复杂性、长期性的系统工程，其不仅需要国家层面的政策、资源支持，还需要广大农民的积极参与，如果没有农民的广泛参与，实施乡村振兴战略将是"纸上谈兵"。乡村振兴战略背景下的土地制度改革的重心在于农民的土地经营管理，通过改革完善相关制度，为农民创造良好的土地经营管理条件，使制度能够更好地服务于农民的生产经营活动，充分发挥农民在乡村发展方面的主体性作用。土地制度改革拓宽了乡村振兴战略实施的路径。乡村振兴战略的实施需要借助一系列的实践活动加以实现，我国广大乡村地区在政治、经济、文化、社会、生态等方面的差异性决定了战略的实施需要走多样化、地域化的道路。土地制度改革的目的在于推动土地资源的地域化、特色化利用，使资源利用符合本地区的实际情况，消除土地制度在乡村振兴战略实施方面的阻碍，使土地成为"活"的资源。土地制度的改革打破了土地经营管理在主体性、地域性方面的限制，使更多的创新性要素能够自由、畅通地融入乡村振兴战略的实施之中，带动乡村各项事业的高质量发展。深化土地制度改革需严格落实土地确权登记制度党的十九大报告提出，在实施乡村振兴战略过程中，要"巩固和完善农村基本经营制度，深化农村土地制度改革，完善承包地'三权'分置制度。保持土地承包关系稳定并长久不变，第二轮土地承包到期后再延长三十年"，而对于乡村振兴战略实施的主体——农民来说，能否解决土地资源的权利归属问题直接影响其参与乡村发展事业的积极性。因此，确权是深化土地制度改革过程中最先要完成的任务。

我国实现今天的发展局面，离不开农村社会及农村土地对于中国现代化建设的稳定器作用和蓄水池功能。一方面，随着改革深化，我国逐步建立起城乡要素自由流动制度，农村人口流入城市，支撑起加工制造产业，我国迅速从农业大国发展为"世界工厂"。另一方面，在推进工业化和城镇化的同时，我国加速推进乡村建设和乡村发展，先后开启社会主义新农村建设、"美丽乡村"建设和乡村振兴战略，巩固农村的基础地位。在如此巨大的社会转型过程中，我国未产生"贫民窟"及其他社会问题，关键在于，我国建立了"保护型城乡关系"，城乡结构具有弹性，乡村起到"兜底"作用。农村的稳定器作用和蓄水池功能体现为：当出现经济增速放缓并影响城市就业时，农民有条件退回乡村，暂时性失业就不会在城市积累，更不会演化为影响社会稳定的严重问题。这是我国实现又好又快发展的奥秘所在。农村能够回得去，基础是农村土地制度。土地承包经营制度释放了农村剩余劳动力，激发了农民生产积极性，在土地承包经营的基础上，农民合理安排家庭劳动力，逐步形成农村青壮年劳动力外出务工和中老年劳动力在家务农的局面，广大农村普遍产生"半工半耕"农民家庭经营模式。这既增加了农民的家庭收入来源，又为进城务工农民构筑了稳定的农村大后方。农民可以在城乡之间多次往返，形成了"机会开放、风险较低"这一中国特色的城镇化道路。在长期的历史实践中，我国逐步形成具有福利分配性质的农村宅基地制度。随着新型城镇化战略的推进，越来越多的农民在城镇购房定居，同时，也有相当一部分农民暂时无法实现城市安居。这意味着，农村宅基地依然发挥着居住保障的功能。2019年的中央1号文件明确了"深化农村土地制度改革"的重点任务。站在巩固"三农"压舱石地位的角度看，未来深化农村土地制度改革，需要注意考虑如下问题。

首先，进一步明确农村土地制度改革底线，坚持走中国特色社会主义的农业现代化道路。农村土地制度改革的底线是，"坚持农村土地集体所有、不搞私有化"。在制定第二轮土地承包到期后延包的具体办法和落实承包地"三权分置"政策方面，要坚持集体土地所有权的主体地位。推进农业现代化，解决粮食安全和食品安全、农民就业、土地细碎化和地权分散等现实问题；加大力度推进土地产权整合、解决土地细碎化问题和完善农业基础设施。释放土地生产功能的关键是发挥集体作用。可采用虚置承包权的办法，将土地承包权变成经济收益权，将土地使用权集中到集体经济组织，然后向农业经营主体公平配置土地资源。可借鉴珠三角地区的"土地股份合作社"、上海地区的"家庭农场"等成熟做法和经验。

其次，深入总结土地制度三项改革试点经验，稳步推进农民退出宅基地。农民退出宅基地是一个自然而然的过程，只有城中村和城郊村的宅基地存在巨大财富价值，而这类地区加起来比例很小。保留农村宅基地这部分"资源冗余"，不将农村退出宅基地作为农民进城落户条件,避免激进的宅基地退出政策,尤其要警惕直接或变相的市民下乡占地行为,避免出现不合理土地政策所诱发的"逆城市化"现象。为稳妥推进改革,中央部署征地制度、集体经营性建设用地制度和农村宅基地制度三项改革试点工作。伴随着这项试点的逐步推行,《土地管理法》修订工作也在同步推进。未来应加大对三项试点的研究力度,全面评估实现效果,为修法和土地制度改革提供科学依据。

最后,将农村土地制度改革作为乡村振兴的突破口,合理利用土地政策工具,实施乡村振兴战略。部分地区的基层政府将土地当作乡村振兴的政策工具,尝试通过土地制度创新来解决乡村发展面临的资源匮乏问题。其中,比较典型的做法是利用农村宅基地和集体经营性建设用地方面的政策,发展乡村旅游、开发民宿和开展一二三产业融合项目。从全国来看,在近郊农村和自然资源丰富的少数地区存在乡村旅游和民宿开发的条件,全国大多数农村和地区很难成功。从事乡村旅游开发需做好全局规划,避免地区之间发生同质化竞争,避免出现农业"三产化"泡沫。

新时期的农村土地制度改革,唯有坚持市场化改革的导向,在《宪法》和法律框架下不断完善配套制度,才能背靠政府和社会力量,发展新乡土主义、创造生态农业、健康生活和政治参与三头并进的新型道义经济,支持直接生产者通过各种有效的形式,真正组织起来,真正实现乡土复兴。

余论
新乡村建设、逆城市化与乡土复兴

自晚清始,乡村建设问题一直在中国社会历史中占据着举足轻重的位置。尽管晚清的精英们对乡村社会的建设与改良做出了积极而且有益的探索,但限于种种原因,都存在着或多或少的缺陷,最后几乎无一例外地以失败告终。今日的农村建设与民国新乡村运动有着内在的历史渊源。当下,城市化背景下的农村建设在物质建设丰富繁荣的同时,如果失去了文化自觉和传统精神,最终会劳而无功,甚至与初衷背道而驰。在现代化的工业社会背景下,重提新乡村建设运动,溯本清源,让精英回归,通过逆城市化来承继传统、弘扬文化,是一个可探讨的选择。

近一个世纪,乡村建设始终是国人最关切的社会议题之一。尽管伴随着社会变化、历史发展而数度沉浮,但其每次成为社会焦点,都不同程度地反映了中国各种政治派系和知识力量在特定时代对乡土建构能力的检视及社会改造能力的印证。时至今日,国人在城乡一体化的大背景下对现代性执着追求,它仍然是中国必须审视而又难以迅速破解的重大问题。在每一个体都追求现代都市时尚、物质财富丰足的当下,在经济迅猛增长日趋成为社会发展第一要义的社会里通过开展乡村建设的实践而与工业化、城市化分庭抗礼,达致乡土复兴,阻力和困难自不待言。而对农民的关怀,对农村的坚守,对农业的重视也是自民国以来国家与社会持续关注的现实课题。

余　论　新乡村建设、逆城市化与乡土复兴

(一) 百年中国的乡村建设谱系

中国的精英阶层探索乡村社会的改良始于晚清。光绪三十年（1904年），河北定翟城村米鉴三、米迪刚父子提倡"村治"，普及村民教育、识字读书和地方自治，创设国民初级小学校与女子学塾，并仿效《吕氏乡约》创制规约。[1]米氏父子"村治"的理念在1914年得到了时任定县县长的孙发绪的高度首肯，在其赴任山西省长后大力弘扬，引起了阎锡山的关注和鼎力支持，以"六政三要"的政策使乡村实验运动在山西成了规模。1924年，由华北地区的精英绅士王鸿一、米迪刚、彭禹廷、梁仲华等联袂创办了《中华日报》和《村治月刊》，标志着"村治派"在乡村建设运动中的确立，开辟了20世纪初中国乡村建设运动的新天地。1925年"五卅惨案"后，乡村建设运动在各地此起彼伏、蔚然成风，形成了百花齐放、异彩纷呈的繁荣局面。有学者统计，到1934年，全国各地的乡村建设团体遍地花开，多达600余个；乡村建设实验区、实验点如雨后春笋，更是达至1000处之多。[2]这些身体力行的先行者中，影响最大的当属梁漱溟和晏阳初，前者创办了山东乡村建设研究院并凭借旨在谋求"乡村文明"的"邹平模式"进行了积极实践，使山东邹平一度成为北方乡村建设的中心；后者领导中华平民教育促进会在定县、衡山、新都开展了极有影响的实验，被称为"定县模式"[3]。二者的实施方针和指导思想大相径庭，梁氏的"旧派"乡村建设哲学是以传统儒家思想为基础和导向，渊源于"村治派"；晏阳初的"新派"则依靠美国洛克菲

---

[1] 王景新："新乡村建设思想史脉络浅议"，载《广西民族大学学报（哲学社会科学版）》2007年第2期。
[2] 参见乡村工作讨论会编：《乡村建设实验》，中华书局1934年版。
[3] 中国（南京）第二历史档案馆资料：《会议土地村所有制》卷宗号四二二(2) 1322。

勒基金会的资助,以基督教为信仰。此时期的乡村建设运动屡现高潮,其他地方的运动者也可圈可点,可谓波澜壮阔、异彩纷呈。总体看来,当时的乡村建设实践主要形成了六大流派:

(1) 西方派:信仰西方宗教,依靠外国得扶植,以晏阳初为代表;

(2) 本土村治派:弘扬传统思想的宝贵经验,发扬儒家思想的村治精神,代表人物为梁漱溟;

(3) 教育派:以陶行知为代表,其在南京建立的晓庄师范学院享誉东南,可称为该思想在中国社会的主要实践成果;

(4) 军事型:依托村治建立地方防卫政体,以彭禹廷的河南镇平地方防卫治理为代表;

(5) 官府型:由官方为主导并提供大部分支持的村治类型,以南京国民政府直接出资支持的浙江兰溪和江苏江宁为主要代表;

(6) 精英建设派:顾名思义,以开明士绅作为领袖来主导本土村治实践,其中江苏省立教育学院(由高践四领导)在无锡的黄巷、北夏、惠北进行的村治实践,被称为"无锡模式";中华职业教育会(由民主人士黄炎培领导)在江苏昆山徐公桥进行的村治实验,被称为"徐公桥模式"。二者在民国的乡村建设运动中为积累中国本土经验做出了有益探索,对民国的本土村治运动做出了重要贡献。

然而,问题在于,这批先行者们认为,"中国农村社会的发展问题不是政治问题,也不是经济问题,而是'文化'或'教育'问题。中国的出路并不需要任何制度性的根本改革,而应该返回'农本社会''伦理本位社会'"。[1]但吊诡的是,这些

---

[1] 庄金锋:"清末的兴农思潮与民国时期的乡村建设运动",载《清末新政与辛亥革命国际学术研讨会论文集》2007年。

余 论 新乡村建设、逆城市化与乡土复兴

乡村建设的所有流派恰恰都与政治具有千丝万缕的联系"通过教育及经济改革复兴农村，意味着与政治当局建立起支持和保护的关系。这当然是因为在一个组织起来的计划中，任何同农民打交道的企图必然引起政治方向的问题和合法性的问题，而不管该计划是否有明显的政治目的或者活动。"[1]在政治土壤不丰沃、政治条件悬而未决的动荡时局下，希冀凭借教育文化、经济建设的社会运动来改良乡土社会，意图通过振兴农村来探索改造中国之路，即便在局部略见起色，但这一城一地的得失却不能从根本上为中国的乡村问题提供一劳永逸之解决方案。"乡村建设"运动，"它希望用和平的、非暴力的手段建设乡村，刷新中国政治，复兴中国文化。在政治倾向上，乡建派是处于共产党与国民党之间的'中间派'，代表着一部分爱国的知识分子对中国现代化建设道路的选择与探索"。[2]政治瓶颈是一直持续困扰乡村建设的巨大问题，不仅阻碍了其繁衍发展，还最终导致了这场轰轰烈烈的乡村建设运动的失败。尽管有先行者（如晏阳初）从运动开始就希冀他的乡村建设与政治局势泾渭分明、毫无瓜葛，但改革实践最终因触及地方利益而无疾而终。现实的结果让他最后不得不喟然叹息："事实的情势使我们也不能不钻入政治。"[3]而儒家村治派梁漱溟更是一语中的，道出了乡村建设的最大困难是"高谈社会改造而依附政权"，其结果是"号称乡村运动而乡村不动"。[4]乡村建设的领导者们在政治态度上左右摇摆、举棋不定，"最大的缺点就在不从社会制度上去

---

[1] 参见费正清编:《剑桥中华民国史》（下卷），中国社科出版社 1998 年版。
[2] 参见郭蒸晨:《梁漱溟在山东》，人民日报出版社 2002 年版。
[3] 参见晏阳初:"平民教育运动的回顾与前瞻"，载宋恩荣编:《告语人民》，广西师范大学出版社 2003 年版。
[4] 参见梁漱溟:"我们的两大难处"，载梁漱溟:《乡村建设理论》，上海世纪出版集团 2006 年版。

谋改革",[1]一场缺乏从根本上"政治解决"的社会改良,最后的宿命注定是难以为继。

乡村建设运动的繁荣局面并未持续多久便遇到了1937年日本侵华,异族的入侵中断了乡村建设的实践。在"救亡压到了启蒙"[2]的大局势下,比起农村运动的成败与否,民族存亡更为迫切。但这并非问题的关键,退而假设,如果没有这场外来的战争,乡村建设运动便会风生水起、一帆风顺吗?实际的情形是,他们所致力的乡村启蒙和社会改良的努力,最终会因复杂的政治局面和自身社会资源的匮乏而最终走入困顿与艰辛。1930年,彭禹廷被敌对派系暗杀,陶行知的晓庄师范则被蒋介石下令关闭。[3]国难当头,各派政治力量在民族危亡的大背景下都不得已投入到救亡图存的行动中。梁漱溟苦心经营多年的山东乡村建设研究院因时局动荡而被迫解散;晏阳初的中华平民教育促进会虽未解体,却也只能做出随国民政府西迁内地的抉择。[4]

总体上,乡村建设运动的目的是"在维护现存社会制度和秩序的前提下,采用和平的方法,通过兴办教育、改良农业、流通金融、提倡合作、办理地方自治与自卫、建立公共卫生保健制度以及移风易俗等措施,复兴日趋衰落的农村经济,实现所谓的'民族再造'(晏阳初语)或'民族自救'(梁漱溟语)[5]",但乡村建设派的缺陷长期以来被认为是复杂的时代处境以及当时积重难返的中国社会的认识不够深入,"忽略了乡村建设中社

---

〔1〕 参见罗荣渠主编:《从西化到现代化》,黄山书社2008年版。
〔2〕 参见李泽厚:《中国现代思想史》,安徽人民文艺出版社1994年版。
〔3〕 欧宁:"乡村建设的中国难题",载《新周刊》2012年11月15日。
〔4〕 晏阳初对乡村建设的努力,可谓一生不辍。1960年,他又在菲律宾创办了国际乡村建设学院,此学院至今仍在运作。
〔5〕 参见郑大华:《民国乡村建设运动》,社会科学文献出版社2000年版。

余　论　新乡村建设、逆城市化与乡土复兴

环境和政治基础的转变，忽略了农村生产关系的调整，因而大大地影响了乡村建设成就的取得"。[1]千家驹曾尖锐地指出晏阳初对当时中国社会的整体认识存在着大问题："他们以为中国社会的根本病根是占百分之八十五以上的农民之愚、穷、弱、私，所以要救中国必须针对这四个字着手，可是他们就没有想到愚、穷、弱、私，只不过是中国社会病态之表现，怎样会发生这四个病态的现象这问题，是不能由这四个字本身得到解决的。"[2]而对于梁漱溟，比起晏阳初，尽管其作为"乡村哲学家"一度享有盛誉，并凭借构造乡村组织的实践积累而对民间乡土问题的解析在伦理角度稍有深入，但其为农村社会问题提供的解决方案不过是"旧瓶装新酒，老树开新花"。"梁先生的'新治道'，表面上看来好似尽善尽美，仿佛真可以令学众一踏而入'自由平等博爱之王国'，但说穿了却也不过是孔老夫子'民可使由之不可使知之'的老把戏；梁先生的乡学与村学，虽然披上了一件美丽的外衣，挂上了'组织农民，教育农民'的新招牌，戳破了说，却也不过是现存秩序之巧妙的设计而已。"[3]实际存在的问题可能在于，乡村社群对乡村建设的理解往往从眼前的实利出发而罔顾其对精神价值和长久利益的深远影响，其与知识分子的理想往往有冲突。如果村治运动不能带来立竿见影的眼前利益，其便不会得到乡村社群这个巨大群体的精神认同，而且，在现实的村治实践中，由于忽略了农村社会历史形成的天然属性而进退维谷——可能在现实实践中尽心竭力帮助、

----

〔1〕　郝宏桂："晏阳初'乡村建设'理论与实践的历史启示"，载《民国档案》2006年第4期。

〔2〕　参见千家驹："中国农村建设之路何在"，载千家驹、李紫翔编著：《中国乡村建设批判》，新知书店1936年版。

〔3〕　参见千家驹："中国的歧路"，载千家驹、李紫翔编著：《中国乡村建设批判》，新知书店1936年版。

扶植了一个阶层、一个群体，却顾此失彼，损害了另一阶层、另一群体的切身利益，而后者的利益也是合法的、正当的、有历史渊源且恒久存在的。"要建设乡村的话，那我们的乡村建设者就要明白，外来力量永远都无法替代乡村社会的内部力量。"[1]这样的乡村建设理念，要求我们不应当认同大资本对农村的剥夺，不应接受大资本的资助，要充分发挥乡村自然传统资源，甚至拒绝非政府组织的大规模介入。因为乡村社群对乡村建设的理解多从实利出发，与知识分子的理想往往相互抵牾，冲突不断。如果不能带来眼前的实际利益，便得不到他们的认同；或者因为帮助了一个阶层，而导致另一阶层的利益受损，后者甚至视你如洪水野兽与你水火不容。比较典型的例子就是晏阳初在定县时，旨在帮助乡民摆脱当地银号高利贷的压榨和中间商人的盘剥而推行棉农合作社。结果虽然让棉农受益得以改善生活，当地银号却因此纷纷停业倒闭，最终爆发了要将其逐出定县的围攻平教会事件。

(二) 现代社会重建乡村的路径探索

尽管传统的"农耕社会，乡土中国"在现代化的经济建设背景下已经悄然转变为"工业社会，城市中国"，但历史语境的转变并未让乡村建设远离现代人的视野。中国当下如火如荼的"新农村建设"更是与半个世纪前的乡村建设运动的精神一脉相承。或者说，新农村建设在试图延续着旧时代乡村建设的脉络，完成先行者们未竟之事业，为处于社会转型的城乡建设提供更丰沛的价值指引和理论资源。中华民国时期的新乡村运动和今日的农村建设有着特殊的历史渊源，因为"从社会学发展的宏观

---

[1] 申端锋："中国新乡村建设的几个基本问题"，载《理论参考》2006年第1期。

余 论 新乡村建设、逆城市化与乡土复兴

角度看,这种意识形态是继续的"。[1]现代工业化的背景让形形色色的人们追逐时代的脚步匆匆,拥挤在城市,远离了乡村,情感和精神的无所依靠让国人多少感觉无所适从。但破解问题的真正的出路可能还是回溯民国先行者们提供的理论借鉴和实践资源,在城市化的潮流中去追寻田园梦,这样的努力便是逆城市化而行。在现有的情形下,逆城市化,即让当代国人主动参与新农村建设、"通过一种有效的制度运作,让城市来反哺农民"[2],以城市资源反哺乡村,回溯传统的、情感有所依的乡土社会,是唯一道路。

尽管中国每天都有乡村消失,但大多数现代人对此并不在意,因为乡村在众多现代人看来是落后、消隐、被孤立、被抛弃的代名词。殊不知,溯本清缘,中国传统文化的根脉在乡村。中国乡村"被视为具有高度价值认同与道德内聚的小共同体,其中人际关系具有温情脉脉的和谐性质",[3]依靠传统习惯、家族伦理等天然形成的自生秩序来协调。乡民之间的关系是基于熟人共同体长期交往、潜移默化而形成的共生秩序。现代化法律是为城市的陌生人共同体设计的,其中权利清晰、界限分明的权利义务叙事对于乡土社会的熟人之间来说是疏离的、陌生化的。人的建设需要百年筑基,一代完不成两代再继续,两代完不成第三代再来,人生代代无穷已,文化传承点滴滴。今日的新农村建设运动所渗透的更宏大的命题是,如果自尊自爱的人文关怀缺位,任何建设最终均会步履维艰。传统的乡村是人伦道德、家庭伦理、家族认同、文化传承、文脉绵延的根基,

---

[1] 张富利:"中国宪政强国主义的行来之路与历史反思",载《吉首大学学报(社会科学版)》2013年第4期。
[2] 郎咸平:"如何让城市反哺农村?",载《中国经济信息》2013年第5期。
[3] 秦晖:"传统中国社会的再认识",载《战略与管理》1999年第6期。

因此,"最后的儒家"梁漱溟所构想的"新农村图卷"特别强调精英回归。他认识到,国人学习西方的过程,从最初学器物,再到仿制度,邯郸学步、亦步亦趋的最后结果是画虎不成反类犬——不但想学的优点没学来,原本自身固有的优势传统却丧失殆尽,其中最严重的后果之一便是"农村破产"。"一般人最大错误,是只看见中国不及西洋的一面,而不知中国尚有高过西洋的一面。"〔1〕因此,他得出结论:解决中国的问题必须从农村开始,乡村重建更应恢复乡村的传统价值,"礼乐在未来文化中之重要是我敢断言的"。〔2〕近百年的乡村建设历程证实了这位国学大师的真知灼见。

具体而言,逆城市化的第一步,是要先为有深厚渊源的传统正名,要给单纯物质建设的现代化除魅。乡村曾是中国传统文化的原乡,是世代才俊士子的根基所在,"朝为田舍郎,暮登天子堂"在数千年的历史中一直是人们安于乡土、坚守传统、耕读传家的最大动力。在当下中国,在人们的意识中,城市即意味着先进、现代、有文化,乡村则是其反义词,这种意识也是舶来品。欧洲人就认为,城市代表文明,农村代表着野蛮。但中国的乡村远不是可以这样一言以蔽之的,历史上的中国则更加不是。乡村是礼仪的发源地,是传统伦理的根基,也是中华农耕文明的发源地,所以才有"礼失求诸野"。著名小说《白鹿原》中有一个描述乡绅朱先生调解白鹿两大家族纠纷的片段。朱先生劝诗给白嘉轩曰:倚势恃强压对方,打斗诉讼两败伤;为富思仁兼重义,谦让一步宽十丈。一场可能导致火并的潜在纠纷就在乡贤的劝导下消解于无形,自然平息。皇权与绅权的

---

〔1〕 参见梁漱溟:《读书与做人》,国际文化出版公司2011年版。
〔2〕 参见梁漱溟:《东西文化及其哲学》,载梁漱溟:《梁漱溟全集》(第1卷),山东人民出版社1989年版。

余 论 新乡村建设、逆城市化与乡土复兴

分庭抗礼，潜移默化地维系了中国民间乡土社会数千年的秩序与安定。在《白鹿原》描述的这个自然的"无讼社会"中，铲除罂粟时官府的差官衙役站立一旁，自始至终是由朱先生主持整个仪式，而朱先生的身份是得到当地乡民尊敬的乡绅，官权与绅权就是这样在民间的大是大非面前互为凭借，配合默契。所以，在西方传教士初到中国时，他们惊讶地发现这是一个自律的道德社会，因为整个民间没有一个警察仍能安居乐业享受太平。传统农业社会真正的价值在于勤劳、节俭以及"天人合一"那种热爱大地的教育，若是我们现在把这一切都轻视都抛弃，那么未来在哪里？现在，社会中的原子化趋势愈加明显，住在公寓大厦，即使是邻居也是形同路人，完全凭借私利和一己好恶来生活，传统农村集体耕作劳动时形成的同心协力、友爱互助的精神都消失得无影无踪。黄春明先生悲观地预言，可能在将来吃很大的亏之后才会慢慢懂得重拾往日的价值。我们以农立国几千年，以前有九成的老百姓不识字，每天就是拿锄头辛勤生产，但他们只是听说书人讲古与看戏就知道忠孝节义的大道理，而且信奉不移；现在反而是一些蔑视传统信仰匮乏的富贵之士，在做违反忠义伦理的事，最终害人利己。

费孝通早在80年前便论断中国社会在本质上是"乡土的"，这个论断在80年后的今日仍然成立。传统乡民生活的所有学问，无论是父慈子孝、兄爱弟恭、中庸和睦、待人以信的"人学"，还是道法自然、敬畏天地、天人合一、弘忍节制的"道学"，其实质都是"乡民学"——是我们的祖先们在世代的生活历练中与人共存、与天相处磨砺出来的趋利避害的学问。遗憾的是，诸多先贤尚未来得及"整理国故"就碰到了内忧外患的"救亡图存"。儒家伦理的秩序、三老四少的坚守绵延数千年维系了民间社会的稳定，[1]"在乡约制度下，透过教化，发挥人的爱心，为少数疲、癃、残、疾、恂、独、鳏、寡者提供了社会保障，[2]但这些民间建设的中间力量在历史进程中由于种种原因而不复存在了。失去了乡绅主导的精英阶层和中间力量，使乡村文化的传承发生了断裂，这是历史和时代的遗憾。乡绅倒下后的中国社会就如理想化得完美么？对这样的现实，南怀瑾大师晚年反复引用唐人诗句："尘土十分归举子，乾坤大半属偷儿。"尽管小偷为世人不齿，尽管才子们品格高尚、经纶满腹，但世界赋予才子们的，是"尘土十分"，是满怀的萧索凄凉、落寞失意与不得志，才子们按照传统伦理做事，坚守传统道德，得到的只是"尘土"；偷儿们投机取巧、投机倒把、道德卑下、不学无术、沽名钓誉、满腹草莽，尽管世人吝于褒奖，但世界对他们却异常慷慨。如果失去本土文化传统的精神导向和传统乡村建设的价值指引，那么成王败寇、窃国者诸侯的现象也是可能存在的。

（三）乡土文化重建与乡村复兴

于是，我们寻找到了当下社会转型时期农村建设问题的症结，无论如何，回溯传统、进行乡土文化的重建都是现代农村建设必须重视的问题。对于如何让当下的农村真正在一个"乡土中国"的语境下，费孝通先生晚年提出了"文化自觉"的宏大命题。"文化自觉"，即是对现代社会中的主体独立人格、个体尊严、自我反思及自我批判等问题的人文关怀，其潜在的内

---

[1] 中国民间社会自古就有患难相恤、邻里互助的传统。北宋神宗熙宁九年（1076年），陕西蓝田县吕大钧（1031年至1082年）首创《吕氏乡约》，以契约规范的形式将社会民众相互帮助的要求确定下来。其后，南宋大儒朱熹将该乡约的做法经推行全国，成为当时乡村普遍实行的社会制度。

[2] 王景新："新乡村建设思想史脉络浅议"，载《广西民族大学学报（哲学社会科学版）》2007年第2期。

余 论 新乡村建设、逆城市化与乡土复兴

涵则是文化的包容和开放。所谓"各美其美,美人之美,美美与共,天下大同",[1]即是说文化的自觉性只能在与其他民族或文化的沟通、对话中产生,却不能从民族主义情绪中出现。正如杜维明先生所说,这十六个字是儒家哲学的最高理想——和而不同下不同文明的价值共享。传统文化的重建需要起步于文化自尊,历经文化自觉而达致文化再造。同理,乡村复兴也需要从乡村自尊开始,然后通过乡村自觉的过程最后再实现乡村再造。现实的问题是现代社会背景下的当下乡村如何自尊、自觉及再造?中国传统乡村衰落的根本原因是忽视了"知识分子群体的创造性劳动",[2]从乡村走出来的现代人没有与家族谱系、现有政权形成合力。文化和氛围不能留人,以致农村越来越落寞,这需要在破败的基础上追寻乡村精神,重建乡村文化。反观近年的中国民间社会治理现状,南方农村的文化、秩序和传统甚至环保都做得相对出色,有条不紊、秩序井然;而北方村民自治则往往以村主任、村支书为主导。这其中的重大差异,大约可以从宗族文化治理来寻根。热爱乡村就是爱自己的祖先,懂得感恩与敬畏,没有任何其他能动摇国人心中的家族根基,因为祖先在那里,即使远离乡村,精神也不会远离。南方的宗族势力保存完整、良好,在端午、除夕等传统节日,一个大家庭数十口上百口,烹鹅宰鸭,欢聚一堂,推杯换盏,其乐融融。这样的乡村才是真正意义上的故乡,这样的乡村才能给人以归属感。广西贺州的毛家村仍能维系一方清净,村里规划有序,自然环保良好,有一口泉水清澈见底。笔者得出结论的原因之

---

[1] 参见费孝通:"缺席的对话——人的研究在中国——个人的经历",载董秀玉:《读书》,生活·读书·新知三联书店1990年版。
[2] 佟春霞:"文化自觉与新乡村建设",载《江苏师范人学学报(哲学社会科学版)》2013年第4期。

一是这个状元村九成以上均属毛姓,村里有个毛家祠堂,每年春节,无论多远,无论当多大官,都要回来聆听族长训话,村主任、村书记也在列。这里仍保留着续修家谱、村谱的传统,尊老爱幼的传统文化。村里一位94岁阿婆仍在织布。[1]当然,仅仅依靠传统的宗族势力可能还不是足够充分,传统的宗族也有着天然的局限,比如相对封闭、排斥外来文化、难以主动与现代社会的普适价值对接。所以,新农村运动的推进,应该是乡绅、知识分子、民间精英几方合力的结果,需要从农村走出去的精英回乡,需要城里的同乡寻祖,也需要功成名就的成功者们衣锦还乡、荣归故里,为乡村带来新的治理模式和新兴变革力量。

所以,从这个角度上讲,当下推动新农村运动也即是在推进逆城市化,比起让农村人进城和城里人进村,让农村人回归乡土、自觉建设乡村的意义显然更重大。若是连农村人都不爱生于斯、长于斯的乡村,失去了对土地的恋恋不舍的情感,那么新农村运动注定是一个从发起就难逃失败宿命的运动。如火如荼的撤村并居、轰轰烈烈的拆迁在现代社会每天都在发生。撤村并居和"土地经营规模化"不仅不利于农村的和谐与稳定,而且"降低了多数农民的实际收益","不仅打破了被征地农民现有的生活方式,更降低了农民的各种非经济利益和隐形经济利益:如,土地承载的养老功能,基于农村伦理道德观念和利用土地生产方式自然形成的稳定、和谐的生产及生活秩序、以农业生产为基础的家庭手工业、养殖业等农副业带来的隐性收益及成就感等等"。[2]更严重的问题是,乡村在无形中销声匿迹

---

[1] 肖锋:"谁的新乡村运动",载《新周刊》2012年11月15日。
[2] 杨世建:"农村土地'规模化'经营的冷思考",载《调研世界》2011年第5期。

余　论　新乡村建设、逆城市化与乡土复兴

的同时，乡村数千年所形成的独有生活方式和价值观念已被完全颠覆。在工业化的时代，农二代、农三代以争做城里人，以在乡下为耻，远离故土背井离乡，游离在土地与城市之间，既不在城，也不在乡，如无根草一样尴尬漂泊。陶行知先生曾在半个世纪前痛心疾首地说："中国现在的教育是让农村的孩子走出来，到城里去，这彻彻底底的错了！"历史上的粮食统购统销，以求在"剪刀差"的情况下实现工业化是造成城乡差问题的根源；之后掀起了务工潮，乡村人口为生存计大量进城，在以低廉劳动力实现凭低成本占尽优势的"中国制造"时，客观上也造成了城市对农村的劳动力剥夺。而远离了传统乡土文化的今日乡村，所谓的自治管理机构基本都是在执行城市化、征地、计划生育等相关事务。中国的新农村决不应该是高楼林立、厂房遍野的现代化城市之翻版。农民的土地资源、祖上基业被城市开发无限蚕食，农二代、农三代进入城市后生活和思想更加贴近"城里人"，却发现实际上并不被现代城市接纳，这都造成了新时期的客观难题和普遍担忧。"逆城市化"的最好的设想是离土不离乡，就地城市化。[1]现代化背景下的未来十数年，城市化仍将占据着中国发展的主导地位，农民远离乡村、离开土地是很难逆转的大趋势，所以"逆城市化"的新现象无法成为普遍的景观，其不能回避的原因是在这样背景下的新乡村建设运动有突出的难处：不仅与现有农村的整体体系相抵牾，而且存在着与农民追求现代化需求的矛盾。农民在刚刚享受到现代化生活的好处时，绝不会放弃多年奋斗才实现的现代理想生活而响应号召回到乡村。所以，从一定程度上讲，"逆城市化"

---

[1] 可以参照的西方模式中，美国占人口3%~5%的农场主不但为整个国家提供粮食，还有大量余粮出口。中国非城市户口人口仍占70%，如今对土地的投入回报甚至已不足以养活自己。

将是一场两亿多非城非农的夹缝中人与城市人的全方位博弈。

正视新时代农村建设问题,是当下甚至未来中国的切实需要。在"逆城市化"的尝试中,重建乡土文化、使乡村真正变得能吸引现代人,是国家的长远利益之所在。通过城市对乡村的反哺,工业对农业的反哺,重新追溯根植于乡土社会的道德、文化,形成新时代背景下对传统的传承,才是新时期农村建设运动的最终出路。认识中国必须始于了解乡土,因为民族比国家更源远流长,文化比民族更历久弥深,而家庭、家族、血缘、亲情、乡恋要比物质、GDP更有基础、更有根脉。现在溯本清源,物质上已今非昔比的我们要修的不是一个家族、一个姓氏的家谱,而是整个国家、整个民族的历史,只有如此我们才能对淡定、安宁的乡土心存敬畏和感恩。

本书实际上关注的是乡村振兴和基层治理,是将土地制度作为乡村振兴的发力点和突破口来考察和论证的,其目的是通过对土地制度变迁的梳理、阐析和未来改革方向的探索来达到乡村振兴的宏大目标。本书的写作过程中,有数位同学参与了本书的部分写作,具体为:第一部分"中国土地制度变革的基本逻辑"由陈翔撰写;第三部分中的"宪法学视野下中国农村土地制度的变迁"由曾祥云撰写;第五部分中的"他山之石——西方土地用途分区管制和登记制度"由高行撰写;第六部分"宅基地'三权分置'的法律构造与实现路径"由陈奕青同学撰写,在此一并致谢。

后记

这本拙著主要是2015年底到福建农林大学工作后几年来在土地制度方面的一点点陋见。农村土地制度的研究完全是一个全新的领域，如果说与涉农的领域相关，我在之前的所有研究面向中，仅对古村落保护、民国乡村振兴稍有涉猎。但理论法学的特长在于"一理通、百理融"，将具象的制度放在历史大转型时期的大国法治背景下去思考，仍能得出不同于部门法学的一般结论。

炎瘴蒸如火，光阴走似车。在兔走乌飞的时光流逝中，我到福州工作已近5个年头，然而心智却始终未曾趋于成熟。在四年前的重大误解和阴差阳错中，我放弃了两所985高校的offer，来到福建农林大学，在一个人都不认识的完全陌生环境和完全未曾经历的以农林为主的考评体制中，备受煎熬，寻缝觅隙中尽量真诚地面对一切人与事，对一切都给予最大的善意。物不平则鸣，由于总是带着极大的情绪，学术上更是难以潜心下去，变成了一项仅为转移注意力而强迫为之的任务，自是不曾有任何进益。唯一一点了却了人生遗憾的事情是经历延期两次后，在2019年的7月份从复旦大学完成了博士后工作，算是跌跌撞撞、坎坎坷坷地出站。选择去复旦做博士后的唯一原因便是在20世纪末的高考中，我是以超出复旦录取线31分的成绩最后落到了西北政法学院（后改名西北政法大学），时隔二十余年，总算解开了当时的心结吧！

如果说收获，我在福建几年内最大的收获便是结识了诸多善良、积极的学生。这些孩子,是我人生中最为宝贵的财富,他们或聪颖开朗,或严谨踏实,或能力出众,或见识不凡。他们或是在考研中脱颖而出,到名校攻读硕士、博士;或是考入了党政、法检的公务员;或是投身金融等工作,在社会寻找到了自己的位置。但他们的总体特质依然能够用如下词语概括:一身正气、兢兢业业、勤奋踏实、修养良好、品格高尚。在我每次陷入巨大的愤懑、痛苦与沮丧之时,他们总是用各种方式鼓励、支持我,成为我在陌生的城市中的知己。在此,特向他们表示真挚的谢意!他们是——福镇、奕青、张航、立仁、陈翔、鸿展、媛媛、剑峰、苏绪、钟灵、伯静、林冲、晓宇、钊攀、丹萍、高行、何冰、训璞以及远在贵州的李磊,远在北京的奔奔,远在重庆的舒童、祥云等,以及我的16级孩子们,尤其是我的16级小2班、我指导的17级和18级的5位本科生、我的全部19级本科的孩子们,特别是17级全体硕士、18级和19级很多心怀善意的法律硕士们,许许多多不能一一记清楚名字的孩子们,在此不能一一记述。还要感谢视我为家人、无微不至照顾我三年的晓婷,使我最终没有中途逃离。如果不是他们的理解、支持,我的世界早已轰然倒塌。这些年来,我看着他们入学奔跑而来,目送他们毕业潇洒远去,与他们一起洒下了无数的欢乐和眼泪,一同品味着成长的喜悦和烦恼,感受着人生的五味杂陈。

同时,衷心感谢我在福建结识的好朋友们:农大第一男神、学术超群、卓越到极致的海阳,温文尔雅的青年才俊杨龙,都让我受益颇多。四年多来,文兴作为法学的一面旗帜,任劳任怨地发挥着凝聚力,他的努力和法学的成长,我是见证者;感谢缪妙和晓丹两位老大姐对我生活、处事的坦诚照顾和耐心指导;还要感谢待我如亲人的淑芳、汤燕以及气质超群曾获全国最佳辩手的旭文姐姐、丹艳、芳芳大律师、吴凡兄、林龙兄、

后 记

柳老师、建敏兄等对我的帮助和宽容,以及建坤等曾以"墨辩三物式"闻名的好朋友张太洲的鼓励和鞭策,以及鼓楼法院的各位法官、老朋友们的支持。

感恩在福建的日子里相识了王柳云教授和阿霖叔一家,他们对我的照拂和关爱,让我想起来唯有感动,更重要的机缘在于柳云大姐让我走近了享有盛誉的芳华、结识了多年前只在电视中看到的梅花奖得主芳华头牌小生陈丽宇女士,让我感受到了南国之乡的气度洒脱、音韵悠扬;感谢素有"民国张充和"之美誉的白金杰教授,她的才华、平和和对艺术的领悟让我每每见贤思齐,三省吾身;还要感谢细谨平和、温文尔雅的侯安然老师、典雅大气的林荔丹老师。没有你们,我的这段生活不仅会少了融融春日般的温暖和蓬勃生气,更会黯淡无光。

我骨子里还是一个传统的文人,在当下喧嚣的校园中坚守着古典的师道。从事教师这个职业以来,我没有做过任何兼职工作,没有赚过一分钱的外快。至今,我依然租住在20世纪80年代的老旧房子中。在法学教师几乎是全民律师的当下,我的坚守似乎与这个时代格格不入,多少带着悲凉的意味。在我看来,无论社会再怎么发展,教师这个职业的首要任务依然是传道授业,而不是个人的名利丰收。为往至继绝学是我的职责,为万世开太平是你们的使命。因为有传承师道、学为人师、行为世范的使命,才应该箪食瓢饮,甘于清贫。

在这个聘期即将结束之际,我忽然想起来诗人艾青,他在那个暗如黑夜的十年,受尽了折辱,在为其平反的大会上,请他发言,他只说了三个字:"俱往矣!"愿这种豁达也能够成为我的本色,在法学教育之路上,但行前路,无问西东!

2020 年 6 月 15 日